· 未来艺术丛书 · 孙周兴主编

当代艺术的哲学分析

〔德〕瓦尔特·比梅尔 著
孙周兴 李媛 译

商务印书馆
创于1897 The Commercial Press

Walter Biemel
PHILOSOPHISCHE ANALYSEN ZUR KUNST
DER GEGENWART

本书根据荷兰马蒂鲁斯·尼基霍夫出版社1968年版翻译

未来艺术丛书

主编：孙周兴

学术支持

同济大学艺术史与艺术哲学研究所

中国美术学院艺术现象学研究所

未 来 艺 术 丛 书

总　序

在我们时代的所有“终结”言说中，“艺术的终结”大概是被争论得最多、也最有意味的一种。不过我以为，它也可能是最假惺惺的一种说法。老黑格尔就已经开始念叨“艺术的终结”了。黑格尔的逻辑令人讨厌，他是把艺术当作“绝对精神”之运动的低级阶段，说艺术是离“理念”最遥远的——艺术不完蛋，精神如何进步？然而黑格尔恐怕怎么也没有想到，一个多世纪以后居然有了“观念艺术”！但“观念—理念”为何就不能成为艺术或者艺术的要素呢？

如若限于欧洲—西方来说，20 世纪上半叶经历了一次回光返照式的哲学大繁荣，可视为对尼采的“上帝死了”宣言的积极回应。对欧洲知识理想的重新奠基以及对人类此在的深度关怀成为这个时期哲学的基本特征。不过，二次世界大战的暴戾之气阻断了这场最后的哲学盛宴。战后哲学虽然仍旧不失热闹，但哲学论题的局部化和哲学论述风格的激烈变异，已经足以让我们相信和确认海德格尔关于哲学的宣判：“哲学的终结”。海德格尔不无机智地说：“哲学的终结”不是“完蛋”而是“完成”，是把它所有的可能性都发挥出来了；他同时还不无狡猾地说：“哲学”虽然终结了，但“思想”兴起了。

我们固然可以一起期待后种族中心主义时代里世界多元思想的生成，但另一股文化力量的重生似乎更值得我们关注，那就是被命名为“当代艺术”的文化形式。尽管人们对于“当代艺术”有种种非议，尽管“当代艺术”由于经常失于野蛮无度的动作而让人起疑，有时不免让人讨厌，甚至连“当代艺术”这个名称也多半莫名其妙（哪个时代没有“当代”艺术呀?）——但无论如何，我们今天似乎已经不得不认为：文化的钟摆摆向艺术了。当代德国艺术大师格尔哈特·里希特倒是毫不隐晦，他直言道：哲学家和教士的时代结束了，咱们艺术家的时代到了。其实我们也看到，一个多世纪前的音乐大师瓦格纳早就有此说法了。

20世纪上半叶开展的“实存哲学/存在主义”本来就是被称为“本质主义”或“柏拉图主义”的西方主流哲学文化的“异类”，已经在观念层面上为战后艺术文化的勃兴做了铺垫，因为“实存哲学”对此在可能性之维的开拓和个体自由行动的强调，本身就已经具有创造性或者艺术性的指向。“实存哲学”说到底是一种艺术哲学。“实存哲学”指示着艺术的未来性。也正是在此意义上，我们宁愿说“未来艺术”而不说“当代艺术”。

所谓“未来艺术”当然也意味着“未来的艺术”。对于“未来的艺术”的形态，我们还不可能做出明确的预判，更不能做出固化的定义，而只可能有基于人类文化大局的预感和猜度。我们讲的“未来艺术”首要地却是指艺术活动本身具有未来性，是向可能性开放的实存行动。我们相信，作为实存行动的“未来艺术”应该是高度个体性的。若论政治动机，高度个体性的未来艺术是对全球民主体系造成的人类普遍同质化和平庸化趋势的反拨，所以它是戴着普遍观念镣铐的自由舞蹈。

战后越来越焕发生机的世界艺术已经显示了一种介入社会生活的感人力量，从而在一定意义上回应了关于“艺术的终结”或者“当代艺术危机”的命题。德国艺术家安瑟姆·基弗的说法最好听：艺术总是在遭受危险，但艺术不曾没落——艺术几未没落。所以，我们计划的“未来艺术丛书”将以基弗的一本访谈录开始，是所谓《艺术在没落中升起》。

孙周兴

2014年6月15日记于沪上同济

中文版前言

本书是1968年出版的。将近30年过去了，想不到今天它能够被翻译成中文出版，出现在中国读者的案头。这是一件非常令我兴奋的事情。因为对于这本书，我是怀有一份特别的敝帚自珍的心情的。

本书首先讨论了奥地利作家弗兰茨·卡夫卡。在我看来，卡夫卡是一位极为重要的现代欧洲作家，因为他最鲜明地把握了我们这个世纪的人类境况。对于这一点，我是通过对他的三篇小说的分析来揭示的。这三篇小说是《在流放地》、《饥饿艺术家》和《地洞》。

小说《在流放地》向我们展示了一种法律观的彻底反常化。一个像狗一样听话的士兵，居然因为不服从上级而被判了刑，也就是说，这个士兵是由于一个与其本性相矛盾的行为而被判刑的。这个判决据说是符合一种绝对公正的法律观的，但实际上，它却达到了不公正的顶点。因为在这个流放地，任何判决一概都是死刑。执刑过程据说也是符合某个特殊标准的，因为它是由一架机器来执行的，这架机器会把犯人触犯的法规刺在犯人身体上。这样一来，犯人会比通常由法官来宣读判决更清楚地了解法律条款。但实际上，刺字是根据机器上的一块模板进行的，而这块模板上面却加了许多花饰图案，犯人身体被刺破时，根本就谈不上把上面的文字辨认出来。

这个士兵作为被告不能做任何辩护。司法过程的基本要求在这里受到了蔑视，同样，司法权与执法权的分离也受到了蔑视。我们的深入细致的分析表明了其中存在的矛盾，表明了正义理念的绝对反常化。这种反常化以那位一贯拥护流放地法律制度的军官的死而告结束。我认为，这篇小说并不是一种病态幻想的畸形产物，而是预言了一个事件，一个后来在德国通过集中营及其毁灭机器而实现的事件，以及在苏联通过斯大林的清洗运动而实现的事件（许多党内的老同志在此运动中被谋害了，也有一些为此运动效力的刽子手被杀害了）。显然，卡夫卡已经洞见到了我们往往引为骄傲的法律观的反常化的可能性。

这种反常化，这种从意义到荒谬的颠倒，同样也发生在《饥饿艺术家》这篇小说中。按照我的解说，这篇小说向我们展示的是自由理念的反常化。有一位饥饿艺术家，自愿进入一个笼子里进行所谓的饥饿表演，目的是要让人们赞赏一件根本看不到的事情，那就是不吃东西、挨饿。我在书中循序渐进，力图表明这种对意义的颠倒是怎样在几个阶段里发生的：对监视的颠倒——对饥饿表演的胜利终止的颠倒——对赞赏的颠倒——对兴趣的颠倒——对终于能够任意地饿下去这回事情的颠倒——目的是为了最后把“能挨饿”这件事本身颠倒过来，把它颠倒为“找不到适合自己胃口的食物”。（本书第 70 页）卡夫卡在这篇小说中向我们表明，作为置身于意义与荒谬之间的动物，人总是面临着沦于荒谬的危险。

在《在流放地》中，正义的反常化的原因乃是狂热迷信；而在《饥饿艺术家》中，自由的反常化的原因乃是虚无主义——这里所谓的虚无主义，意思就是无行动(无所作为)，而这种无行动却是最高的行动方式。

本书讨论的最后一篇卡夫卡小说《地洞》具有某种特殊的意义。遗憾的是，就连卡夫卡著作的编者马克斯·布罗德也没有理解这种意义。地洞里的这只动物不断地进行推理，企图为自己找到一个绝对安全的地方，从而可以避免一切危险。这只动物其实就是作为理性动物的人类，也就是现代人，这个作为主体的现代人使一切给定事物都变成他可以任意支配的客体。思想家海德格尔在对西方形而上学的解说中也描绘了这一过程。但卡夫卡却先于海德格尔认识和刻画了这一过程。不过，借助于海德格尔对西方形而上学历史——这种历史汇合成现代技术——的解说，我们可以更好地理解卡夫卡这篇小说的深远意义。首要的是从安全向不安全的倒转。这只动物并非败于某个想毁掉他的地洞的敌人，相反地，他在地洞里四处追捕的，无非是他自己的呼吸而已。这乃是对今日人类所面临的自我异化过程的最令人难忘的描绘。在我的另一篇论文《卡夫卡和海德格尔对我们时代的解说》中，我也曾试图把握这一点（这篇论文刊于由弗里德里希·威廉姆·封·海尔曼和我编辑的《艺术与技术——海德格尔诞辰一百周年纪念文集》）。但系统的描绘工作还是在本书中完成的。

本书第二部分讨论了法国作家马塞尔·普鲁斯特的《追忆逝水年华》。这是一部 20 世纪最重要的文学作品。对中国的读者来说，也许首先会碰到一些困难，难以切实地体会我们这个世纪之初资产阶级的生活氛围，难以理解普鲁斯特十分敏锐地描写出来的贵族圈子的生活。不过，普鲁斯特的《追忆逝水年华》绝不是一部社会小说，而毋宁说是对我们每个人都具有的时间经验的把握和刻画。按普鲁斯特自己的说法："我的书完全起源于对某种特殊感觉的运用……，这种特殊感觉类似于一台望远镜，是以时间为目标的；因为望远镜使肉眼看不清楚的星星变得清晰，而且我还尝试去清楚地认识那些下意识的现象，这些现象完全被遗忘了，有时在时间上已经变得十分遥远了。"（本书第 225 页引文）

在这里，我们也必得提到普鲁斯特的另一段话："因为，我觉得，他们不是我的读者，而是他们自己的读者，我的书只不过像一个放大镜，类似贡布雷的眼镜商在柜台上递给顾客的东西。通过我的书，我将使读者能够阅读他们自己"。（法文版，第 3 卷，第 1033 页；德译本，第 7 卷，第 540 页）这是普鲁斯特对他的读者讲的，也是我对于中国读者的期望。如若中国读者们做到了普鲁斯特讲的这一点，那就能体会到一种通过对艺术的辨析才能获得的幸福感。因为艺术并不是使我们疏远于生活，而是使我们有可能理解我们自身，达到与我们自身的协调一致。我在文中力图表明这部小说的真正主角是时间，同时也就是想说明，我们每个人如何能够在时间经验中寻找到自己，同时也能够达到与他人的沟通。我用了很大的篇幅来讨论"重温"现象，是因为在我看来，在重温中，过去与当前得以统一起来，倘若没有重温，就不可能有一种成功的生活。普鲁斯特的叙事艺术丰富了我的生活经验，我希望它同样也会丰富读者诸君的生活经验。

另一方面，普鲁斯特对艺术所作的解说亦是极具思想价值的。

本书最后一篇文章论述造型艺术，论述毕加索这位西班牙艺术家。毕加索的艺术创作对我们这个世纪具有决定性意义。我在文中并不想对毕加索的全部作品作出全面的解说，而只是选取了某个特殊现象，即他的那些女人肖像画的画法。在这些肖像画中，毕加索力求把不同的视点统一起来，由此来完成一种变形。我称之为“多维性”。我试图把握这位艺术家的态度。在我看来，在他的画中起作用的是某种强力因素，这种强力因素首先是哲学家尼采通过把存在规定为强力意志而揭示出来的。可以说，毕加索乃是强力意志的画家。在这里，海德格尔对现代形而上学的解说同样也有助于我们的理解。在现代形而上学中，存在者变成为被表象者。“表象在这里意思是：把现存之物当作某种对立之物带到自身面前来，使之关涉于自身，即关涉于表象者，并且把它强行纳入到这种与作为决定性领域的自身的关联之中”。（海德格尔:《林中路》，德文版，第 84 页；见本书第 293 页引文）尼采所讲的混沌的强制，在我看来就是毕加索的多维性中的一个基本现象。在文中，我最后谈到了这种艺术的歧义性。文中阐述的内容只是一种尝试。重要的是我们要与这种艺术进行争辩，要进行一种对话。如果这种对话发生了，那我就心满意足了。

对于能够参与本书讨论的中国读者，我深表感谢。译者孙周兴教授不辞辛劳，把拙著移译成中文，我在这里也要表示特别的谢意。正是靠着他的工作，我与中国读者之间的对话才有可能发生，不待说，诸如此类的对话将有助于增进人与人之间、民族与民族之间的相互理解。

瓦尔特·比梅尔

1997 年 11 月于亚琛

目录

前　言

在本书的分析中，我试图从哲学角度来理解艺术，也就是从哲学角度来解说艺术。过去，人们往往把对艺术的考察还原为一种美学的观察，但这样的时代已经终结了。这当然并不是说，我们永远不可能重新陷入这种美学的观察方式之中了，因为这种理解艺术的方式，似乎是直截了当地呈现出来的，是最简单不过的事情，对于观察者的要求也最小。

对“美学的”艺术观察方式的克服，是在这样一个时刻实现的：这时候，我们认真地对待艺术，我们在艺术中看到有一种语言，这种语言并不是以通常的方式简单地命名了各类事物和境况，而是昭示着那种占据统治地位的世界关联（Weltbezug）的方式——当然，它是以某种难以辨认的文字昭示出来的，是需要解说才能够理解的。这样一种世界关联，既包含着人与人之间的关联，又包含着人与非人的存在者的关联，以及人与自身的关联。对于这种世界关联，我引入了“切近”这个术语。[①] 可以看到，这里所谓的“切近”，其意思决不是事物之间的空间间距，决不是可以测量并且可以用数字表达出来的确定的距离，而是世界关系

① “切近”(Nähe) 是本书的一个“基本词语”，在本书各篇中均有讨论。此词显得怪异、费解。比梅尔在此已申明：“切近”表示“世界关联”或“世界关系”之“基础”。需要特别指出的是，比梅尔显然是从海德格尔后期思想中引的“切近”一词。海德格尔在其后期思想中常常以“切近”标示人在世界中的一种非对象性的、原初的“关联”(Bezug) 状况。特别可参看海德格尔《在通向语言的途中》中的“语言的本质”一文，德文版，第 157—216 页；以及《演讲与论文集》中的“物”一文，德文版，第 157—179 页。——译注

（Weltverhältnis）的一个永远不可测度的基础，一个标志着某个特定时代的基础。

本书的研究工作的着眼点在于：从艺术角度去经验我们自身置于其中的那种“切近”的运作。可见，一方面，我们的研究工作是高要求的，比那些必然与这样一个问题格格不入的纯粹文学的或者艺术史的解说工作要求更高一些；而另一方面，我们的研究也是相当低要求的，因为我们无视文学史或者艺术史上的整个系列的重要问题，包括对作品的当代影响的探究，乃至于那些风格批评的探究工作。

然而，读者不能把我们这里所讲的“无视”理解为蔑视，而是要把它理解为一种迫不得已的限制；同时，这些限制是否终究必须被扬弃掉，这一点首先可能还是悬而未决的。

我们尝试分两步来做，而且，对于这两个步骤，我们也许最好用“解释”和“解说”这两个名称来加以标示。[①]在“解释”中，我们试图分析小说的内在联系，或者艺术作品的结构，以揭示出作品中的一切是如何必然地联系起来的。唯当作品的构造得到揭示之际，我们才能设问：小说意味着什么？在艺术作品中，有什么东西启示出来了？对这个问题的展开，是由“解说”来完成的。“解说”应把我们置入“切近”之维度中，而艺术作品即起源于“切近”并且承荷着“切近”。

本书的前面三篇，是对卡夫卡作品的分析；接着是一项对普鲁斯特的探究；最后则是一个对毕加索的解说。我希望日后能够端出其他的一些解说。

瓦尔特·比梅尔

1967年9月于德亚

---

① “解释”(Auslegung)与“解说”(Deutung)在日常德语中差不多是同义词。按比梅尔在本书中所做的设定，基本上可以说，“解释”重在本文结构的分析，而“解说”则重在本文意义的阐明。——译注

第一部分

论卡夫卡

《在流放地》

这篇小说的内容可以概括为寥寥几句话。一位旅行家来到热带地区的一个流放地。流放地的司令官邀请这位旅行家列席一次处决，那是由一位履行法官职务的军官对一个罪犯所做的处决。有一架处决机器用于执行判决，它是流放地以前的司令官发明的，目的是为了以一种机械的方式在十二小时内处死犯人，而用不着人去插手这个过程。军官向旅行家解释这架机器的运转情况。他最后请求旅行家，在司令官那里为这架机器说说好话，或者，至少是不要批评这架机器。但旅行家拒绝这样做，因为在他看来，这种处决方法是残暴的。于是，军官本人就让这架他过去热情地拥护的机器来处死他自己。但恰恰在对他的处死过程当中，这架机器却没有按照规定运转。按规定，犯人要在十二小时内被这

架机器肢解粉碎，同时，这架机器就把所触犯的法律刻写在犯人身体上；但临到军官自己，这架机器却失灵了，他在短时间内就被刺穿、杀死了。

旅行家立即离开了流放地。

初读之下，人们会得出一个印象，好像这篇小说讲的只是一种怪癖，这种怪癖由于残暴而令人恶心。倘若这篇小说无非是一种病态扭曲的想象的产物而已，我们就不值得对它作细致的探讨了，就不必去分析或者解说它了。

一篇真正的小说是不可“概括”的，因为经过概括，小说就丢失了它的真正内容。如果说这就是一篇真正的小说的标准，那么，卡夫卡的《在流放地》就是一篇名副其实的小说。因为，尽管上面所作的概括并没有什么不正确的地方，但这种概括差不多也并不包含小说的真正内容。这一点应使我们怀疑那种普遍流行的所谓“准确的内容复述”；当读者问自己：小说中到底发生了什么事情呢?这时候，读者自己就会直接做这种内容复述的。而且，读者会把各种不同的明确的事件设想为这个问题的答案。或许，直接的事情就是这样一些事件：

人们太容易耽于这些事件，而没有去掌握说明这些事件的唯一理由。既然留恋于这些事件，人们就试图从日常生活的视角出发来理解艺术。然而，把艺术与日常生活分离开来的，恰恰是这样一点：日常生活中的许多事件并不指引什么更深远的东西，而与之相反，真正的艺术根本就不知道**纯粹的**事件。对于这一点，我们必得忆及亚里士多德的说法：艺术比历史更真。[①]因为艺术不必端出一切已经发生的事，而是能够把自己限制在本质性的东西上。

一、解释。结构分析

我们下面的解释不是要以报告形式简约地复述这篇小说，而倒是要设身处地去体会小说的叙述过程，使我们既能置身于叙述过程中间，同时又能通过寻找它的结构而保持与它的距离。对于读者，就要求有一种分裂的态度——既处身于小说中，又在小说之外，以便更好地去解释所发生的事情。

① 参看亚里士多德:《诗学》，第九章。——译注

“这是一架独特的机器”，那军官对旅行家说，同时用几分赞赏的眼光，瞧了瞧那架其实他早已十分熟悉的机器。(第一卷，第181页)①

随开头第一句话，我们就已经直接被抛入小说的中心。卡夫卡确有做这种直接触发的本领。在这里事关什么呢?并非关乎激动人心的事变、没有预测到的事件，而是关乎对一架机器的介绍。这篇小说的极大部分就致力于这种“介绍”。流放地担任法官职务的军官向旅行家介绍这架机器。他做的介绍十分冷静、客观，人们所能希望的也只有这样了。

就在这里，在开头第一句话中，卡夫卡已经强调说，这不是一架随随便便的机器。“这是一架独特的机器”——用“独特的”这个形容词，同时也就已经标出了这篇小说所活动的氛围。它自始至终都是一篇“独特的”小说。在这里的解释和后面的解说中，我们应当把这种独特性的本质揭露出来。

在开头第一个句子中，军官与机器的关系也立即清楚了，因为其中讲到“几分赞赏的眼光”。由于这种“赞赏的眼光”针对某种“十分熟悉的东西”，也就表明这架机器具有无与伦比的出色品质。常常受到赞赏的，是我们第一次碰到的东西，我们不能直接把握和了解的东西，这种东西为那种不可思议之物的气息所包围。其实更多地，我们真正赞赏的是一个人、一个生物的成就，而不是一台机械、一架机器的成效。因此，作者便在赞赏的眼光上加上了“几分”一词。

在这里，一架机器获得了尊重和赞赏，而通常只有那些出色的人才配得到这种尊重和赞赏。再者，这种赞赏并不是由最初的令人吃惊的触发引起的，并不是由尚未熟悉的东西引起的，而恰恰是针对某种十分熟悉的东西的。那必定是一架独一无二的机器，它能够引起这样一种反应。

① 引文据马克斯·布罗德编的《卡夫卡全集》，塑克恩出版社，纽约1946年。第一卷《短篇小说和散文》。——原注

如果说这架机器是军官“十分熟悉的”，那么，这意思不只是说军官能够与这架机器打交道，精通这架机器，而是应当意味着：他拥护这架机器。由于军官是为这架机器效力的，这就立即向我们说明了军官与机器之间的唯一纽带。要是看不到这种纽带的意义，则整篇小说就不可理解了。读者想要更多地了解这架机器。这种急切的心情是由小说对这架独特的机器的命名唤起的。但小说首先还得报道一下这位旅行家，因为军官是要把机器展示给他看。

旅行家似乎仅仅出于礼貌，才接受了司令官的邀请，来参观一个由于不服从上级、侮辱上级，因而被判处死刑的士兵的处决。(第一卷，第 181 页)

这里呈现出一种对比：军官对机器的赞赏的兴趣与旅行家对处决的无动于衷。

所谓“无动于衷”，我们也可以说“漠不关心”。不过，对军官要执行的处决的无动于衷或者漠不关心，不仅仅是这位旅行家的态度，而且是整个流放地的人们的态度。除了犯人和看守(一个士兵)外，没有人在处决现场出现。军官对机器的热情关心与旅行家的漠不关心形成一种对照，从而营造出某种反差。于是就出现了一个问题：军官是否能成功地改变旅行家的这种漠不关心的态度呢？军官将动用一切手段，努力使旅行家对这架机器产生好感，为这架机器赢得一个赞扬者和支持者。这种努力恰恰将产生相反的效果。

就在小说的第一个段落中，我们还可以看到另一种对比：犯人被指控的犯法行为与它的本质。对于这位因“不服从上级、侮辱上级”而被判刑的犯人，卡夫卡说：“顺便提一下，这个罪犯看起来就像一条听话的狗，简直使人以为满可以放他在周围山上乱跑，只需在临刑前吹个口哨，就能把他叫回来的。”(第一卷，第 181 页)

一个如此卑躬屈膝的人如何可能不服从上级呢？小说中提到犯人立即

就会服从的口哨。要说明这个犯人的驯服，没有比这更清楚的标志了。像这位犯人如此愚笨不堪、动物般地过着潦倒生活的人，根本就不能干犯罪的勾当而被判刑的。所谓不服从上级、侮辱上级，那是有前提的，其前提就是：犯人拥有某种自主性，有能力去判断他的处境。但这两件东西他都没有。由于预先刻画了犯人的这种状况，文中所讲的给犯人戴上镣铐，就变成为一个毫无用处的程序了。

卡夫卡在小说的开头就如此清晰地刻画了这样一个矛盾，这一点是我们不应忽视的。这样，我们从一开始就已经被置入矛盾氛围中，而在进一步的发展中，这种矛盾氛围并没有得到消解，而倒是得到了加强。

第二段落一开头，就更清晰地把旅行家与军官在态度上的对立突显出来了。旅行家“踱来踱去，几乎掩饰不住自己的冷淡”。(第一卷，第181页)而那军官则用力做着最后的准备工作，钻到“深深地陷在地里的机器的底部”，然后又爬上梯子去看上面的部件。值得注意的是，军官亲自去做这些辅助工作，且特别地起劲。他与机器的亲密关系因此可以显明了。只有他愿意照料这个机器，就像只有情人才愿意照料病中的爱人。

同时也显出一个矛盾的特征。操作这架机器使军官感到“格外疲乏”。(第一卷，第182页)为人们节省劳动，这是任何机器的目的所在。而在这里，情形却是反过来的。操作这架机器需要一种令人筋疲力尽的劳动。

这种对机器的意义的颠倒并非孤立的。我们在小说中看到一系列类似的颠倒。我们可以马上指出两种。犯人从司令官的女眷那里得到两条手绢。这两条手绢被军官夺了去，他自己用这两条手绢，为自己减轻在做处决准备工作时浆硬的军服领子的压力。

不合适的制服引起了旅行家的注意。这制服在赤道地区实在是太厚了。旅行家对制服的兴趣超过了对机器的兴趣。对他的这方面的意见，军官回答说：“‘当然是的……但它们(指制服)对我们来说就是家乡；我们不愿意失去家乡'"(第一卷，第182页)这话立即就颠倒为它的反面了。[①]如果没有其他更多的家乡的东西剩给一个人，如果除了一件在新环境中会成为累赘的衣服之外，再也没有别的与家乡的联系了，那么，他就是彻底地失去了家乡。这种对一个表面的、在新的状况下完全不适合的符号的坚持，极为显著地表达出无家状态，与那种对表面联系的放弃和对返乡的不可信状况的忍受相比，这种坚持更为显著地传达出无家状态。

上面这些颠倒指示着这篇在各种矛盾中展开的小说的基本结构。从一个矛盾过渡到另一个矛盾，我们就能追踪到这篇小说的思路。

军官指出这架机器出毛病的可能性。"这架机器应该连续运转十二小时。不过，要是真的出了毛病，那也一定是很小的毛病，马上就可以修好的"。(第一卷，第182页)而事实上，这架机器后来并没有运转十二小时，而只是几秒钟，也不是出了些小毛病，而是彻底地解体了。

在解释这架机器时，军官谈到它的发明者，就是前任司令官、流放地的缔造者。军官称自己是他的合作者，从一开始就参与此事。[④]同时，军官也是他的最忠实的追随者。"我们这些他的朋友，在他去世时就已意识到，流放地的机构已经十全十美了，继任者纵然在脑子里有一千套新计划，至少在好多年里，是连一个小地方也改变不了的"。(第一卷，第183页)

但事实上，却已经发生了很多的变化，人们对处决的微弱兴趣清楚地显示了这一点。新任司令官并没有隐瞒他对这架处决机器的反对态度。整篇小说就是对"连一个小地方也改变不了"这样一个断言的反驳。前任司令官的事业毋宁说是自行废除了。

在解释这架机器的时候，军官谈到它的各个部分的"民间通用的名

① 索克尔未能切中这一矛盾，他把军官的断言当作肯定的断言，而且说："军官对家乡(祖国)始终是忠诚的，因为他本人在沙漠的酷暑中依旧穿着家乡的'太厚的'制服"。参看瓦尔特·H.索克尔：《弗兰茨·卡夫卡：讽刺和悲剧》，阿尔伯特·兰根—乔治·米勒出版社，慕尼黑—维也纳1964年，第120页。——原注

称”——但民众对这架机器根本就不感兴趣。一本正经的厚重的制服与军官作为机械师必须完成的繁重而肮脏的工作处于矛盾之中。对于军官所做的对机器的热忱的解释，旅行家和士兵(他“耷拉着脑袋，对什么都不关心”，第一卷，第183页)几乎没有听，只有囚犯努力地倾听着军官的解释——但他又不懂法语，所以根本就听不懂。他本性是如此听话，以至于他即使在这里也像狗一样，恭顺地盯着军官的每一个表情。这就驳斥了对他的不服从上级的指控。

这样一种矛盾特性也继续表现在对机器的描绘上，既在机器的各个部分那里，又在整架机器那里。这架机器总体上被证明是矛盾的，因为它是为了某个确定的目的，而同时又否定了这个目的的实现。这架机器的特征是：它被规定用于处死犯人，而且要用被触犯的法律条款的文字来杀死犯人。

犯人被捆绑到一张“床”上，这张“床”就颤动起来。“床”的动作是精确地调节好的，恰好与处于“床”上方的“耙子”的动作完全一致。所谓“耙子”是由针组成的，这个“耙子”将刺破犯人的身体——按照在机器的上端部分即“绘图者”中调节动作的图纸。犯人要在自己的躯体上得知判决，“凭自己的伤口”来辨认所刺的字。但正如小说立即就表明的，当时的图纸(模板)的文字配备有各种装饰图案和曲线，以至于连旅行家也不可能去辨认它，更不用说那个不得不去忍受这种刺字痛苦的犯人了。而整架机器——这是那军官的骄傲——就是根据文字设计的。因此这些图纸(模板)作为最珍贵的东西而被军官保存着。床上铺满了棉花，这决不是为使犯人躺着舒服些，而是为了犯人被翻转身来时止血之用——以便清晰地把文字保存下来。耙子上的特殊装置应当重新把粘在鲜肉里的棉花撕下来。从精细的针中会喷出水，把身体洗干净，也就是提高图纸的可读性。耙子是用玻璃做的，为的是观众也能够准确地看出写到犯人身上的判决。一切都是为着文字设计的——但文字本身却是无法读懂的。

现在要来谈谈各个部件：床，作为家具的一部分，一般是人们首先要置办的，因为它是最要紧的，目的是为了让人获得恢复，获得一种休息，使人们得以从事新的创造活动；床也是一个让病人获得康复的地方，因为它消除了任何一种紧张情绪，那是安全之所。而在这架机器那里，床却变成犯人必须忍受最可怕的折磨的地方。①同时，军官还拿这张床与医院里的某种也可以活动的床相比，并且认为自己的这张床远胜于医院里的床——这是一个十分古怪的颠倒，更何况在这里床的目的是处死而不是医疗。军官根本没有说明这种反常。他对他的这张床的良好评价的理由是："只是我们的床的一切动作都是精确地计算好的，因为它们得和耙子的动作完全一致。"(第一卷，第185页)

执行过程的精确性被当作标准，而其中真正发生的事情则被忽视掉了。这乃是一种极端的颠倒了。

再来说耙子。人们用这种器械来疏松土地，使土地做好播种的准备，②也就是说，耙子是一种用于取得成果的工具。而在这架机器那里，耙子却颠倒为一个处决工具了。按照这位军官的说法，"但是，这个耙子才是真正的处决工具"。(第一卷，第185页)

在床头上有一块特殊的毛毡的小口衔，是塞到被绑着的犯人口中的。它的用途是阻止犯人叫喊，或者咬舌头。这个表面上看来不乏人性的装置其实也是荒谬的。既然犯人反正是要被机器粉碎的，那么，他是否由于痛苦而咬碎自己的舌头，就是无关紧要的了。

最后，绘图者也是荒谬的(见上文)，因为加了花饰的文字已经成了模板上的文字，由于纯粹的装饰而已经无法读懂了。

随着军官对机器的继续描述，旅行家的态度发生了某种变化，他的冷漠态度转变为越来越多的关心。他似乎被军官及其热情吸引住了；但事实上，这种越来越多的关心决不标志着，他喜欢上了军官的行为和态度，

① 索克尔关于卡夫卡小说中的床的作用的评论，就《在流放地》这篇小说来看是可疑的。这床恰恰是床的颠倒。——原注

② 此处原文印作"国家"(Staat)，疑为"种子"(Saat)一词的误植。——译注

相反地，随着兴趣的增加，他对军官的做法的批评也增加了。他的关心的效果恰与军官想要获得的东西相矛盾。

旅行家的这种新态度的第一个后果是：他想了解一下，判决是如何由耙子来执行的。对军官来说，重要的只是阐明机器的完美而准确的运转，演示**执行方式**，而旅行家却想知道判决本身，对他来说重要的是判决本身。这样，在军官的态度与旅行家的态度之间，就爆发了一种明显的矛盾，这种矛盾在下面步步加深，以至于不再有任何弥合的可能性了。这里开始出现一个再也阻挡不住的分裂过程。①

这个分裂过程的出现，是由于军官根本没有正确地理解旅行家所提的问题。他感到惊异，司令官没有像前任司令官那样亲自把这一点告诉旅行家，他感到抱歉并且深感气愤，“他正想用火气更大的话，可是又抑制住了，而只是说：‘人家没有把这一点通知我，这不是我的过错。此外，我当然是最适合于给您解释审判过程的人，因为我这里有’——他拍了拍自己胸前的口袋——‘我们前任司令官亲笔绘制的草图。’”（第一卷，第186页）

---

① 因此，在我看来，索克尔极力张扬旅行家对于军官的敬佩，似乎从中可以得出某个共同点，这种做法是错误的。——原注

对于旅行家所提的关于这个人受到何种判决的问题，军官说了一通判决方式，即可能的执行方式，以之作为回答，仿佛旅行家问的就是这个。旅行家感兴趣的是对这个站在他面前的人的判决，军官却说到前任司令官，这位司令官一身什么都兼，既是军人，又是法官，又是工程师、化学师和制图师。对他来说，重要的不是这次判决，而是前任司令官亲笔绘制的调节耙子运转的草图。

在军官下面的说法中，处罚方法本身的荒谬就变得一清二楚了："'我们判决并不算太重。不管犯人触犯了什么戒律，我们就用耙子把这条戒律写在他的身上。这个犯人，比方说吧，'——军官指了指那个人——'他的身上将要写上一条戒律：尊敬上级！'"（第一卷，第186页）

如果并不算太重的判决是死刑，那么，很显明，这种刑罚只是从施刑者的角度而不是从受刑者的角度来看的。关于这种处罚方法的荒谬性，后面更可见出。

卡夫卡清晰地描绘了这两个对话伙伴之间展现出来的鸿沟。这种执法方式简直是旅行家无法理解的。一个像狗一样听话的人竟由于不服从上级而被判处死刑。

> 旅行家头脑里面涌出了种种疑问，可是一看到犯人，他只是问道："他知道自己的判决吗？""不知道"，军官说，急于继续做他的解释，但旅行家打断了他："他不知道对他所作的判决吗？""不知道"，军官重复道，他停住了片刻，仿佛是要让旅行家进一步说明一下自己的问题，接着又说："根本就没有必要告诉他，他会从自己的身上得知的"。旅行家不想再问什么了，可是他发觉犯人的目光转向了他，似乎是在问他是否赞同这样荒唐的做法。本来他已经靠在椅背上了，这一来，他又把身子往前探了探，进一步问道："但他一定知道自己被判决了吧？""也不知道"，军官答道，朝旅行家笑了笑，似乎在等他再说一些不可思议的话。"不知道"，旅行家说，一面揩揩前额，"那么他到现在也还不知道他的辩护是否有用了？""他根本就

没有辩护的机会”，军官说道，同时把目光转向一边，免得旅行家听到对理所当然的事情的解释觉得不好意思。“可是，他总得有机会为自己辩护吧”，旅行家说道，而且从椅子中站起身来。（第一卷，第186—187页）

这是小说描写过程中的一个渐强符(crescendo)，它寻找着与它相类似的东西。旅行家每次都得到一个否定的回答。每个答案都加强了他的恼怒心情，以至于他按捺不住而从椅子中站了起来——而军官则自感羞愧，因为旅行家竟然提出如此毫无意义的问题。他因此感到不得不向旅行家作一番解释，他必定会取笑旅行家的这种无知程度，就像取笑一种年幼无知。由于他同时也想使旅行家确信他的做法的正确性，他就必须向他阐明他的审判权是如何运作的。值得注意的是，他决不是发觉了旅行家的被激怒的情绪，而只是觉察到，“他对机器的解释有长时间被打断的危险”。(第一卷，第187页)一切都集中到这架值得崇敬的机器上，以至于军官不仅忽视了这个犯人的存在，而且对于旅行家的反应，也仅仅把它视为令人讨厌

的时间损失。他最喜欢的是一味地谈论这架机器，而且根据既定的解释，马上把机器的运转展示出来。我们又碰到了一种典型的颠倒。这架机器——用于执行刑罚的工具——被当作目的本身来加以赞扬。只是迫于时间的损失，军官才对他本来必须首先详加说明的事情，也即法庭要遵守的原则，做了解释。“对犯罪永远毋需怀疑。别的法庭不能遵照这个原则，因为他们那里意见不一致，而且还有高级法庭的监督。在我们这里就不同了”。(第一卷，第 187 页)

这是与任何正确的审判相矛盾的。正确的审判必须从寻找真正的事实开始，因而恰恰必须首先以最大的细心去查明有罪还是无罪，其中自然也包括了辩护的可能性。(见下文，第 43 页以下)所有这些论述都只是就旅行家所提的问题而做的，因为旅行家对判决的执行方式表示不满，而想知道审判本身。

犯人应当完成一个毫无意思的行动：每小时打钟的时候起来向上尉的门口敬礼。当上尉在一次夜间两点钟的检查中发现他睡着了，上尉就拿起马鞭抽他的脸。被打的这个人抱住主子的腿，“摇他，还嚷道：‘把鞭子丢开，不然我要活活把你吃了’”。(第一卷，第 188 页)这个事件报告上来后，法官没有做进一步的审问，立即就写下了审判词，并且付诸执行。

因为要详细讲解司法程序以及眼下这个无关紧要的刑事案件，军官对机器的解释就令人讨厌地被打断了。接下来要继续做这种解释。军官还以同样的热情来做解释，而旅行家对答复不表满意，并希望新任司令官来改变这种司法程序。对于这种被颠倒了的司法观点来说，典型的事实是，军官指出机器唯一的一个缺点是：“它十分容易脏”。(第一卷，第 189 页)

用玻璃来做耙子，是花了九牛二虎之力的，目的是为了让在场的所有人都能够看到戒律条款是如何被刺到犯人身上的。从这些以及下面的解释中，我们可以清楚地看出，解释的重心已经从这个必须忍受被刺穿的痛苦的犯人转移到机器的运转上了，特别是机器的“刻字”功能上了。因此，绘图者就是机器上最重要的部件，而老司令官传下来的图纸就是“最

珍贵的财产”了。(第一卷，第 191 页)

对于图纸，“旅行家本想说一些夸奖的话，可是他看到的只不过是迷宫一样的、许多乱七八糟地交织在一起的线条，纸上布得密密麻麻的，很难看到什么空白”。(第一卷，第 191 页)这里又出现了双重的矛盾，既与要让犯人读到写在他身体上的所触犯的戒律这样一个要求相矛盾，也与要使观众们读到戒律条款的全部装置相矛盾。

对于复杂的、刻有装饰图案的文字，军官辩解说，它要在十二小时之后才把犯人杀死。对于处决过程本身，军官说：

> 前面六个小时里，犯人几乎像从前一样生气勃勃，只是受着痛苦。两个小时以后，毡口衔被拿掉了，因为犯人再也叫不动了。这时候，在床头用电烤热的盘子里，将倒下一些热腾腾的米粥，犯人如果想吃，可以用舌头舔盘里的米粥。没有人会错过这个机会。据我所知是没有人错过的，而我的经验也总算丰富了。只是到第六个小时左右，犯人才失去了任何食欲。这时，我通常就跪在这里，观察这里的现象。很少有犯人把最后一口粥吞下去，他只是让它在嘴里滚来滚去，然后就吐在坑里。这时我就得闪开，要不然他就会啐我一脸。可是，到第六个小时，犯人就变得多么的安静！最愚蠢的人也会明白个中情形。这个过程是从眼睛开始的，从那儿扩张开去。看到这种景象，人们都会禁不住想投身到“耙子”底下去的。这时委实没有别的情况，只是犯人开始去辨认身上所刺的字了，他撅起嘴，仿佛是在谛听。您已经看到，就算用眼睛来辨认所刺的字也很困难；而我们的犯人是凭自己的伤口来辨认的。这当然是一件极难的事；他要花六个小时才完成这件事。而这时候，“耙子”已经完全把他刺穿了，把他扔到坑里，他就掉在血水和粗棉花当中了。于是，判决算是结束了，我们，我和那个士兵，就把他埋掉了。(第一卷，第 192—193 页)

在这里，我们断不可忽视：上面这段描写是这架机器的辩护者做的——他自己对此也有所认识和说明。[①]其中说到“只是犯人开始去辨认身上所刺的字了”(第一卷，第193页)，这话的荒谬是显而易见的。根据前面的描写，这简直是一件毫无可能的事情，因为即使用眼睛也是不能辨认所刺的字的，更何况是“凭自己的伤口”了。(第一卷，第193页)

在对这架机器的运转情况做了上面种种解释之后，军官就开始了对处决过程的详细说明。而同时，军官对旅行家的反应也越来越感兴趣了。[②]

士兵把犯人捆绑停当，当“上百个人临死前淌过口水啃啮过的”(第一卷，第195页)毡口衔塞进犯人口里时，他呕吐起来。这使军官十分恼怒，因为他心爱的机器被弄脏了。同时，军官就指责新任司令官。新任司令官很少关心机器的保养，因为他在流放地是主张温和的新方针的，公开表示不再支持这种陈旧的处决方法了。因此，军官要使旅行家明白，他的评判在司令官那里将是很重要的。

还有一个荒谬的说法值得提一下。军官要求，不应在犯人临刑前再给他什么吃的，要让他饿一整天，才不至于弄脏机器。这听起来是有说服力的。但在处决前一天，就眼下的案件来看，人们实际上还根本不能知道这个当事人将被处死。上尉的报告是在早晨才提出的(刚刚一小时前)，立即就做了判决，囚犯就被锁了起来，被带到这架机器这儿。

旅行家对所见所闻作出的反应与军官的希望是相矛盾的。旅行家心想：“审判程序的不公正和处决的不人道是明摆着的”。(第一卷，第195页)恰恰在这当儿，开始了军官的辩护词。他开始推心置腹地阐述对新任司令官加以干预的重要性，以便支持他，而反对那些女人们的影响，一般说来也就是那些温和的人们的影响，从而来维护前任司令官的这件杰作。

---

① 索克尔犯了一个错误，他把这段描写看作客观的描绘，也即把它当作对犯人的所谓表情变化的正面描绘来加以肯定。——原注

② “军官不断地斜过眼睛瞟瞟旅行家，仿佛要从他脸上看出他对这次处决的印象，至少，对于处决这件事，军官觉得自己眼下的解释还是非常草率的。”(第一卷，第193页)——原注

他生动地描写了一番从前的景象：

> 在以前，行刑的场面是多么不同呵！处决前一天，这儿就满坑满谷都挤满了人，都是来看热闹的；一大清早，司令官和女眷们就来了；军乐队吹吹打打惊醒了整个兵营；我向上级报告，一切都已准备就绪；高级军官没有一个敢缺席的，这些同僚排列在机器周围；这堆藤椅就是那个时代留下来的可怜遗产。当时，机器擦得锃光闪亮，几乎每一次行刑，我都补充了新的零件。观众们一直站到那边山岗上，全都踮起了脚；司令官在众目睽睽之下亲自把犯人带到“耙子”底下。今天让一个普通士兵做的事，当时是我的工作，是一个审判长的工作，可这在我还是一种光荣。接着，行刑开始了！根本就没有什么影响机器工作的噪音。有一些人根本就不瞧，而是闭着眼睛躺在沙地上；人人都知道：现在正义得到了伸张。在一片阒寂无声中，人们只听到犯人给口衔塞得发闷的呻吟声。而如今，机器使人发出的声音也不够劲，一经口衔的抑止更是什么都听不见了。但在当年，从刺字的针上还会流出一种酸液，这在今天已经不准用了。就这样，第六个小时终于到了！人人都希望到近处来看，我们可没法答应所有的请求。司令官很有眼光，他下了命令，首先要考虑儿童的特殊权利；我呢，因为公务在身，当然有特权一直待在前面；我往往蹲在这儿，两只手各抱一个小孩。我们所有的人，都是多么心醉神迷地观察受刑的人脸上的表情呀，我们的脸庞又是怎样地沐浴在那种终于出现又旋即消逝的正义的光辉中呵！那是多么美好的时代啊，我的同志！(第一卷，第196—197页)

从前，处决的残暴性还更厉害——当时在刺字时还注入一种酸液。更为恶劣的是，人们从残暴的处决中取乐，并且偏偏是儿童被带到离受刑者最近的地方。而且，通过“现在正义得到了伸张”(第一卷，第197页)这个说法，一切都变得公正合理了。在临死挣扎的脸上的表情被曲解(亦即被歪曲)为“终于出现又旋即消逝的正义的光辉”(同上)。①

与从前相反，如今已经没有来参加处决的人群了，这架机器也不再像从前那样得到精心的保养。但这不会降低军官对这架机器的热情。“另外，机器还在运转，它本身还是有用的。虽然它孤零零地矗立在这个山沟里，但它本身还是起作用的。最后，尸首还会以令人难以置信的轻飘飘的姿态掉进土坑里，虽然不像以前，有千百个人苍蝇似的簇拥在四周”(第一卷，第198页)——军官说道。“以令人难以置信的轻飘飘的姿态掉进土坑里”，这被当作特别值得称道的事情来强调，仿佛那是一个球而不是一具尸首。

军官对旅行家的态度越是亲密(称后者为“我的同志”，拍拍他的背)，旅行家对处决机器以及整个做法的距离也就越大。②我们置身于两个人相互矛盾的行为之中。军官想使旅行家搞清楚，后者的评判在司令官那里是多么重要。他描写了在处决以后当旅行家在司令官的女眷们的簇拥下与司令官碰面时可能做的交谈。这时候，旅行家的哪怕是一句顺口说出的话，诸如“‘在我们国家里审判程序不是这样的’，或者‘在我们国家里，对犯人作出判决之前总要经过审问的’，或者‘在我们国家里也有不同于死刑的刑罚’，或者‘我们只有在中世纪才用过酷刑’”(第一卷，第199页)之类的话，都可能导致司令官最终取消掉这样一种审判程序。旅行家本人则努力把自己的重要性和影响降到最低程度。我们看到他与执法军官的争辩是逐步升级的：“您把我的影响估计得过高了”(第一卷，第200页)(旅行家说)，“请相信我，您的影响是怎样估计也不为高的”——军官答道。(第一卷，第201页)“我既不能帮助您也无法阻止您”——旅

① 考虑到这一点，我们就会产生疑问，索克尔如何能够作如下的断言：“显而易见，罪犯流放地并不是集中营的前身。因为集中营的目的在于压制和消灭个体，而罪犯流放地则是要美化个体！”(参看上引索克尔书，第115页)军官说这里有一种美化，这种断言也是欺人之谈(尽管是在另一层面上)，恰如集中营的入口处挂着的标语：“劳动使人自由”。说“这个制度是要使受处罚的罪犯大彻大悟，使他‘得救’”(同上)，这就落入对军官的美化中了。——原注

② 索克尔断言，旅行家“……凭感觉站在军官一边，但又凭理性来谴责这种刑罚制度。他赞赏军官和机器，而对待犯人，只把他看作一只有失体面的动物”。(同上书，第133页)索克尔的这一说法，在我看来是忽视了我们这里指出的实情。——原注

行家嚷道。(第一卷，第201页)

军官一定要使旅行家确信，他在司令官面前以及在全体高级军官大会上的讲话是意义重大的。军官的做法却产生了与其愿望相反的效果。旅行家现在已经清楚了，他必须采取何种态度。他对这种处决方法是拒斥的，但只是通过军官的详细说明，他才知道他的拒斥态度将会产生何种效果。虽然他不想在公开的会议上讲话，而是想在私下里把他的意见告诉给司令官，但是，这样做足以使军官陷入危难的处境之中。虽然他并没有怀疑军官的个人投入，他的“真诚的信念”(第一卷，第204页)，但他的评价并没有因此受到影响。军官从旅行家拒绝性的“不”字中得出一些结论。他意识到，他没有成功地为这架处决机器赢得一个新的、重要的信徒。于是，他就把犯人从耙子下释放出来，从小皮包里抽出一张写有对他自己的判决的图纸(但决不让旅行家碰这张纸，仿佛这是一件举世无双的圣物，经过一个外行的碰触就会被玷污似的)——而且，由于旅行家尽管作了最大努力，还是不能够辨认纸上的字，所以，军官就自己把这个判决词念了出来：“要公正。”

> 旅行家俯身向纸凑去，凑得那么近，军官怕他碰上，就把纸挪开了一些；旅行家虽然没有吱声，不过很显然，他仍旧没法辨认。“‘要公正！’上面是这么写的”，军官又说了一遍。“也许是吧！”旅行家说道：“我可以相信您，上面是这么写的。”(第一卷，第206页)

旅行家的最后这句回答并不是什么空洞的言词，而倒是要指明：在这种态度中，恰恰不得不诉诸信徒们的“相信”。(关于这一点，我们将在下面的解说中作更多的讨论。)

军官现在在做全部准备工作，来完成对自己的处决，而旅行家目不转睛地看着这一切。值得记录的只有这样一个荒谬的行动：军官在脱衣服时，小心翼翼地把制服的每个部位都搞得整整齐齐，为的是紧接着把它们抛到肮脏的土坑里。

在这期间，犯人和士兵的行为并不十分令人振奋。起初，犯人想吃碗里的米粥，这本来是要经过两个小时的折磨之后才能吃的。士兵阻止了他，但后来他自己吃了起来。他们两人处于人之存在的一个动物化层面，对于这个层面，我们不能指望什么，因为这两个人并没有被当作人来对待。当犯人被释放时，小说中写道："犯人的脸容第一次真正地活泼起来。"（第一卷，第205页）后来又说到犯人："他脸上漾出一股心满意足的无声的笑容，久久都没有消散掉。"（第一卷，第208页）这种笑容表达出他现在得以报仇的喜悦。可见，他在任何情况下都能为自己解释变化了的处境。犯人的行为使旅行家感到恶心，这个犯人怀着强烈的兴趣盯着每一个过程——出于幸灾乐祸和报仇心理。旅行家试图强行把他赶走，犯人央求让他留下来，允许他参加这次处决。这难道不是说，犯人是军官努力争取的赞成这架机器和陈旧的刑法的那些人中的一员么？

这架机器没有像军官所预告的那样运转起来，而是崩溃了。"绘图者的盖子缓缓地升起，接着又啪嗒一声地打了开来。一只齿轮的牙齿露了出来，逐渐升高，很快整个齿轮都看得见了；仿佛有某种巨大的力量在挤压那绘图者，所以齿轮也无处容身了。齿轮升高，升高，来到了绘图者的边缘，掉了下来，在沙土上滚了一会儿，然后就躺在那里了。但紧接着又有第二个齿轮升了起来，后面又随着升起了许多大大小小的齿轮，在一刹那间，它们都走上第一个齿轮的老路，大家总以为绘图者肯定已经空掉了，可是另一套大大小小的齿轮又升起在眼前，它们跌落下来，在沙土上往前滚，最后又躺平下来"。（第一卷，第120页）军官没有按规定被耙子所粉碎，没有在十二个小时的刑罚折磨之后被粉碎，而是立即就被刺穿了。就连耙子的喷水管也失灵了——最后，军官的身体还被刺在针上，不得不由在场的人们把它从针上卸下来，把它扔到土坑里。

在这里，他（指旅行家）几乎违背自己的意愿，看了看死者的脸。其面容一如生前，也没有什么所谓罪恶得到赦免的痕迹。别人从机器中所得到的，军官可没有得到。他的嘴唇紧闭着，眼睛睁得

大大的，神情与生前一模一样，目光是镇定而自信的，一根大铁钉的尖端穿进了他的前额。（第一卷，第 211 页）

旅行家还在茶馆里参观了前任司令官的坟墓。神父不允许把这位老司令官葬在公墓里。茶馆里，有几个穷苦工人坐在几张桌子旁。人们必须把其中一张桌子移开，才露出了一块墓碑，上面写着老司令必将复活和归来的预言。犯人和士兵想跟旅行家离开小岛——但旅行家把他们赶退了。

二、对小说的解说

卡夫卡这篇小说的意义究竟是什么呢？我们上面的解释不是已经表明，其中是谈不上什么意义的么？其实，我们不断碰到的是种种荒谬。如果我们要追问荒谬之物的意义时，我们本身难道不也会落入一种荒谬之中么？难道我们不是必须直接把这篇小说看作一种与精神病相差无几的荒唐幻想的表达么？

我们把什么东西视为荒唐的呢？那种没有任何意义的东西。如果我们能判定任何一个存在者具有某种意义，那么，无意义之物，即严格意义上的荒唐之物，就是一个非存在者了，是我们根本就不能设想其存在的某个东西，即一个 μηθν（非存在者）了。如果我们的理解始终面向对一种意义关联的揭示，那么，荒唐之物或者荒谬之物就根本不是我们的理解力所能达到的。对于逻辑的理解来说，并没有什么荒唐的东西，除非是必须避免的谬误。但这却意味着，我们无需为荒唐之物操心，只是必须注意，不要沦于荒唐，因为否则的话，我们就会从存在者或现实事物的领域陷入非存在者或非现实之物的领域里。

这是完全合乎逻辑的，对此没有什么可反驳的。要不然，对于我们这个世纪的体验，就会被当作荒唐之举的例子了；在我们这个世纪里，出现了两次世界大战，以及种种最愚蠢的毁灭行径——在这里，我们只要回忆一下纳粹的令人恐怖的集中营和斯大林时期的所谓“清洗运动”和强制营，就可以说明问题了。诚然，人们总是可以举出种种理由，来说明战争的发动和各种毁灭行径，但在人们的言语与行动之间存在着某种辩证法，在这种辩证法中，人们的言语在行动时就转变为它的反面；这种辩证法迄今还少见研究，尽管黑格尔在《精神现象学》中早就指出了这种辩证法。

也许是时候了，我们对人的理解必须有所改变，不能仅仅把人理解为理性的动物，而是恰恰要把人理解为这样一种动物：这种动物可能为荒谬所摆布，为荒谬所控制，他处身于意义与荒谬之间，他不愿仅具有这种状态，因此就把荒谬当作荒唐之物来加以拒绝。①

荒谬之物的出现，并不是由于偶然的思想错误，即我们可以用逻辑学科加以消除的思想错误。我们总是已经站在荒谬的门槛上，而且常常越过这道门槛，尽管我们为这种穿越找到一些巧妙的解释和辩解，使之几乎显得是有意义的。

在这里，我们不拟做一种对有意义之物与荒谬之物的一般性分析，若要这样做，我们就势必还要区分荒谬之物与无意义之物(即非意义之物)，②并且严格地讲来，我们就必须把荒唐之物与无意义之物等同起来了。我们在这里倒是想来分析一下卡夫卡这篇小说所描绘的东西，追问其意义特性(Sinnhaftigkeit)——追问这样一种危险，即：也许在小说中根本就没有什么意义显明出来。但我们自始就没有理由说，卡夫卡的小说是荒唐的，因此，只要我们还没有作一种解说的尝试，去探究其中的一种意义，就是毫无意义的。

于是就有一种危险：我们也可能把一种意义，一种在小说中并不存在，而是在解说者心目当中的意义，强加到某种完全无意义的东西上去。

---

① 在此上下文中，作者对“荒谬”(der Widersinn) 和“荒唐”(das Absurde) 是有所区别的，“荒谬”是与“意义”(der Sinn) 相对而言的。——译注

② 此处出现的“荒谬之物”(das Wider-sinnige)、“无意义之物”(das Sinnlose) 以及“非意义之物”(das Unsinnige) 都以“意义”(Sinn) 为词根，的确难以明白地区分开来。——译注

对艺术作品的每一种解说都会面临这种危险，如果我们想隐瞒这一点，那是不真诚的。不过，对解说的合法性作某种检验，还是有可能的，因为通过解说，小说的种种关联就会豁然开朗，而要是没有这种解说，这种种关联或许就不会显露出来。关于意义的各种断言必须根据小说本身来证明，因此就先要对小说做一种十分详细的解释。

我们不可过于轻描淡写地看待我们的任务。我们可不能犯贡特尔·安德斯所犯的错误。安德斯的著作《卡夫卡，赞成与反对》虽然包含着一系列很有启发性的评论，但是，他直接把卡夫卡所描绘的荒谬与纳粹政权的恐怖统治等同起来，并且笼统地得出了以下结论：因为这个政权已经被推翻了，所以卡夫卡再也不能向我们说些什么了，我们用不着在他身上耽误时间了。如果我们这样来论证，那我们就还没有理解其中的事情真相。这样一来，我们就会满足于指出：与卡夫卡的描绘相吻合的，是某种在他那个时代里还根本不存在的东西；我们因而称赞他的先知般的先见之明；但同时我们也心安理得，以为卡夫卡所描绘的东西对我们来说已经是过去的事了。卡夫卡描绘出来的事件是否当真与今天的我们毫无干系了呢？是否我们最多只能关心一下，以便学会那种害怕呢？这还是有待揭示的。但首当其冲的，是要追问小说中的荒谬之物的特征。

荒谬乃是这篇小说据以构成的构造原则。但是，我们尚未弄清楚的是：这种荒谬是通过什么实现的？这种荒谬的依据是什么呢？

我们不妨来试试，回忆一下在小说的主要角色身上的荒谬。小说的主角是那位军官，但真正说来，处于中心地位的并不是这位军官，而是那架处决机器。正如我们已经看到的，军官认为自己是这架机器的奴仆，而这架机器据说是流放地的已经去世的司令官和缔造者的不朽杰作。如果说对这架机器的描写构成了这篇小说的绝大部分，那决不是作者的一个“疏忽”。

这架机器是最为可怕的酷刑工具——因为它把犯人的死在极为恐怖的痛苦中延迟了十二个小时。与之相比，断头台势必就显得是一种十分人道的处决工具了。可是，军官根本就没有看到这种酷刑因素。【只有在一个地方，当他警告旅行家注意在司令官那里的谈话时，他讲了“酷刑”一词。(第一卷，第199页)】特别受到强调的是第六个小时，那一刻，临死的挣扎不再使犯人感到痛苦，而且，这一刻被看作犯人表情变化的一刻。“最愚蠢的人也会明白个中情形”。(第一卷，第192—193页)

关于头六个小时，小说中写道：“前面六个小时里，犯人几乎像从前一样生气勃勃，只是受着痛苦”。(第一卷，第192页)[①]军官解释了所谓的表情变化、犯人凭伤口对所刺的字的辨认，这种解释属于我们上面已经指出过的荒谬。如果说这种加花饰的、刻着紊乱图案的图纸即使在阅读时都是难以辨认的，那么，犯人要通过身上的伤口来辨认就更是不可想象了；因为犯人的身体完全被刺穿了，根本就没有可能区分文字图案了。

我们不妨回想一下其中一个场景。犯人被绑在床上，嘴里被塞进一块肮脏的、已经有百把个人在处决时衔过的毡口衔，这时犯人呕吐起来。在这一刻，军官忘了他的矜持，勃然大怒了。可见，犯人甚至没有被当作

① 这里绝不涉及一种在对痛苦的美化基础上建立起来的迷信，就像人们可以从索克尔的某些说明中推知的那种迷信；痛苦直接被当作否定的性质(quantite negligeable)来对待，也即被当作无关紧要的。——原注

一个准许有呕吐反应的动物化的人，而只是被看作一个物件而已。(参看下文，第 43 页)因为对军官来说，重要的只是这架机器的顺利运转——在运转时，机器不能被弄脏，不能被损坏，也不允许出现任何故障。因此之故，对于耙子的精确计算好的运动，对于尸首掉进土坑里的轻飘飘的姿态，军官是多么骄傲。

我们上面的解释已经端出了一连串例子，但依然没有回答这样一个问题：这种荒谬是否包含着一种意义呢？换种说法，我们是否能够找到一种作为荒谬之根据的原则呢？或者，事情其实直接关系到毫无意义的胡闹(Unsinn)，关系到在无意义之物含义上的荒唐么？

让我们来看看开始时的情境——有关判决的情境。一个像狗一样驯服的人被带到他应付不了的境况里，起因无非是他的自然的睡眠需要。上尉用马鞭抽他的脸(甚至对一条狗，人们也不会这样做)，他恳求上尉停止，而且威胁说，不然就要活活把你吃了。这里根本就谈不上有什么反抗、造反、不服从的行为，但这个被痛打的人忍受不了痛苦，想摆脱痛苦。这个囚犯的驯服性格被颠倒为它的反面了。这种颠倒做得十分自然，几乎毫不显眼。对军官来说，这个囚犯是一个不服从的叛逆性的个体，所以必须受到处罚。在这里，荒谬是通过对这个当事人的本质的颠倒而出现的。这个彻底驯服的人被说成是一个叛逆性的不服从的人，并且受到相应的处置。

且让我们提出一个暂时的论点：**荒谬原则**就是**把某事物颠倒为它的反面**。这个原则将通过下面的讨论得到证明，或者得到扬弃。

小说开头有关“制服”的例子可用来检验这个原则。家乡的制服对赤道地区来说实在是太厚了，它不是一件合适的服装，而倒是成了一种折磨。但这种对制服的意义的颠倒，却通过另一种新的颠倒而得到了辩护——解释制服意味着家乡。紧紧抓住制服也就是抓牢了古老的家乡。在这种解释中已经道出了一点：这种抓牢某个表面形式不放的做法，乃是丧失家乡的最明显的标志。

就机器而言，它的无可指摘的、自动的运转情况受到了称赞，而实际情形却是相反的。当这架处决机器完成它的可怕的非人道的酷刑功能时，按军官的说法，是“正义”得到了伸张。因此，他也前后一贯地说：犯人在头六个小时“只是”受着痛苦。真正发生的事情被认为是次要的事情而弃置一旁。我们几乎难以想象一种更为明显的颠倒了。我们上面已经指出了对机器各个部分的名称(床—耙子—绘图者)的颠倒。从所有这些例子中可以证明：起初作为简单的无意义的胡闹而表现出来的东西，就是在意义颠倒为它的反面这种含义上的荒谬。卡夫卡把这种由意义到荒谬的颠倒、倒转十分连贯地贯彻在整篇小说中了，以致我们可以说，这篇小说的构造原则就是由意义向荒谬的倒转，直到这种荒谬最后扬弃自身。

如果说这样一来，我们已经触着了小说的形式上的构造原则，那么，现在我们就必须提出以下问题：是不是有一种确定的颠倒处于同一个东西的中心，而所有其他颠倒都是依赖于它的，或者，它们都是为它效力的？为了找出这种颠倒，我们只需分析一下那个关键性的事物，就是那架处决机器。军官全心拥护这架机器，他捍卫、赞美这架机器，并且最后

为它而牺牲——因为最后那一刻，军官认识到，旅行家将不会为这架机器辩护。

在人们所做的种种解说中(尤其是在索克尔那里)，都指出了这样一种对立：严厉的旧法律与娇弱化了的、人性化的新法律的对立。人们带着某种赞赏来感受军官之死，因为他是为盲目迷信的旧法律而牺牲的——而娇弱化了的新法律受到了怀疑，怀疑它会成为一种颓废的法律。倘若事实就是这样，那么，卡夫卡在这里描写的就是某种好的、值得推崇的东西的完结。这在我看来无论如何是与小说相违背的。让我们更仔细地来看看个中情形。

机器的运转被军官说成是“现在正义得到了伸张”。(第一卷，第197页)如果小说的原则是荒谬，亦即在某件事物颠倒为它的反面这种意义上的荒谬，那么，我们就必须得出一个相反的结论：“现在非正义得以横行。”这样的话，与现代的(即新任司令官的)法律观相对立的，就不会是一种更为严厉的法律观，而直接就是极端的非法(Unrecht)了。这一点必须得到具体的探究。但为了能够说明被颠倒了的关于法和正义的观点——这篇小说具有这样一种令人着迷的效果，它的结构十分连贯，以致把我们卷入其被颠倒了的“法律世界”之中了——我们还要简短地解释一下与法律的本质相联系的几个概念。

某个或大或小的群体，要使一种共同生活成为可能，就需要有某种确定的法律。换句话来说，每一个人类共同体都是以某种确定的法律观为基础的，这种法律观可以有明确的表述，但决非必定如此。在这种法律观中表达出：个人在参加共同体活动时具有何种权利。历史地看，这种权利可能是大相径庭的，只是在法国大革命时期才出现了这样的要求：法律面前人人平等，没有任何特权。在文明社会里，法律体现在法治中，法治应当为个人提供保障，使个人能够信赖他的权利，他的权利是不可侵犯的。

法治的含义体现在法规中。判决就是要惩罚触犯法规的行为，把那些已经触犯法规或者有触犯嫌疑的人带到法庭上，由法庭来提出控告，而被告一方也可以在法庭上为自己辩护。在正式的法院审理中，无论是原告还是被告，都必须有发言权。法庭(法官)必须根据这种审理作出判决，通过这种判决，被告就公开被告知，他为什么被判定有罪(如果不是宣告无罪释放的话)，也就是说，他已经触犯了哪些法律条款。根据对行为动机的证实，对现场以及诸如此类情况的说明，判决就有了根据，量刑尺度也有了合法性。在判决过程中，要具有最大程度的细心。遇到棘手的案件，还要召来专家作鉴定人，还要有反面的鉴定人。所有可能出现的对事实构成的解释都是需要的。在判决宣布以后，犯人还有权向更高一级的法庭提出上诉。若没有提出进一步的上诉，则判决就有了法律效力，于是就要由有关机构来执行刑罚了。司法机构与执法机构是严格分离的，以杜绝两者的相互影响。这时候，如果个人的权利得到了保护，如果法规依法获得了应用，并且没有出现任何枉法行为，那么，我们才谈得上“正义”。显然，不待说，法官以及法官的不可贿赂性在这里是具有某种特殊重要性的，因为他要对合法与非法作出判断。

那么，在流放地，正义的情形又是怎样的呢？处于中心位置的是那架处决机器——军官从来没有把它称为处决机器，而是直接把它称为机器，即一台其完美性值得我们赞赏的绝妙机械，这种做法简直就是对现代的语言蒙蔽(Sprachverschleierung)方法的预言。与之相联系的，还有第二个蒙蔽因素得到了应用。由于是由一架完美的机械来完成执法过程，所以，执法过程就好像是“客观的”，已经消除了人为的影响。

由于把这台处决机器放在中心位置上，“法律—法规—司法—判决—执法”这个联系的某种本质性的东西就得到了说明。执法被置于首位。一切都集中到刑罚的执行上，根本上讲，这种执行是唯一的兴趣所在，其实严格讲来，就只剩下了这种执行。这乃是对文明的法律观的彻底歪曲。司法机构与执法机构的分离被消除了。军官一人集法官与执刑者(刽子手)于一身。

在解释小说时，我们已指出了这样一回事：当旅行家了解到，犯人不知道对他的判决，他根本就不知道他被判刑了，而且也没有任何机会为自己辩护，这时候，旅行家感到十分恼怒。这其实无非是说，整个司法和判决过程都被取消了。军官明言："我的指导原则是：对犯罪永远毋需怀疑"。(第一卷，第187页)军官根本无法理解，旅行家竟会对这件事情发怒；对军官本人来说，这是理所当然的，因为他感兴趣的只是刑罚以及刑罚的执行，而且这架机器就是用来承担此事的。这是一种多么彻底的对正义理念的反常化，我们不能设想更为彻底的反常化了。军官后来断言，在处决机器运转期间，人人都知道"现在正义得到了伸张"(第一卷，第197页)，这话就是一种真正的嘲讽了。

人们或会提出如下异议：尽管法律生活被归结于既是法官又是执刑者的一个人身上，但只要这位法官实际上努力合法地去应用法规，那么，从理论上讲，也还是有可能剩下一点正义的残余的。(用不着强调，若没有法院的控告和审理，这是多么可疑!)但卡夫卡并不这样看，他也不可能这样看，因为在这篇小说中，**所有刑罚都是死刑**——我们必须把这一点视为司法审判的极端反常化。不论何种违法行为受到惩罚，死刑就是判决——因为对犯罪是永远毋需怀疑的。据我所知，对一种如此绝对的正义之颠倒的描绘，莫过于卡夫卡的这篇小说了。卡夫卡的流放地是对流放地的本质的夸张。从祖国被放逐出来，在这里同时也就是被驱逐出法律和正义的领域。

因为主要的事情不是判决而是处决，所以，对于流放地的生活，小说顺理成章地只描写了处决机器及其运转。

从表面上看来，这架机器似乎完全是为法规效力的，因此，正义的假象就得到了维护。实际上，这架机器所做的，无非是在犯人身上刻上有关的法律条款。我们知道"在某人身上染上某物"(jemandem etwas einbläuen)这个说法。这里在人身上被染上的是法规，还更进一步，是被写上法规。这又是一种蒙蔽。其实法规并没有被染在人身上(在使人牢记意义上)，法规是刺写在那个人身上而把他粉碎了，法规被使用到这个人身上从而把他杀死了。这个法规并没有用来维护法律、制度、人类可能的共同生活，它是一个毁灭性的法规。这架机器并不像预先所规定的那样，是为法规效力的，而只是为毁灭效力的。这样一来，法律—法规—惩罚的关系就整个颠倒了。①

在文明的法律观中，惩罚的结果应当是，通过作出处罚来清除罪恶，而且，已经触犯法律的个人在受罚以后，将重新被引向社会(事实上能做到何种程度，那是另一个问题，但这却是作为目标而被设定的)；而在流放地，却只有通过“法律条款”作出的死刑。法律在那里并不是为了保护人，而是为了杀人。

上面我们曾提出一个论点：这篇小说的中心矛盾乃是正义理念的完全反常化。这个论点是可以从小说本身中得到证明的。

这篇小说的结尾部分情况如何？直到现在，我们只是指出了旅行家在岛上发现的情境，由处决机器及其奴仆(即作为法官和刽子手的军官)所体现出来的情境。但这篇小说不仅描绘出存在事实，而且在其中也发生了我们在上面的解释中所看到的一些事情。现行的审判和执法制度未得到新任司令官的同意。军官说：“新上任的那位(司令官)当然露出了想干涉我的判决的意思，但到目前为止，我还是成功地把他顶了回去……”(第一卷，第187—188页)，还说：“您正在欣赏的这种审判和处决方式，眼下在我们这个流放地已经没有人公开支持了。我是唯一的拥护者了……我再也不指望进一步推广这样的做法了；为了维持现状，就已经耗尽了我所有的

① 不妨回想一下我们上面深入分析过的军官与旅行家的对话，在此对话中，两人之间突然出现了一道无法弥合的鸿沟。对某个法律条款有不同的解释，原是可以理解的，主张各种解释的人还是具有某个共同的法律基础。但在这里却相反，显然有一种对法律观的彻底分离，旅行家的法律观在军官看来必定是荒唐的，是颠倒的。因此，军官的全部说服技巧势必是徒然的，而且这种联系的矛盾之处在于，军官关于机器的出色运转的解释，倒是向旅行家说明了那种反常的法律观。卡夫卡在这个对话中首先表明军官的反应，但军官把旅行家所提的那些问题评判为无意义的问题，这种评判就要怪军官自己了。因为这些问题是我们所有人都会提出来的，对我们来说它们并不是荒唐的，倒是如此这般来评判这些问题的这个人，看起来是荒诞的。对于旅行家，卡夫卡提到一个意味深长的手势。当旅行家得知犯人根本不知道他已经被判决时，他“一面揩揩前额”，仿佛他怀疑自己是不是还有知觉，而且疑心这样的事情是不是可能；当他得知犯人没有任何机会为自己辩护时，“他从椅子中站起身来”——这是一种本能的反对姿势。(第一卷，第187页)——原注

精力”。(第一卷，第 196 页)在另一处，军官指出旅行家在司令官那里可能进行的谈话(参看上面的解释，第 25—26 页)，并且说：“这些话全都很对，在您看来都很自然，对我的做法没有发表您的意见，也没有一点点贬抑。可是司令官的反应又会怎样呢？我可以看到，我们的好司令官如何立即推开椅子，冲向阳台，我也可以看见他的女眷们怎样跟着簇拥在他身后，我还可以听见他的声音呢——女眷们称之为雷霆的声音——嗯，他准会说：‘一位伟大的西方旅行家，他是专门来考察世界各国的刑事程序的，他刚才说了，我们执行法律的传统做法是不人道的。出诸这样一位人物的这样的意见，使我再也无法容忍我们的这种做法了。因此，我命令，从今天起……等等等等’。(接着是军官凭自己的意愿，根据他的设想对旅行家的反应的描写。)‘您也许会提出异议，说您从来没有说过这样的话，您也没有说我的做法不人道；相反……您想引起人们的注意，您想大叫，可是一位女士的纤手会来掩住您的嘴——于是，我和老司令官的杰作就这样完蛋了’”。(第一卷，第 199—200 页)

旅行家的干预恰恰会带来与军官的希望相反的效果——这就使旅行家清楚地看到，要对付这种非人道的制度是多么的简单。军官假定旅行家会把这种制度看作“最最人道、最最符合人类尊严的”，这就表明他们的观点是十分不相容的。在谈话开始时，看起来似乎军官是容易接受各种可能的异议的——但这只不过是一些策略上的考虑，是根据军官所熟悉的那位持批评态度的司令官的观点而做的一些策略上的考虑。军官阐发了进一步的计划，告诉旅行家应当如何在高级军官大会上宣布他的意见，他应当如何大声叫嚷去消除所有的阻力，或者——假如这种做法不合旅行家的脾气——还有相反的可能性：“‘您根本就不用站起来，只要讲很少几句话，声音低得像耳语，只让您下面的那些军官们听得见，这就够了，您甚至不必亲口提处决缺乏公众的支持、齿轮叽嘎作响、皮带断了、口衔污秽不堪，不必提这些，这一切都由我来负责’”。(第一卷，第 203 页)——这些都表明了军官的绝望处境，他不得不乞灵于旅行家的帮忙。“于是，军官抓住旅行家两只胳膊，重重地喷着气，盯紧了他的脸。

他最后那句话嚷得那么响，连士兵和犯人都注意起来了……”。(第一卷，第203—204页)

卡夫卡对这种紧张关系的升温做了出色的描绘。这位开始时如此自信的军官，终于暴露出他对旅行家的评判意见的依赖，这是他可以使这个有关“正义”的老制度继续维持下去的最后机会了。因此，用不着奇怪，旅行家的拒绝态度对军官来说就等于一种毁灭。

被判决的犯人对于他的判决一无所知，而且不能为自己辩护；与之相反，军官从一开始就端出了他的辩护。可是，旅行家对这种刑事办法了解得越多，他就越清晰地认识到了其中的非正义，因而也就更明确地得出了他的评判。

军官原先甚至压根儿就没有怀疑他会得不到旅行家的支持：“——这就是我的计划；您能帮助我实现吗？您当然是愿意的啰，不仅愿意，您简直是非帮助我不可的”。(第一卷，第203页)军官被他的信念力量所支配，他身上的一切都凝聚到这种力量上。在这种力量不起作用的时候，他就完蛋了。他把旅行家逼到了法官席上，他向旅行家表明他(指旅行家)的干预在哪里是有成效的。(参看上文第25—26页)[1]有一个例子说明了一种自相矛盾的、自我扬弃的行为。

军官已经下了决心。只不过，他还想证实一下他是不是听对了。“‘那么，您是觉得这样的审判方式不能使人信服了’，他自言自语地说，又微微一笑，仿佛是老人在笑小孩的胡闹似的，说完了，他又径自继续沉思起来”。(第一卷，第205页)

军官是用“要公正”这样一条法规来处死自己的。莫非这意味着军官已经认识到他的判决方式的非正义性么？倘若这样，这篇小说或许就在描绘一种决定性的转变，即从非正义向正义的过渡。这样的话，则在军官的毁灭中或许就包含着某种美化，这种美化往往被我们认作古典悲剧的要

① 旅行家说：“……‘还是在您对我表示信任之前……我就已经在考虑：干预这种做法是不是我的责任，我的干预又有没有哪怕是一点点成功的希望。我明白我首先该向谁去说：当然是向司令官。您使我把事情看得更为清楚了’……”(第一卷，第204页)——原注

素。英雄的毁灭使“理念”获得胜利。

其实不然。军官绝对没有认识到他的做法是不正义的。小说中明确地写道:“(军官)又微微一笑，仿佛是老人在笑小孩的胡闹似的”。(第一卷，第205页)按照军官的看法，旅行家尚未成熟，所以还接受不了这套审判程序，他还不能正确地理解它，还缺乏必需的见识。

进一步发挥作用，使得这种见识普遍地为人接受——这难道不是军官的使命么?但事情恰恰与此背道而驰。在前任司令官时代，所有的人都被这架处决机器迷住了——整个流放地都参加当时的处决行动，在机器周围不得不树起一道坚固的栏杆，因为人人都想往前挤。现在，除了犯人、看守和执行军官，没有人来了。新任司令官反对这种做法，他几经踌躇后作出一个决定，何时真正废除掉这种刑法，那只是一个时间问题了。如果说军官没有成功地说服一个局外人，一个没有受到过新任司令官影响的局外人，那么，他就不得不承认自己的失败了。在解说这件事之前，我们还要谈谈处决机器的瓦解。

我们看到，这架机器乃是流放地的陈旧法律观的象征。更准确地讲，它不只是一个象征，而且是关键性的工具。这种法律观的一切都以这架机器为焦点，那是前任司令官的顶峰杰作——前任司令官代表着居统治地位的法律观。对军官的处决意味着这种法律观的最后一个拥护者的自取灭亡。随着他的死，这架处决机器就作废了——是它把自己废除了，也即说，它瓦解为各个部件了，这在小说的描写中得到了详尽的展示。

这种描写吻合于本文开头已经显明的矛盾原则。这架机器的最后的运转是与军官的解释相矛盾的，它没有缓慢地刻写所触犯的法律条款，没有所谓的在第六个小时出现的拯救，没有尸首掉进土坑时的轻飘飘的姿态。[①]在我看来，军官的自我处决和机器的自我瓦解的意义就在于：这样一个十分反常的法律观必须自我废除。它违背法律和法规应有的作用，那就是：使人类的共同生活成为可能。它可能在片刻间对周围的人产生恐吓作用，但当这种恐吓作用减弱时，它就趋于完蛋了。小说所描绘的正是这个阶段。如果一种法律观再也没有追随者来支持它，或者说已经很少有追随者了，则这种法律观又如何能够调节群体生活呢？假如再也没有人相信这种判决和执法，那它就丧失了它的力量，而且，这种遗留下来的传统何时被废除掉，也只是一个时间问题了；由于某种“惯性”定律，这种传统或许还会延续一段时间。在一个惰性的、毫无决断力的(新任司令官就被描写成这个样子)社会里，这种对传统的冲击力来自外界。

我们的解说必须提出来的最后一个问题是：这种对正义的颠倒的可能性根据是什么呢？抑或，卡夫卡的描写固然非常有说服力，但其实仅仅是描写了一种不真实的境况？我们已经分析过的对法律观的反常化，又是以人类存在的何种自我理解为基础的呢？如果要我们勾勒一下小说中所隐

---

① 索克尔解说道：“这架惩罚和美化机器并不是为正义而设的。谁如果指望从这套制度中看到正义，那他就会大失所望的……”（上引书，第126页）在另一处，索克尔又说：“在这里，人们对这架机器作过高的要求，即它原先没有设定的东西。因为它的任务并非传布正义，而是通过惩罚进行拯救……”（上引书，第127页）索克尔的解说是饶有趣味的，但我不知道，我们应当如何理解当机器运转时军官的那种说法：“现在正义得到了伸张”。说这架机器被它的发明者冒充为正义的代表，这个断言是难以反驳的；我们眼下的解说试图表明，军官的这个说法乃是一种僭妄，其中已经实现了一种对正义的反常化。——原注

含的人类形象，我们就会束手无策。处于小说中心位置的是一架机器，是一架处决机器，而不是人。在这架机器失去了“存在理由”的那一刻，这个人的生存也丧失了意义；对于这个人，我们已经有了最多的了解，这个人已经成为机械的单纯附属品了。而随着对这个最后的“追随者”的处决，这架机器也瓦解了。

犯人被描写成处于一种近乎动物的状态，而看守犯人的那个士兵几乎比这个犯人更无人性。这一点可以从一些次要的场景中看出，例如，有这样一个场景：士兵贪婪地吞食盆子里的米粥，而这米粥原是规定给犯人吃的。还有，士兵突然在铁链上一拖，使犯人倒下来，这时候，士兵是多么开心，如此等等。犯人和士兵对军官的自取灭亡表现出来的粗鄙的快乐，在此亦可说明问题。

小说还约略提及另外一些人物。对于茶室中的顾客，小说写道：“他们谁也没穿外衣，衬衫也是破破烂烂的，都是一些贫贱穷苦的汉子。”(第一卷，第212页)至于新任司令官，只是在军官的描写中反映出来的——那显然是片面的。军官反复谈到新任司令官周围的女眷们，这也许可以说明司令官的娘娘腔；而且有一次谈到了司令官的港口方面的事务，这是他的兴趣所在，而他对那架机器是没有兴趣的。

我们想在其中寻找一种预设的人性观，但经过分析，却表明在这篇“独特的”小说中，人差不多是无关紧要的。人无非可以为那架处决机器效力，并且被当作食物扔给这架机器。我们已经说过，在对处决过程的描写中，军官总是喋喋不休地谈论机器的运转(仿佛谈的是一台抽水装置，或者是一台新式的内燃机)，而从来没有谈论犯人的痛苦。一只齿轮的吱嘎声使军官感到绝望，而他几乎不提犯人的种种痛苦表现，只是当机器的一个部件未能完全把这种痛苦抑制住时，才简单地提一下。犯人所受的十二小时的撕裂折磨没有被视为某种否定性的东西，而这架机器容易被犯人的伤口弄脏，倒被说成是“它的唯一缺点”。(第一卷，第189页)军官不辞辛劳，但决不是为了使犯人在处决时变得轻松些，而是为了满足参观者的好奇心。

小说中写道:“而这时候,‘耙子’已经完全把他刺穿了,把他扔到坑里,他就掉在血水和粗棉花当中了。于是,判决算是结束了,我们,我和那个士兵,就把他埋掉了。”(第一卷,第193页)读到这里,我们十分清楚地看到,人已经变成了纯粹的物件,他就像一只死了的兽畜或者令人讨厌的垃圾一样,被机器扔到土坑里,然后被埋掉。①

我们在小说中寻找人的形象,却只发现一些物件——莫非这种人的消失就是这篇小说最激动人心的事件么?传统意义上的人被消灭掉了。当人之本质如此这般被颠倒,以至于我们不得不谈论一种最极端的非人性化(Ent—Menschlichung)时,对正义的反常化才是可能的。这时候,一架顺利运转的机器实际上就可能比一个受折磨的人的痛苦更为重要,因为这种痛苦根本就没有被感知。这个人简直就是一个物件,其用途是为证实机器的顺利运转,他身上发生的其他事情,就可以存而不论了。若要确定一种面部表情的变化,那就要用一种荒谬的回答来解释这种变化——那是对被刺到身上的法律条款的辨认,也即是机器的一种作用。

由于人的这样一种变化(人被遗弃了),要在传统意义上谈论法律就是毫无意义的了;因为在传统意义上,法律其实意味着个人应有的权利。而在这里,由控告—辩护—判决—处罚构成的常规的审判过程变成多余的了。只要处罚就够了,而且,为了在这个过程中不至于会出现诸如人的感情冲动之类的因素,这种处罚就要由机器来执行,而机器要由一些印着纯净的法规文字的模板来控制,其时,凡与法规之本质相违背者,均凭各条法规格杀勿论。

卡夫卡一气呵成地描绘了这种境况。他向我们表明:人决不是一个永远被给定的和固定的东西,相反,用我们时代的哲学的话来说,人乃是一个可能性的动物。即便是最极端的遗弃(Entäußerung)之可能性,亦

① 卡夫卡的叙述方式是如此冷静和客观,仿佛他所做的,是某种对岩石种类的科学描写,或者是要查明发动机的运转情况,检查一下它的马力。只有当军官开始他个人的辩护讲话,分析旅行家的评判的重要性时,小说的语言才失去了冷静的特性,而开始不安地颤动了。——原注

即最极端的非人性化的可能性，也是对人敞开着的。在这里，人并非一定要放弃他的理智，相反地，他能够建造复杂的、极其精确地运转的机器，而这种机器是用来削马铃薯皮的还是用来处决人的，这从构造角度来看是无关紧要的，要紧的事情只是：这种机器要精确地运转，尽可能少叫人操心。

要是在一个社会中，最为困难的行为(即司法和执法)已经被交托给一架处决机器的运转了——因为法律条款的选择虽然还是由军官来做的，但如果每一个条款都是处决的话，那么这种选择工作其实就是无关紧要的——，这个时候，我们就有理由来谈论对人之存在的极端反常化。

如何可能发生这样一种在被遗弃的人性意义上的反常化呢？对于这一点，我们从小说中能够了解到什么呢？

这位兼任法官的军官没有受到怀疑的折磨。如果说他有疑虑，那主要是因为新任司令官的行为，而在他的正义观中是否有某种东西是可疑的，这一点是他没有想到的。他感到自己绝对“在真理中”。他的一言一行，在他看来都是毋庸置疑的。要是旁人与他的看法相左，那只能说明旁人的见识是错误的。(参看：他对旅行家的拒绝以及新任司令官的批评所做的评价。)这种态度已经刻画出他的前任(即老司令官)的性格。“我们这些他的朋友，在他去世时就已意识到，流放地的机构已经十全十美了，继任者纵然在脑子里有一千套新计划，至少在好多年里，是连一个小地方也改变不了的”。(第一卷，第183页)

这种绝对的确信规定了军官的每一个行为、每一种意见和每一个判断。相应地，这种绝对的确信也包含了他的看法的令人难以置信的片面性和局限性。他只是对某些事物感兴趣，其他事物对他来说简直就不存在(比如犯人的痛苦)。如果说人的本质中包含着某种坦诚，由于这种坦诚，生活范围内的事物的多样性才得以开启出来，那么，军官却由于他的那种局限性而把自己锁闭起来，而这也意味着，他同时也对可能向他显示出来的东西锁闭自己。由于这样一种片面化，他变得一贫如洗，而又努力靠一种对他能够搞到手的东西的固守来弥补这种赤贫。关键的例子是，在法律和正义的广泛领域里，他只局限于刑罚，更准确地讲，只局限于刑罚的执行，亦即处决。军官的整个生存都指向由那架顺利运转的机器来完成的完美处决。①

对一种局限性的观点的绝对化，亦即把这种观点颠倒为所谓唯一正确的观点，这就是狂热迷信(Fanatismus)的标志。狂热迷信者总以为他的观点是正确的，他完全为这种想法所支配，以至于他根本就不会想到哪怕仅仅是把他的观点与其他观点作一番比较，更不用说去怀疑他自己的观点了。对他来说，这样一种怀疑毋宁是一种犯罪，一种极大的亵渎。也是为了不允许出现一种批评性的考察的小小苗头，他从一开始就把任何其他意见都说成是根本错误的。并非偶然，在那些把其存在建立在狂热迷信基础上的极权主义国家里，形成了类似于卡夫卡的小说中所描写的罪犯流放地和刑法——至于狂热迷信者是属于左的意识形态还是属于右的意识形态，那是无关大体的。凡不愿听命于狂热迷信世界观的极权要求的，都是有严重危险的，因而必定会被消灭掉，或者至少是被隔离起来，免与他人接触。

为了使他所持的看法能够获得真理性的假象，狂热迷信者必须为自己以及他的追随者戴上眼罩，使得他的看法完全表现为唯一可能的看法。在狂热迷信中，特殊的看法提出了普遍性要求，从而被反常化了。其实是为了不想对它的特殊性有所意识，它才以一种盲目的顽强为自己辩护。由于从根本上讲，狂热迷信者感到自己不可靠，所以他才必须不断地确证他的力量，吹嘘他的力量。因为狂热迷信者的基本问题乃是一个力量问题。在形形色色的领域里都有狂热迷信——狂热迷信者每每都想保住自己的强大形象。为了证实他的力量，他就需要有大量的追随者。狂热迷信乃是一

① 的确，像艾希曼这样的一个个体已经向我们证明：真可能有这样一种生存，这不是一种病态的"惩罚幻想"。——原注。艾希曼(Adolf Eichmann，1906—1962)：纳粹时期德国党卫队上校，曾领导德国中央保安局第四处B4组的工作，该组负责在1939年把欧洲的犹太人集中置于德国的控制之下。在万湖会议上艾希曼奉命执行"最后解决办法"(一项有组织地消灭欧洲犹太人的计划)。战后艾希曼逃到南美，但终被捕获，1962年被处决。——译注

个群众现象。狂热迷信者需要他的同道的响应，才能够坚持他的固执的观点。

我们在流放地所见到的，是一个真正的狂热迷信者的表现，这个狂热迷信者认为自己已经找到了真正的正义，而且以正义的名义施行一种人们可以设想的反常化的法律，压制流放地的所有居民；我们也看到这个狂热迷信者的最后完蛋，当他再也不能赢得追随者时，他就完蛋了。如果狂热迷信的魔力已经被打破，如果盲目的情绪不再被渲染(可对照一下极权制度下的群众表现)，那么，他就再也守不住自己了，因为他的片面性已经为那些非狂热迷信者所识破。

在这篇小说中，旅行家担当了这样一种作用，即通过他的公开的“否定”打破了狂热迷信的魔力。能够说明狂热迷信态度的特点的，还是老司令官坟上的墓碑。碑上刻有如下文字：“有预言云：若干年以后，司令官死而复活，将率领信徒由此出发，收复流放地。你们要信，要等待!”(第一卷，第213页)一种神秘的——更准确地讲，迷惑性的——声音，会把我们这里所道出的荒谬掩盖起来。盲目的信仰会把不可能的事情装扮成可能的。

卡夫卡对小说的结尾(即最后几页)并不满意。在一封致他的出版商库特·沃尔夫的信中，卡夫卡写道:“小说结尾前的两三页是一败笔，它们现在这个样子指示出一个更深的缺陷，其中某处大有毛病，这个毛病本身使整个故事变得空洞了。”(《书信集》，第159页)军官被处决后，前面凝聚起来的张力也随之消失了，接着只是一个附加的补充而已。尽管如此，结尾中也有一个因素是富于启发意义的。为什么旅行家没有在流放地多待几天呢?为什么他没有让自己接受新司令官的庆贺，庆贺老司令官的最后一个追随者的倒台？为什么他要突然溜走呢?

我们在这里只能发表一种假设。令旅行家深感震惊的是：人之存在可能遭受何等的反常化!军官的态度乃是一种颠三倒四的唯心主义。一种如此毫无抵抗力的人之存在，最终只能成为另一个狂热迷信者的牺牲品。当旅行家为了不让犯人和士兵随他离开小岛而威胁他们时，他本人就已经传染上了非人性的野蛮特性。

我们上面的解说试图表明，小说中的荒谬乃是理解这篇小说的主导线索；这种荒谬决不是瞎胡闹，而是颠倒(矛盾)。关键性的颠倒是正义理念的颠倒，它指示着人之存在的可能颠倒的根据；而人之存在的最极端的遗弃已经在这里向我们展示出来了。

如若我们要追问那种贯通并支配着这篇小说的“切近”，那它就是作为反常化的切近(Nähe als Perversion)。[①]那是一个阴森可怕的过程，一个阴森可怕的事件，它遮蔽着我们这个时代。在我们下面要做的解说中，我们将从另一个方面来揭示这种阴森可怕的东西。

1916年10月11日，卡夫卡致信库特·沃尔夫，信中写道:

为了说明最近的这篇小说，我只补充一句：并非只有它(即那个时代)是苦难的，而毋宁说，我们的普遍时代以及我的特殊时代，同

① 也可参看本书第39页以下。——原注

样亦是极为苦难的，过去和现在都是苦难的，而我的这个特殊时代甚至比普遍时代有着更为持久的苦难。(《书信集》，第 150 页)

《饥饿艺术家》

索克尔说得对，以《饥饿艺术家》和《乡村医生》为题的短篇小说集，以及中篇小说《判决》，乃是“卡夫卡所喜欢的、毫不犹豫地予以出版的”作品。[①]《饥饿艺术家》是卡夫卡本人为了付印而完成的最后一篇小说。它与短篇小说《最初的痛苦》、《一个小妇人》和《女歌手约瑟芬》合为一集，在施密德出版社出版。卡夫卡是在 1921 年至 1923 年间创作这几篇小说的，并且在他逝世前审读了第一稿印刷清样。[②]该书出版于 1924 年。这四篇小说被收入马克斯·布罗德编的全集版第一卷中。

一、对小说的解释

与《在流放地》一样，《饥饿艺术家》这篇小说的叙述方式也是冷静和朴实的。看起来，小说仿佛只是记录了一些单纯的事实而已。

> 最近几十年，人们对于饥饿艺术家的兴趣已经大为淡薄了。从前，自行举办这类名堂的大型表演，收入是相当可观的，今天就完全不可能了。时代不同了。(第一卷，第 229 页)

这个“从前”与“今天”的对立把小说划分开来。小说的第一部分描写从前(第 229—235 页)；第二部分描写突变之后的时代，即广义的当

① 参看索克尔：前引书，第 138 页。——原注

② 参看《短篇小说和散文》之后记，《卡夫卡全集》第一卷，马克斯·布罗德编，第 286 页；以及对书信的注释，弗兰茨·卡夫卡：《书信集》，马克斯·布罗德编，斯科肯丛书，纽约 1958 年，以及德国费舍尔出版社，第 519 页。——原注

代(第235—239页)，而当代时期的末尾就是现在。

过去尚未远不可及，还没有到让人无法回忆的地步。在那过去发生了什么事情呢？这是一个重要的问题，因为首先是通过回忆才可能作一种比较，而且这种比较涉及同一个经历了过去的当代的人。这就是下面这段话描写出来的一种在人们有生之年发生的骤变。

> 那时候，饥饿艺术家风靡全城；饥饿表演一天接着一天，人们的热情与日俱增；每人每天至少要来看一次饥饿艺术家；表演的最后几天，有一些预约者成天坐在小小的铁栅笼子前；即便在夜间也有人来观看，人们借火把的照耀来提高观赏效果；天气晴朗的时候，人们就把笼子搬到露天，这样做尤其可以让饥饿艺术家向孩子们表演……。(第一卷，第229页)

其时，饥饿艺术家是热点人物。我们满可以想象，在那些没有什么大事发生的安宁的乡下小镇里，饥饿艺术家的表演是多么轰动的事情。人们的参与兴趣与日俱增，因为那些爱看热闹的人必定会思忖，他是否还能饿一天，抑或他眼下就已经放弃了——他们并没有对这件最令人激动的事情吵吵嚷嚷——“也许他突然就饿死了呢”？饿死的可能性构成了一种特别的魅力。

当然，对一些成年人来说，这也只不过是一个好机会，可以到饥饿艺术家身旁碰个头，喝一杯啤酒，逗逗乐什么的，特别是当饥饿艺术家连同他的铁笼子被搬到露天场地上的时候；而这时候，“孩子们就惊讶得目瞪口呆，为了安全起见，他们互相手牵着手”(第一卷，第229页)，惊奇地看着饥饿艺术家。这位艺术家穿着黑色紧身衣，席地坐在干草上，时而强作笑容回答大家的问题，“而后却又完全陷入沉思，对谁也不理会，连对他来说如此重要的钟声(时钟是笼子里的唯一陈设)他也充耳不闻……”(第一卷，第229页)。

那些川流不息的观众其实往往只在笼子前停留片刻。与之相对照的是一些固定的看守人员。“……说来也怪，这些人通常是一些屠夫。他们始终三人一班，任务是日夜看住饥饿艺术家，决不让他偷偷地进食”。(第一卷，第229—230页)屠夫以美食出名，他们总为自己留下最佳部位的肉。恰恰这一类小市民负有看守任务，去监督点食不进的饥饿艺术家。

不过，这种监督是一种特殊的安排，“只不过是一种形式而已”。(第一卷，第230页)因为“饥饿艺术家在饥饿表演期间，不论在什么情况下都是点食不进的，你就是强迫他吃他都是不吃的。他的艺术的荣誉感禁止他吃东西”。(第一卷，第230页)这种看守仅仅是安慰广大观众的，其实却是毫无必要的。因此就出现了一种荒唐的境况，有的看守人员只是马虎地执行他们的看守任务，好让饥饿艺术家有机会偷偷地吃点东西。“这样的看守人员是最使饥饿艺术家痛苦的了。他们使他变得忧郁消沉；他们使他的饥饿表演异常困难……”(第一卷，第230页)。

那些想使他的饥饿表演变得轻松的看守人员，倒使他的表演变得困难了，因为这时候，他不得不强打精神，克服自己的虚弱，唱起歌来，以便让他们注意到他并没有吃东西。但这种努力根本没有获得他所愿望的成功，因为现在，看守们反而一味地赞叹他的技艺高超，竟能一边吃东西，一边唱歌。

相反，严厉的看守人员却是他所喜欢的；这些看守人员来到铁笼子旁，拿手电筒“照射着”他，而他则乐意与这样的看守人员彻夜不眠，“跟他们逗趣戏谑，给他们讲讲他漂泊生涯的故事……”(第一卷，第230页)。

“然而，令他感到最幸福的是，天亮以后，他掏腰包让人给他们送来丰盛的早餐，看着这些壮汉们在熬了一个通宵以后，以健康人的旺盛食欲狼吞虎咽”。(第一卷，第231页)可是，这又促使某些人把这顿早餐视作饥饿艺术家的一种明显的贿赂——尽管他们自己并不愿意值一通宵的夜班而不吃早饭。对于饥饿艺术家所喜欢的这种严格的守护的赞扬，就颠倒为它的反面了，也就是说，被颠倒为一种谋求宽松的监视的贿赂了。

尽管采取了严格的监视措施，但要消除所有怀疑，简直还是不可能的。“不过，这种怀疑本就是一种根本不能与饥饿表演分离开来的怀疑”。(第一卷，第231页)显然，一种真正的监视是不可能的，也就是说，不可能有一种监视，能够消除所有的怀疑，而且使最不信任的人们也信服。“其实，作为看守人员，谁都不可能日日夜夜不停地看住饥饿艺术家，因而谁也无法根据亲眼目睹的事实，知道他是否真的持续不断地忍着饥饿，一点漏洞也没有；这只有饥饿艺术家自己才知道……”。(同上)

但这样的话，一切监视措施就都是毫无意义的了。唯一真正知道其中没有丝毫欺诈的，只有饥饿艺术家本人。这就意味着：“只有他自己才是对他自己能够如此忍饥挨饿感到完全满意的观众”。(同上)

在这里，虽然小说刚刚开头，我们就碰到了一种从意义向荒谬的倒转，这是我们在《在流放地》这篇小说那里已经熟悉了的。问题是：这种倒转在此是不是也构成一个指导原则，或者它只是偶尔出现的？如果是前一种情况，那么，我们就必须进一步探讨，这种倒转(即这种意义颠倒)应当意味着什么。

一切为监视饥饿表演所做的准备都是徒然的，因为怀疑者并没有放弃他们的怀疑，而且各个监视者始终只能断定在他看守期间没有触犯规章。诚然，连那些“马虎的看守人员”也不得不考虑到这一点。他们恰恰使饥饿艺术家有触犯规章的机会，并且由此使饥饿艺术家感到气恼，因为早就有人猜想饥饿艺术家也许想撒谎，这种猜想是有损于他的“艺术”的荣誉的。饥饿艺术家并不想撒谎，他不可能想到撒谎。他的抱负就是真正地向人们表明他能挨饿。

消除了看守人员的意义，整个表演同时也就变得可疑了。因为个别爱看热闹的人本身只能确定，在他参观期间，也就是在一个十分短暂的时间段内，饥饿艺术家没有吃什么东西。好奇心注重的是直接的东西，而且不能超出这个范围。(我们后面对此有更多的讨论)

只有饥饿艺术家自己才能满足一个理想的看守人员应具备的条件。但他自己却不必使自己确信，这样一种漫长的饥饿表演是可能的，他是知道这一点的，他在自己的肉体上，以他自己的肉体经验到这一点。只有饥饿艺术家才能满意——但他也不满意。人们估计，他之所以不满意，是因为他并不能向人们证明他没有撒谎，但其实他是由于另一个原因而从未满意过，是因为他知道“饥饿表演是一个多么容易的事，实在是世界上最轻而易举的事了”。(同上)而且对于这一点，他骗不了任何人。

于是，可能有人会提出异议：如果情况是这样，那么对这件轻而易举的事如此大加张扬，就是一种欺诈。但他倒是并没有张扬，因为他对人们说，饥饿表演是多么容易。人们对此是如何反应的呢？他的坦率得到承认了吗？恰恰相反，这种坦率立即颠倒为它的反面了，人们解释说，他竟厚颜无耻地公开承认他的欺诈——或者被善意的人们称为虚假的谦虚，“……人们不相信他，善意的以为这是他出于谦虚，可多半认为他是在自我吹嘘，或者干脆就把他当作一个江湖骗子，断绝饮食对一个江湖骗子当然是不难的，因为他有一套使饥饿轻松好受的秘诀，而他又是那么厚颜无耻，居然遮遮掩掩地说出断绝饮食易如反掌的实情。”(第一卷，

第231页)

对这位内行，人们并不相信——他的内行被颠倒为反面。他或者不得不在撒谎，做得好像那是某种非同寻常的事情似的——而这时候，观众们便认为这是不可能的；或者，他说出真相，但这时候，他也没有获得人们的信任。

谈完饥饿表演能力的可信性问题之后，更准确地讲，是在谈完如何使饥饿表演能力变得可信这个问题之后，接着就是对饥饿表演的时间的解说。人们会想，饥饿表演的期限应当由饥饿表演者本人来决定的，因为他才是真正的行动角色；其实不然，这个期限是由经理确定的。①

经验证明，大凡在四十天里，人们会保持对饥饿表演的兴趣，或者可以提高这种兴趣；因此，饥饿表演的时间就被确定在这个期限上。人们或许会认为，这种“艺术”仅仅取决于饥饿表演者的抵抗力——其实根本就不是这么回事。必须考虑的只是观众，即观众的好奇心以及这种好奇心能够得到保持和提高的期限。观众决定着饥饿表演的时间长短。

对结束饥饿表演期的庆典的描写是有双重意思的，或者说，是意义颠倒的。这种庆典对饥饿艺术家来说是一种痛苦，因为他还想继续表演下去。

> 现在刚到第四十天，为什么就要停止表演呢?他本来还可以坚持得更长久，无限长久地坚持下去的；为什么要在现在，在他的饥饿表演正要达到最佳状态(唉，还从来没有让他的表演达到过最佳状态呢)的时候停止呢?只要让他继续表演下去，他不仅能成为空前伟大的饥饿艺术家(这一步也许他已经实现了)，而且还要超越自己达到常人难以理解的高峰(因为他觉得自己的饥饿能力是没有止境

① 现代艺术家对经理(经纪人)的依赖关系，在这里已经得到了鲜明的透视。艺术家要获得成功，就必须与一位经纪人合作。可是，一位未成名的艺术家并非轻易找得到一位好的经纪人，要找到好的经纪人，他必须已经获得了成功。经纪人为艺术家效力——实际上是他指定艺术家，叫艺术家如何行动，在何时何地登台，演出多久——而且这是他在艺术家演出时做的最好的事情。现代经纪人必须熟悉广告招徕技术的最新方法。——原注

的)——人们为什么要剥夺他达到这一境界的荣誉呢?(第一卷，第232页)

他想在继续表演中超越自己，达到常人难以理解的高峰，达到没有止境的地步。最后这一天在人们看来是节日和一种痛苦的解脱，而对饥饿艺术家来说却是最大的痛苦。

军乐队、鲜花、幸运女士(她们将扶着饥饿艺术家从笼子里走出来)、两个医生(他们对饥饿艺术家进行检测，并且通过扩音器当众宣布检测结果)——所有这一切都会唤起一种错觉，还以为饥饿艺术家得到解脱是幸福的，而实际上，饥饿表演期的这个强制性的结束却使他绝望。

经理默默无言(音乐使他无法讲话)，双手举到饥饿艺术家头上，好像他在邀请上苍看看他这草堆上的杰作，这值得怜悯的殉道者(饥饿艺术家确实是一个殉道者，只是完全从另一种意义上讲罢了)；经理两手箍住饥饿艺术家的细腰，动作非常小心翼翼，以便让人感到他抱住的是一件极易损坏的物品；这时，经理很可能暗中将他微微一撼，以至于饥饿艺术家的双腿和上身不由自主地摆荡起来；接着，经理就把他交给那两位此时已经吓得脸色煞白的女士了。(第一卷，第233页)

当经理把消瘦的饥饿艺术家看作“他的杰作”时，那是不乏讽刺意味的。可见他才是真正重要的角色，因为他能够如此出色地把一切都安排停当。对这个闭幕庆典的意义的颠倒也涉及幸运女士们。她们显然感到很骄傲，因为她们是从人群中挑选出来的，去执行这次行动，而在这次行动中，她们势必会获得所有人的钦佩，也必定让许多人感到妒忌。可是，一旦一位女士接触到骨瘦如柴的饥饿艺术家时，她就脸色煞白了，嚎啕大哭起来(这又使大厅里在场的人们欣喜若狂——夹杂着幸灾乐祸)，只得立即派人接替了她——这自然是经理已经盘算好了的。对局外人来说，这一切看起来都是当场临时安排的，经理根据长期的经验十分知道观众的反应，不会陷于窘境——接替人员已经站在那儿了。

于是开始“解救性的用餐”。所有在场观众预先都以为饥饿艺术家会对用餐感到高兴，但其实他是抗拒用餐的，经理不得不设法在饥饿艺术家“近乎昏厥的半睡状态中”给他灌了点流质，以便观众们满意。一切都是按规章进行的，“谁能对所见到的一切不满意呢，没有一个人。只有饥饿艺术家不满意，总是只有他一个人不满意”。(第一卷，第234页)

“每表演一次，便稍事休息，他就这样度过了许多个岁月，表面上光彩照人，名扬四海。尽管如此，他的心情通常却是阴郁的，而且总是变得越来越阴郁，因为没有一个人能够认真体察他的心情”。(同上)他的失败，即没有能够随意长久地表演下去，却在观众那里创造了成功。这种成功“表面上光彩照人”，却不能达到通常一种成功的效果，不能使他产生幸福感。这种令人费解的情况基于他的反应，使他更为不快和沮丧，比人们对他的饥饿表演期的强行限制更使他不快和沮丧。

如果有人试图向他解释，说“他的悲哀可能是由于饥饿造成的”(同上)，那当然就会使他真正地恼怒了。这在他看来是对事情真相的颠倒，这种颠倒使他愤怒，更何况这种颠倒在凡夫俗子听起来是很有说服力的——也就是说，是普遍被人们承认的。同时，这种颠倒对他来说也意味着一种失败，他其实是想证明他已经战胜了饥饿。但他又顶不住这种意见——当他大为恼怒时，经理就出示一些相片，这些照片表明饥饿艺术家在第四十天的时候已经奄奄一息了，于是经理就把饥饿艺术家给制服了。

“这种对于饥饿艺术家虽然已经司空见惯、却总是不断地使他神经紧张的歪曲真相的做法，实在使他难以忍受。明明是饥饿表演提前收场的结果，人们却把它说成提前结束的原因!”(第一卷，第235页)如果说，小说的另一处已经谈到饥饿艺术家是“值得怜悯的殉道者……只是完全从另一种意义上讲罢了”(第一卷，第233页)，那也触及到了同样的颠倒。要与这种颠倒真相的做法作斗争，那也是无望的；没有人相信他，因为对

其他人来说，饥饿表演是某种十分富有成果的事情，以至于他们不能设想，有人竟能自愿地在四十天以后更长久地挨饿下去。甚至人们很有可能认为，是经理激励了饥饿艺术家，使他如此长久地坚持下来。

上面是这篇小说的第一个段落，说的是“从前”。这个段落向我们表明，饥饿艺术家的存在完全是由矛盾决定的。而所谓矛盾，就是我们上面所描写的意义颠倒。

第二个段落说的是“今天”，它整个就处于与第一个段落的矛盾之中。从前，饥饿艺术家的出现是乡镇的大事；现在作者要描写一下在此期间发生的剧变。个中原因无人知晓，“总之，有一天，这位备受观众喝彩的饥饿艺术家发现他被那群爱赶热闹的人们抛弃了，他们宁愿纷纷涌向别的演出场所”。(第一卷，第235页)作者忽略了那些预示这一转变的征兆。事到如今要采取什么对策为时已晚，人们对于这种表演的兴趣已经烟消云散了。

“虽然饥饿表演重新风行的时代肯定是会到来的，但这却安慰不了活着的人们”。(第一卷，第235—236页)饥饿艺术家除了饥饿表演之外却是一无所能的，他“对于饥饿表演这一行爱得发狂”(第一卷，第236页)——且不说他的年岁已经太大了，已不能改行学别的一门职业了。他于是告别了经理，让一个马戏团招聘了去；“为了保护自己的自尊心，他对合同条件连看也不屑看一眼”。(第一卷，第236页)

如果说在从前，只有他鹤立鸡群，独处中心，那么，现在，他只是一个庞大整体的无足轻重的一部分了。这种骤然跌落是可怕的。“马戏团很大，它有无数的人、动物、器械，它们经常需要淘汰和补充。不论什么人才，马戏团随时都需要，连饥饿艺术家也要，当然所提条件必须适当，不能太苛求”。(第一卷，第236页)人、动物、器械，在这一番罗列中，饥饿艺术家到底归于哪一类，这首先根本就不清楚。

在通常的情形下，对一位艺术家来说，年龄意味着他的能力的减弱；而在饥饿艺术家那里，情况就决不是这样的。这里我们看到一种肯定意义上的突变。他保证，他在这个年龄的饥饿本领甚至比从前更好了。现在他已经自由了，可以任意长久地表演下去，可是，几乎不再有人注意这种“艺术”了。这样，那种突变又扬弃于肯定之中了。

正如马戏团的管理人员对饥饿艺术家的评价那样，他显然失去了显

要的位置；他们没有把他的笼子安排在马戏场里，“而是安插在场外一个离兽场很近的交通要道口”。(同上)这初听起来是蛮不错的。观众在去看动物时，要从他的笼子旁走过——可是，表面上有利的描写很快又被消除了。由于通道狭窄，从马戏场涌来的观众根本就不可能在他身旁停留，而是摩肩接踵，继续向前涌去了。

饥饿艺术家盼望着参观时间的到来，同时又为之而颤抖，因为他终于搞清了原因，发现参观者根本就不想来他这里，而是想去看动物。而且即使有人停留下来，那也“并不是出于对他有什么理解，而是出于心血来潮和固执己见”，(第一卷，第 237 页)为的是对后面的观众赌气，这样做往往就导致了令人不快的骚乱。而一些姗姗来迟者，他们要惊奇地观看饥饿艺术家，是不会妨碍任何人的，但他们却“迈着大步，匆匆而过，几乎连瞥也不瞥他一眼”。(同上)饥饿艺术家到了这样一个地步，以至于他只是远远地为观众感到高兴——当他们在来到他面前之前就开始蜂拥，因为那时候，后面挤来的观众开始叫喊和争吵。可见，这是一种对根本就不再能提供欢乐的事情的高兴；一种对那些不再是观众的观众的高兴。而且，即便偶尔有一个家长在他面前停下来，向孩子们讲述老早的辉煌的年代，那时候饥饿表演一度是盛况无与伦比的大事，孩子们却总是理解不了，因为他们不晓得什么叫饥饿。这就是说，这些还在他面前停留的观众也不晓得饥饿表演是怎么回事。

于是，饥饿艺术家处于一种分裂的处境中了：一方面对他的位置感到不幸，那是在通往兽畜的路上，兽畜们把观众从他那里引诱走了；另一方面，他意识到，也只有这样，他才能得到个把观众。与贪食的畜牲们的对照(对畜牲们来说，喂食时间是最要紧的)，畜牲们在夜间的闹腾以及散发出来的气味——这一切都使他闷闷不乐；但他却不敢去要求换一个场所，因为那样的话，就会使人们想到，他“——准确地说——只不过是通往厩舍路上的一个障碍”。(第一卷，第 238 页)

这是对从前的处境的完全倒转，在从前，他是处于人们关注的焦点上的。现在，他被贬降到连兽畜的水平都没有了，而是在兽畜的水平之下，成为人们通往兽畜路上的一个障碍了。“自然是一个小小的障碍，一个变得越来越小的障碍”。(第一卷，第238页)这种肯定——障碍特性的降低——立即就倒转为否定，因为这意思实际上是说，人们现在更少在他的笼子面前停留了。

饥饿艺术家愈是能够更好地进行饥饿表演，人们就愈加不去注意他。“就让他尽其所能进行饥饿表演吧，他也已经这样做了，但是他无从得救了，人们从他身旁扬长而过，不屑一顾”。(第一卷，第238页)要使人们明白饥饿艺术的要义，那已经是不可能的了——的确，要真正使人们关注他的饥饿表演，那已经是不可能的了。

上述第二个段落讲的是(今天)人们对饥饿表演兴味索然，其中还说到这种衰落的层次变化。如果说起初人们是在笼子上表明表演经过，准确地注明饥饿表演的日程，那么，随着时间的推移，就连这项微不足道的工作也使人们感到腻烦了。“……而饥饿艺术家虽然依然像他先前一度所梦想过的那样继续饿下去，而且像他当年预言过的那样，他长期进行饥饿表演毫不费劲，但是，没有人来记天数，没有人，连饥饿艺术家自己都不知道，他的成绩已经有多大，于是他的心变得沉重起来了”。(第一卷，第239页)

这是颠倒的极点。现在，饥饿表演的一切纪录都被打破了，没有人在那里做记录，就连饥饿艺术家本人也并不准确地知道他已经做了多少天饥饿表演。这个段落以下面这样的话结束：“一旦有一天，有一个游手好闲的家伙站在这里，把布告牌上那个旧数字奚落一番，说这是骗人的玩艺，那么，他这种说法就是人们的冷漠和天生的恶意所能虚构的最愚蠢的谎言了，因为并不是诚恳劳动的饥饿艺术家欺骗了别人，而是世人骗取了他的工钱”。(第一卷，第239页)

最后简短的一部分表示结局。饥饿艺术家完全被遗忘了，甚至于在腐草堆里见不到他了。一个管事感到不满，好端端有用的笼子没有用起来。对饥饿艺术家的忽视已经到了这样的地步，以至于人们竟不再知道，这个笼子在那儿有什么用，直到最后有一个人想起饥饿艺术家，拨弄这堆腐草，人们才发现他在里面。

“你还一直饿着么?”管事问道，“你到底什么时候才停止呢?”“请诸位原谅我”，饥饿艺术家轻声说；管事把耳朵贴着栅栏，所以只有他才听得懂饥饿艺术家的话。“那当然啰”，管事一边回答，一边把手指放到自己的额头上，以此向仆人们暗示饥饿艺术家的状况不妙，“我们原谅你的”。“我一直想让你们赞赏我的饥饿表演”，饥饿艺术家说。“我们也是赞赏的”，管事迁就地回答说。“但你们不应当赞赏”，饥饿艺术家说。“嗯，那我们就不赞赏吧”，管事说，“为什么我们就不应该赞赏呢?”“因为我只能挨饿，我不能做别的”，饥饿艺术家说。“瞧，多怪啊!”管事说，“为什么你就不能做别的呢?”“因为我”，饥饿艺术家说着，把小脑袋抬高一点点，以撮起的嘴唇径直伸向管事的耳朵，好像要去吻它似的，惟恐管事漏听了什么，“因为我找不到适合自己胃口的食物。要是我找到了这样的食物，请相信，我就不会这样耸人听闻了，就会像你和大家一样，吃得饱饱的”。这是他最后的几句话，而在他那瞳孔已经扩散的眼睛里，依然流露着虽然不再骄傲、但坚定如故的信念：他要继续饿下去。(第一卷，第 239—240 页)

管事的第一个问题听来像是一种指责。他没有对饥饿表演表示出钦佩，而是厌烦地责备之。饥饿艺术家已经落到了这样的地步。因此他开始道歉。他一直希望受到赞赏——这是他的生活的意义。现在，这种要求被他自己消除了。他所做的，根本就不值得赞赏。他根本就没有别的办法，因为他找不到适合自己胃口的食物。他的要求赞赏的成绩根本就不是什么成绩——那是一件迫不得已的事情。这是对他以往表现出来的存在的完全颠倒。可是，这种颠倒十分深远，以至于这种颠倒本身也变得可疑了。当饥饿艺术家放弃任何食物，让自己关在笼子里，在里面他根本不再有选择的可能性，这时候，他又如何能找到合适的食物呢？管事用手势暗示仆人们，饥饿艺术家已经失去了理智，管事这样做决不是偶然的。

饥饿艺术家连同烂草一起给埋掉了，犹如一只死掉的畜牲，之后，笼子里换上了一只小豹。“即使感觉最迟钝的人，当他看到在弃置了如此长久的笼子里，这只凶猛的野兽不停地蹦来跳去，他也会感到赏心悦目，心旷神怡。小豹什么也不缺。看守们用不着迟疑，就把它爱吃的食料送来；它似乎都没有感觉到自己失去了自由；它那高贵的身躯，应有尽有，不仅具备利爪，好像连自由也随身带着”。(第一卷，第240页)这种对比是刺眼的。人在笼子里的存在没有受到注意，他与烂草一起构成一堆无法区分的东西；只消饥饿艺术家“占据”这个笼子，那它就始终是空洞的。现在，一只小豹栖身于笼子里，这种空洞却被充满到了极点。笼子作为笼子径直被废除掉了，它的限制功能被小豹的活力克服了。如果说先前人们漫不经心地从这个笼子旁匆匆而过，那么，现在的情况却是，“(他们)挤在笼子周围，舍不得离去”。(第一卷，第240页)

小说《在流放地》是以一架人们难以想象的处决机器为出发点的，这架机器体现了流放地的整个处境，因而就相应地描写出一点：对它的存在不会产生任何怀疑；而在眼下这篇小说中，卡夫卡把一个日常的事实(即所谓的饥饿表演)当作出发点，却赋予它这样一个维度，使我们不得不提出以下问题：这篇小说应当意味着什么？由此，我们就要重提我们一开始提出的问题：卡夫卡何以能把这篇小说算作他的最佳小说之一？

二、解说

我们上面的解释已经表明：在这篇小说中，真正引人注目的事情也是意义向荒谬的倒转。作为范例，我们在这里不妨回想一下饥饿表演期的终结。饥饿艺术家想继续饿下去，但他不得不停止，为的是讨经理欢喜，也是为了表演。表演的终止被当作胜利来庆祝，而其实却是一种失败。

小说的后半部分是对前半部分的倒转。在前半部分中，不能任意地把饥饿表演进行下去是一种失败，对于这种失败，观众们是报以成功和赞赏的；而在后半部分中，艺术家获得了成功，得以任意地把饥饿表演进行下去，但同时，我们却看到观众们的彻底蔑视，观众们只是把饥饿艺术家看作通往厩舍路上的障碍，然后就完全把他遗忘了。兽畜们定期得到喂养，它们的笼子被打扫得干干净净，而在饥饿艺术家这里，却没有人花心思来记录饥饿表演的天数，或者来更换一下腐烂的草。这显然表明——正如我们在上面的解释中已经说过的——这个人已经被降到了兽畜水平以下了。

如果说在《饥饿艺术家》中，从意义向荒谬的颠倒也被肯定为描述的原则，那么，我们进一步就必须追问：在这里，何种颠倒得到了具体的描述？在《在流放地》中，那就是“正义”理念。对于《饥饿艺术家》，我想提出以下论点：其中得到具体描述的颠倒乃是“自由”(Freiheit)理念，而且就“自由”紧紧地归属于人类存在而言，那就是对人类存在的颠倒。

在小说的结尾处出现了“自由”一词——但不是在与饥饿艺术家的联系中，而是与豹联系在一起，这样就愈加加强了对两者的评价方面的变化。被囚禁在笼子里的豹保持着自己的某些自由，譬如，它在露天场地的生活，它的富有弹性的灵巧的活动，它的有力的牙齿(用这副牙齿，它似乎能够咬碎一切)。我们曾经说过，它的行动简直就废除了笼子——它的“生命的欢乐随着它喉咙发出如此强烈的吼声而出现，以至于观众们感到难以经受这种欢乐”。(第一卷，第240页)它给观众们留下十分深刻的印象，以致观众们想把自己撤到安全的地方去——这乃是一种对被囚禁状态的扬弃’至少是一种相对的扬弃。生命本身似乎已经在它身上形成了。

而这里作为对立面的是饥饿艺术家。他是自愿到笼子里去的。人们可以说，这其实是自由的一个标志。让我们进一步来考察一下这种情况。

他自愿到笼子里去，是为了使自己作为名流得到同类的赞赏。从这一刻起，他就乞灵于那些会赞赏他的人们以及那个处理整个被赞赏程序的人(即经理)了，因而就放弃了他的自由。这在小说的第一部分中得到了明确的描写——我们可以再回想一下，那种对饥饿表演的“不得不终止”是如何在饥饿艺术家和观众的双重角度表现出来的。使一切都有计划地进行的经理知道，饥饿艺术家对于终止表演持什么样的态度，但他不必为此操心——他关心的只是给观众留下印象。①他的心思完全系于掏钱的观众的兴趣，因此，饥饿表演可以持续多久，要服从于观众的兴趣，而决不是饥饿表演者本人可以决定的。饥饿艺术家最后供认，他的生活中重要的事情是受到赞赏。(第一卷，第239页)这种赞赏在《饥饿艺术家》中是一种特殊的赞赏。

真正的赞赏是对某种独一无二的成就而发的。为了能够获得赞赏，这种独一无二必须已经得到认识，其无与伦比性必须得到理解。把臭蛋卖给顾客的市场女贩是不会受到赞赏的，因为其中没有什么无与伦比的、无法超越的东西，顶多她的邻居会妒忌她，妒忌她的巧舌，能说服人们买下她的东西。与之相反，乘坐独人帆船横越大海大洋，却能引起人们的赞赏，而且，要克服的危险越是明确，能看到的赞赏也就越大。对于带来重大发现、从而开拓出一幅全新的世界图像的无与伦比的精神成就来说，就更是如此了。

在饥饿艺术家的观众那里，真正说来根本就谈不上什么赞赏，因为在那些(悠闲自在的)观众当中，也没有人知道什么是真正的饥饿。如果对于孩子们，可以说他们“由于缺乏足够的学历和阅历，总是理解不了——他们懂得什么叫饥饿吗？”(第一卷，第238页)——那么，这话也可以完全转用到全部观众上。他们并不真正赞赏，而不如说，他们仅仅

① 参看上面更多地引用过的有关经理的场景(第56—58页)，原文见《卡夫卡全集》第一卷，第232页。我们看到一种混合，即虚假崇拜的姿态(邀请上苍)与为影响观众而施展的花招(把饥饿艺术家微微一撼，使得他就像木偶一样四肢乱动，还有小心翼翼的一握，仿佛他是极易损坏的物品)的混合。——原注

是好奇地凝视，也即说，他们是在满足一种好奇，这种好奇根本不愿知道什么。①

他们聚在笼子前，为的是看到某种根本就看不见的东西(即饥饿)，由此，上面所说的情况就特别显著地得到了表达。如果有人跳得特别高，机灵地带球绕过对手，干净利落地越过栏架，或者把标枪投得比别人更远，那是能让人看见某种东西的。专家不仅会把结果记录下来，而且会对获得成绩的方法、动作完成的风格、技术、训练手法等发生兴趣。在这些事例中，那些一味爱看热闹的人毕竟也能看到某种东西，因此在这样的活动中就有大量的观众。但他们在饥饿表演中能看到什么呢？一无所有。他们一定会注意到，当事人没有做什么事。这是令人不满的。虚无是不能进入人们的视野的，是不能直接为人们好奇地观看的。充其量，他们能够看到这个被监视起来的人是否吃了什么。

然而，饥饿表演的特性却并不在于人们不做某种姿势，而在于人们把一种自然的需要压制起来，而且还在于这种压制对整个肌体造成的后果当中。因此，这篇小说明显地让人想到，他们根本不知道什么叫饥饿——他们只看到饥饿艺术家没有做吃食的动作——而且因此也就不能评判成绩。他们甚至也不能检验饥饿艺术家的断言，即所谓饥饿表演是世界上最容易的事情。这话或者被视为哗众取宠，或者被当作是对欺诈的公开招认，也就是对掏钱的观众的一种厚颜无耻的行径。正如我们上面已经描绘过的，全部监视措施也是令人不满的，因为要监视的是一种无为，此外，没有人能够在整个时间内亲自执行这种监督，所以不得不信赖其他人，而且，如果他多疑的话，他就只能不断地怀疑这种监督。

饥饿艺术家把自己关进一个笼子里，为的是被人们好奇地观看，满

① 参看马丁·海德格尔：《存在与时间》，第三十六节，第170页以下。例如，海德格尔在第172页上说："而自由了的好奇烦忙于看，却不是为了领会所见到的东西，也就是说，不是为了进入一种向着所见之事的存在，而仅仅为了看。它贪新骛奇，仅仅为了从这一新奇重新跳到另一新奇上去。这种看之烦不是为了把捉，不是为了有所知地在真理中存在，而只是为了能放纵自己于世界。所以，好奇是由一种特殊的不逗留于切近事物而得到描述的。"——原注(参阅《存在与时间》中译本，陈嘉映、王庆节译，三联书店1987年版，第209页。——译者)

足那些不晓得任何激动人心之事的人们的好奇。这样，他就把自己交给他们，并且在他们出于某个理由不再对他感兴趣时受到了最终的判决。在海德格尔所谓的“好奇”(Neugier)的“不逗留”(Unverweilen)中，[①]就提出了这个最显而易见的理由。这种“不逗留”由于下述原因而得到了加强，这就是：在这种表演中，其实人们看不到什么——只有一个人，他大多数时间里纹丝不动地坐在干草上，独自打盹，骨瘦如柴；如果情绪好，他就在夜间与他的看守们谈些什么，或者让他们摸一摸他的消瘦的胳臂。即便他获得了成功，他也并不感到幸福，因为他感到自己被误解了。在这种情境中，不仅含着对饥饿艺术家的批评，而且也含着对那些好奇地呆视着饥饿艺术家的观众们的批评，因为观众们用微不足道的“兴趣”来“充实”他们的生活。

就饥饿艺术家而言，他处于一种荒谬的(反常的)的处境中。他为他的“能不”(“能不吃”)的能力而骄傲；他使他的自由变得反常，成为非自由(Unfreibeit)。他坐在笼子里，这一事实形象地直接说明了非自由；他是自己到笼子里去的，那是他自己实行的非自由。在小说的第一部分中，离开笼子被描写为一种痛苦；如果说在笼子里的存在是他自己的选择，这就更好理解了；在小说的第二部分中(马戏团)，这样一种离开根本就不再可能，因为他不知道此外他还能做什么——除了挨饿。的确，即便笼子位置的调换也是不可能的，因为这样的一种请求或许会把马戏团当局的注意力转到他身上——而且我们已经看到这样一点，这位备受赞赏的艺术家不得不为受到马戏团当局的遗忘而高兴，因为否则的话，他就只能等待他的处境的恶化了。小说描写了这一沦落过程。

个中原因乃是**自由的颠倒**。对自由的自愿放弃不能同样自愿地取消掉。过去，饥饿艺术家随意地放弃了他的自由；而现在，他再也不能随意地重获这种自由了。他一度作出的决断束缚着他，而且使他听任那些人的摆布——本来他曾想强求他们的赞赏，由此来控制他们。这种关系(即被

---

① 参看马丁·海德格尔:《存在与时间》，德文版，第172页；中译本，第209页。亦参看前注⑤。

赞赏)并没有提供出任何真正的束缚。这位应当受赞赏的人把观赏者推开了，他想在自己与观众之间设置距离，他想在观众面前表现出完全不同的模样，表现得无与伦比，审慎而自负。这诱发了好奇心，也伤害了好奇者。如果没有什么东西能够进一步填补好奇心，那么，这个受赞赏的人就将被遗忘掉。但现在，他不再能改变他的生存，他还是受缚于那些可能的观众。这就是小说的第二部分所显明的。即使饥饿艺术家觉察到观众并非为他而来，他除了盼望观众并且力求赞誉之外，也一无所能。我们已经看到，他是多么渴望人群的到来，同时他也知道，他们并不是为他而来的，也就是会使他失望的。因此，小说中写道："而远远而来的(人群的)景象，对他来说总还是最美的景象。"(第一卷，第237页)只要他们还在远处，他就能沉醉于一种自欺：他们是为他而来的。

这样，我们或许已经可以表明，这篇小说的基本颠倒(反常)就是自由的颠倒。这种基本颠倒的后果是，一切都颠倒为它的反面了。所以，对于这篇小说，我们也可以这样来分析，即它是从一种意义颠倒向另一种意义颠倒发展的：对监视的颠倒——对成功的终止的颠倒——对赞赏的颠倒——对兴趣的颠倒——对终于能够任意地饿下去这回事情的颠倒——目的是为了最后把"能挨饿"本身颠倒过来，把它颠倒为"找不到适合自己胃口的食物"。

只有根据这样一种联系，我们才能理解最后这种颠倒，否则的话，它简直就是荒唐的，就像我们上面已经指明的那样。(在笼子里，选择的可能性被扬弃了)这种意义颠倒并非作为一种纯粹的、固定的事实被显示出来的，而是被显示为一个不断推进的过程。的确，一种颠倒只有作为从一种意义向另一种意义的过渡才能得到揭示，要是我们不把它描绘成某种朴素地被给定的东西，而是要把它描绘成人们所完成的事情的话——而这正是卡夫卡所想做的。这个过程的结局乃是自我扬弃。在这一点上，这篇小说与《在流放地》和《地洞》是共同的。这就表明，意义不能任意地转换为荒谬，相反，这样一种倒转将引起进一步的倒转——这种情况，我想称之为独特的**意义颠倒的辩证法**(Dialektik der Sinnverkehrung)。

在此语境中值得指出的是，这种意义颠倒的辩证法也存在于这部小说集的另一篇小说中，这篇小说就是《女歌手约瑟芬或耗子民族》。小说的主人公也是一位艺术家。确实，这次好像是一位真正的艺术家，一位歌唱家，而不是一位伪艺术家。

“没有人不被她的歌唱迷住，这一点，由于我们这一代什么音乐都不喜爱，因此是格外值得赞誉的。”(第一卷，第240页)通过对歌唱家与民众的对比，艺术家的存在的独一无二性得到了描绘。对于民众，小说写道，“某种务实的精明态度”(第一卷，第241页)是他们的“最大的优点”；他们过着一种十分艰难的生活，没有时间留给诸如音乐(艺术)之类的东西。“唯独约瑟芬是个例外；她热爱音乐，并且懂得怎样传播音乐”。(第一卷，第241页)可见，她是卓越的艺术家，在那些只为生计操心的不懂艺术的人群中间是非同寻常的一个人。不过，这种田园诗般的描写没有持续多久。问题出现了：如果说民众“毫无音乐才能”(同上)，那么，约瑟芬如何能够发挥她的歌唱的力量呢？

于是，卡夫卡在第二节中因此得以把关于约瑟芬的不同凡响的艺术的论点反转过来。“在知己的圈子里，我们相互坦白地承认，就歌唱而言，约瑟芬的歌唱毫无不同凡响的特点”。(同上)说她的歌唱必定会引发闻所未闻的感觉，即使毫无音乐才能的人也能为它所吸引，这样一种感觉是完全的错了。

我们看到，约瑟芬独一无二的歌唱根本上无异于所有耗子的完全自然而然的做法，也就是简单的吹口哨。而一只平常的耗子(挖土工)不用特别费劲整天价都能做的事情，甚至是约瑟芬的气力做不到的。①这样，她的吹口哨就不仅被说成平常的口哨，而且被说成平常水平以下的口哨。

但这样一来，就不得不说明一下，她通过这种寻常的活动何以能产

① “假如约瑟芬当真不是歌唱，而只不过是吹口哨，至少在我看来，也许没有越出一般吹口哨的范围——她也许连通常吹口哨的气力都没有，而一个寻常的挖土工倒能一边干活，一边轻松自如地吹上一整天——，假如当真如此，……”(第一卷，第242页)——原注

生出如此巨大的效果。因为面对的境况是极为古怪的，而且人们指望听众们一笑置之。这位“艺术家”摆出一副庄严的姿态——所有人都满怀期待，然后她无非是吹吹口哨而已。在后面的一个段落中，我们读到：“我们中间最恶的人有时会说：‘一看到约瑟芬，我们就笑不起来了’。这可以算作对约瑟芬的最大的恶意了”。(第一卷，第 247 页)

如果那种把这位歌唱家的艺术视为某种完全不同凡响的东西的狂妄要求已经被取消掉了，那么，依然还有关于她的歌唱的巨大效果的问题。因为很清楚，约瑟芬不仅不能给出什么特别好的东西，她只是吹吹口哨而已，而且她的口哨甚至还是虚弱不堪的。但现在，正是这样一种虚弱不堪的能力却有某种作用，就像卡夫卡用一段滑稽的插话所强调的那样。“的确，敲开一个核桃不是什么艺术，因此也没有人胆敢把观众召集起来，在他们面前敲核桃来娱乐他们。如果有谁居然这么做了，而且如愿以偿，那么，这就不仅仅是单纯地敲核桃了。或者还算是敲核桃吧，但结果却会证明是我们忽视了这种艺术，因为我们谁都会敲核桃，同时还表明，正是这位敲核桃的新手才首先向我们展示了这种艺术的真正本质，甚至可以说，要是他敲核桃的技能还不如我们中的大多数人，那效果还会更好些”。(第一卷，第 242—243 页)

在这里，约瑟芬比较糟糕的吹口哨的能力得到了辩护，而且，一种受到忽视的富于艺术性的行为是突然暴露出来的，由此就说明约瑟芬对她的观众产生的效果。这样一来，开始时所做的对富有艺术细胞的约瑟芬与毫无艺术才能的民众的刻画，就倒转过来了——因为现在，耗子们才是真正的艺术家，而约瑟芬只不过是滥竽充数。因此，约瑟芬决不同意那种把她的“能力”评价为简单的吹口哨的看法，确实，当有人向她提到这件事时，通常那么娇柔敏感的她就会变得恶劣而粗鲁。再说，耗子的口哨与约瑟芬的口哨其实还是有区别的，区别就在于举止。“总之，要了解她的艺术，不仅要听她唱，而且还要看她唱”。(第一卷，第 242 页)

约瑟芬何以对她的观众产生影响呢？事情的滑稽之处在于，这种影响恰恰是通过口哨的对立物而获得的，也即是由“肃穆的宁静”(第一卷，第244页)而取得的；当她站在舞台上，努力去做每一个小孩不花力气都能做的事情时，就会出现这种“肃穆的宁静”。她“后仰着小脑袋，半张着嘴巴，眼睛向上瞧”(第一卷，第247页)；通过这种姿态，她表示出她就要歌唱了，这就促使耗子民族立即集合起来。

她如何能成功地拥有那些并不赞赏她，而干脆就嘲笑她的追随者呢？那是因为她被看作他们必须细心照料的柔弱的小东西。因此，说“一看到约瑟芬，我们就笑不起来了”(第一卷，第247页)，就是一种恶毒的说法了。她决不是像她想使人们相信的那样，高居于他人之上——也不是与他人平起平坐，因为那样的话，她就可能受到嘲笑了——而是乞灵于他人的照顾和体贴。

她本人当然是反对这种说法的。“因为约瑟芬的想法恰恰相反，她认为是她在保护这个民族。她自称，她的歌唱能把我们从政治的或经济的逆境中解救出来，她的歌唱的作用就在于此……”(第一卷，第247页)这种对观点的颠倒是明确的。

事实上，在危急时刻，人们更能忍受约瑟芬的“指挥”(第一卷，第248页)，但并不像人们可能认为的那样，是因为她给人以慰藉(经典的样板)，而是因为这个时候，歌唱演出变成了民众聚会，“虽说在这个集会上，除了前面轻轻的口哨声外，四下里是一片沉寂的”。(同上)她通过这种沉寂而产生影响。

而在另一个段落中，作者径直把关于艺术给人以慰藉和给人以力量的论点与相反的论点做了对照。

> 这种口哨声响起时，所有其他的人都沉默无言，它就犹如民族的消息传达到每一个成员；约瑟芬尖细的口哨声出现在种种困难的决断中，就犹如我们这个可怜的民族的生存处身于充满敌意的世界的混乱之中。约瑟芬坚持着，尽管这声音微不足道，毫无成就，但她仍坚持着，并且传到了我们的耳边；这也许是值得回想的。在这种时候，倘若有一个真正的歌唱艺术家出现在我们中间的话，我们

肯定是不能容忍的，我们会认为这样一种表演简直是乱弹琴，一致地加以拒绝。(第一卷，第 249 页)

恰恰因为约瑟芬不是艺术家，不是歌唱家，这才说明了约瑟芬的艺术。于是，情境已经颠倒了。

但是，有关她的歌唱的效果的解释问题始终还存在着。这个问题是用她的孩子气来说明的。并不是说，约瑟芬似乎有一种通常已经失去了的孩子气——而是因为这个不断处于危难之中的民族没有任何孩子气，恰恰因此才保持着“某种扑不灭、除不掉的孩子气”(第一卷，第 251 页)——这种孩子气是对讲究实际的生活态度的平衡。“约瑟芬向来也从我们民族的这种孩子气中得了好处”。(同上)在音乐会上，大多数人根本就没有听歌。他们是利用这个沉寂的集会时机做个美梦。

约瑟芬的口哨声有时传入这种梦乡；她称之为珠落玉盘，我们则称之为声如裂帛；但无论如何，此时此地这声音可谓恰到好处，而在其余场合就不成，一如音乐几乎从未得到过对之有所期盼的时刻。在她的口哨声里，有某种可怜的短暂的童年情景，有某种一去不复返的幸福，但也有某种积极的现实生活，包含着现实生活中小小的、不可理解的而又持存着并且不可克制的欢乐。(第一卷，第 252 页)

我们看到，约瑟芬的口哨决没有发挥成某种艺术；她吹的口哨并不比其他耗子好多少，而且她为此还必须作出大得多的努力。不过，在她那里，吹口哨却“摆脱了日常生活的桎梏，并且也使我们得到了短暂的解脱”。(第一卷，第 253 页)能够做的最积极的评价就是：一种无关紧要的行为(自己吹吹口哨)被当作一项主要活动，在这项主要活动中，整个民族变得安宁，开始梦想，发挥出它的孩子气。所有这些腔调、姿态、动作，并没有被当真，而是被理解为孩子气。诚然是一种表演出老成的孩子气。

这种老成也是孩子气的一种——即故作老成。在这个民族要求自己做出这种举止的时候，它就开始自我毁灭了。

约瑟芬想迫使人们承认她的特殊地位。她要求官方免去她的劳动义务。“——她所力争的，只是要大家公开地、明确地、永久地、打破一切先例地承认她的艺术”。(第一卷，第255页)这一点她没有成功。人们对一个孩子的天真想法感到开心，但要是这样一些想法所要求的超出了孩子气的成分，那么，这种开心就会倒转为拒绝态度。

在小说的最后部分，卡夫卡表明，她这种强求得到承认的愿望何以恰恰具有相反的效果，耗子民族为自己辩解，说没有这种歌唱也对付得过去的。(这是从那种威胁开始的，约瑟芬威胁说要在歌唱时减少装饰音了；但实际上，减少了装饰音的歌唱与从前的歌唱并没有什么区别。)这就明确地道出了约瑟芬的效果的结束——由她自己造成的她的影响的终止。她并没有获得永久的、无与伦比的承认——那是她的最高目标——而是被遗忘了。

但约瑟芬不得不走下坡路了。她吹出最后一声口哨，然后变得无声无阒——这一天就快要到了。在我们这个民族的永恒历史中，她不过是一段小小的插曲而已，而这个民族将弥补这个损失。的确，对我们来说，这将不是一件容易的事；鸦雀无声的集会将怎么可能呢?不过，约瑟芬在时，集会不也是静悄悄的吗?难道她的实际的口哨声要比回忆中的更响亮、更生动吗?难道她在世时的口哨声真的就胜于一种单纯的回忆么?难道不是这个民族以其聪明智慧把约瑟芬的歌唱抬得这样高吗?而之所以要这样抬高，正是由于这种歌唱是不可丢失的。

也许我们根本就不会失去很多东西。但约瑟芬却会欢快地消失在我们这个民族无数英雄的行列里，摆脱了尘世的烦恼，而按照她的看法，杰出人物都是经受了这种尘世的烦恼的；而且因为我们并不推动历史，所以用不着多久，她就将与她所有的兄弟一样，升华

解脱而被遗忘。(第一卷，第 259—260 页)

这段文字对于约瑟芬和耗子民族的未来做了预言，目的是为了能把当代本身描绘成“一种单纯的回忆”。最后还预言了更多的东西，即对这种回忆本身的扬弃。早在她在世的时候，约瑟芬就只不过是一种回忆而已——随着她的消失，她也就完全被遗忘了。说她进入了民族英雄的行列中，这似乎是把她抬高了，但又说民族英雄有无数，于是她的英雄存在也就被扬弃了。这种损失被称为不容易弥补的损失——而且在接着的句子里指出了一种单纯的回忆。歌唱被说成是不可丢失的，但这乃是因为它根本不是什么特殊的东西。因此，这样一来，随着歌唱的消失，其实也根本不会失去许多东西。在这段短短的文字中，我们看到一种设定，又看到一种对所设定的东西的扬弃，这种做法在《地洞》里得到了出色的体现。

整篇小说贯穿着倒转(Umschlagen)与扬弃(Aufheben)的辩证交替：艺术——它不是艺术，却产生出某种效果，它又使自己丧失这种效果(惟有它为这种效果辩护)，并且因此揭示出它的虚无性(通过那种对它的无与伦比性的强求愿望)。这里的情形完全与饥饿艺术家相类似，饥饿艺术家想强求人们的赞赏，却落入了绝对的被遗忘状态之中。在这两种情形中，所宣称的艺术都是一种对艺术的否定。在饥饿艺术家那里，艺术只不过是对一种自然本能的否弃；而在约瑟芬这里，一种最最自然的表达(吹口哨)被冒充为最高的艺术。[①]如同在《饥饿艺术家》那里一样，在《女歌手约瑟芬》中，也可以确切地显明这种辩证的倒转，而我们在这里仅仅对之做了大致的探讨。后面这篇小说也是有极其严格的结构的。在我看来，似乎卡夫卡在其中要描绘艺术和艺术家的反常，更准确地讲，是要描绘那个做出艺术家举动、并因而要求一种特殊地位的个人的反常。艺术有僵化为单纯

① 如果我们注意一下我们时代的所谓艺术家“宣言”和“艺术产品”的繁荣昌盛，那么，我们或许可以认为，卡夫卡已经预见和揭露了这种“艺术生产”和这些骄横跋扈的要求。——原注

的姿态的危险，这种危险由约瑟芬滑稽而悲哀地演示出来了。要把僭妄要求与真正的艺术区分开来，要把单纯的自负与合理要求分离开来，那是困难的；我们不是天天都面临着这个难题吗？

让我们回头来谈饥饿艺术家。小说中描绘的东西决不是无稽之谈。只要我们揭露出其中重要的是这种意义颠倒过程，这种辩证法乃是小说的隐而不显的主题，我们就不会把它看作无稽之谈。这样，我们就能理解，卡夫卡为何判定这篇小说具有十分巨大的意义。这里展示出来的并不是任何稀奇古怪的东西，同样地，在《在流放地》和《地洞》中，作者也并没有端出某种怪异的东西——我们可以不要此类怪异之物，它们极少能对我们说出些什么，固然最初能唤起我们的好奇心，但也不过唤起好奇心而已。在前面的解说结尾处，我们得出一个结论：作为置身于意义与荒谬之间的动物，人类总是在沦于荒谬的危险之中。这个结论也正好适合于饥饿艺术家。最后，我们要来刻画一下这种颠倒的特殊性，通过这种刻画，同时也可以建立与我们这个时代的联系。

艺术家的本质是要创作出某种东西；这种东西是尚未以这种方式存在的东西。康德说，艺术家在创作时也同时创作出创作活动本身的规则。康德因此就把艺术家与手工匠区别开来了(手工匠是按照一种固定的、可以学习的规则进行生产)。在这里，康德实际上抓住了艺术创造的一个基本特征，对于这种基本特征，我们几乎不能有更简练的表述了。①

被创作出来的东西让人们看到某种新东西，因此，它对所有其他存在者来说是别具一格的。的确，关键问题并不在于，在已经现成存在的自然事物和人工制作物之外，还附加地创作出诸如艺术作品这样一些“无用的”对象，我们拿这些对象干不了什么实际的事情，因为它们的目的不是使用和消费；相反，这些“无用的对象”馈赠给我们的是：一道新的视

① 关于此点，参看拙文《康德对美学的奠基及其对于艺术哲学的意义》，科隆大学出版社，《康德研究》增刊，第77期。——原注

界，对于我们的世界和我们本身的一种新的解悟，诸如此类。艺术作品本质上是启示性的。①在一个时代的艺术中，在其中得到实现的人类存在启示出来了。②

如果我们赞成上面这种对艺术家的特性的暂时描写，并且如果我们现在来问，在饥饿艺术家身上是不是还保留着艺术家的一点特性，那么，在最初的片刻间，我们会感到不知所措。饥饿艺术家创作什么呢？我们已经看到：虚无(Nichts)，什么也没有。他的创作是对创作的否定。因此，观众们也只能看到一片虚无，没有动作，只有一具干瘪的、独自在那里打盹的形体，它难得发一次怒，但很快就能为经理所平息。或者，当他不得不吃几勺流质时，观众们看到的是绝食的终止(的确，这对观众们来说就是绝食的顶点)，那是饥饿艺术家最感恐惧的时刻。

饥饿艺术家的活动乃是对一种自然需要(即摄取食物)的不断否定。他能够否定自然必然性，即自然的局限性，这难道不是他的自由的一个标志么？然而，这种“自由”却导致了最大的不自由，因为他除了否定之外总是一无所为。他并没有在他的自由中实现自我，而倒是滥用这种自由，谴责自己在一个笼子里过艰难困苦的生活，情况比一个动物还要糟糕。在饥饿表演时，人的局限性，即人的“自然性”，绝对没有得到克服，相反，他唯一地只依靠对这种联系的拒绝而生活，也就是说，他更为紧密地受缚于这种联系，比他采纳自然需要并且把它统一到自己的生活计划中时更为紧密些。此外，饥饿艺术家最后的解释表明，饥饿表演根本就不是他自由选择的，而是完全取决于“找不到适合自己胃口的食物”这样一个原因——这就彻底消除了那种错觉，消除了下面这种看法：在饥饿表演中，

① 参看本书中对《地洞》的阐释，其中的“导论”部分，特别是第152页关于“切近”的阐述。——原注

② 这里所谓艺术作品的“启示”(eroffnen)作用以及人类存在在艺术中的“启示”、“敞开”(offenbar werden)，显然承接了海德格尔的观点。特别可参看海德格尔：《艺术作品的本源》，载《林中路》，德文版，第1—72页。——译注

自由的力量证明自己是对自然本性的反抗。这种对照是错误的。①

作为否定的存在获得了它对否定者的生存的反击。他丧失了他在周围世界中的位置——这意味着他在笼子中的安身，进而也意味着他的笼子在马戏团里受到忽视，他不可能找到一个更好一些的位置，因为根本就没有这种更好的位置。饥饿艺术家不得不对自己受到忽视这回事情感到高兴，否则的话，就面临最终被赶出马戏团的危险，而这时他又没有任何他能去的地方。

否定性生存的另一个反作用乃是时间的变化。时间不再是适合于自我实现能力的运作空间，不是生活时间(Lebens-Zeit)(可充实的时间)，相反，它是一种空洞的时间过程，其中对流逝了的阶段的单纯计算是唯一充填时间的东西。一个阶段恰与另一个阶段同样地空洞。小说一开始就立即指出了时间对饥饿艺术家的意义：时钟是"笼子里的唯一陈设"。时间只还被计作可计算的东西——而且最后，就连这种计算也被中止了。这是对时间的彻底消除，而它在一开始曾被看得那么要紧。

这种对自由的颠倒揭露了什么呢?这种颠倒的根据又是什么呢?

在小说《在流放地》中，我们看到，狂热迷信是正义理念之反常的根据。与此相应地，在《饥饿艺术家》中，我们可以举出**虚无主义**(Nihilismus)。饥饿艺术家没有创造什么东西，而只是满足于始终不渝的无为(Nichts-tun)。所谓"无为"，决不是悠闲，决不是不经劳动就能完成另一件事情，而是对任何行为的一贯否定——这就是对自由的颠倒，通过这种颠倒，还在人死之前，生活就被放弃掉了。因此，饥饿艺术家就被置于兽畜之下，兽畜是不知道这样一种沦落的。

如果说对于作为标志的狂热迷信，我们已经强调了那种蒙蔽的眼罩，那种局限性，那么，这种强调就尤其适合于虚无主义了，正如这种虚

---

① 索克尔说："饥饿艺术家的饥饿艺术是一种虚荣，这种虚荣把一种天生的缺陷冒充为十分伟大的艺术成就。"(上引书，第510页)这在我的解说的角度看就是一种典型的颠倒。也可参看海尔姆特·里希特:《弗兰茨·卡夫卡，作品和草稿》，吕腾和勒宁出版社，柏林1962年。 —原注

无主义在饥饿艺术家的生存中典型地呈现出来的那样。饥饿艺术家不仅没有实现任何东西，而且完全隐退到他的否定活动之中；他生存，只是因为他无为。这种无为被颠倒为一种最高的行为，因为实际上，拒绝进食意义上的无为并非易事。但在这里，正如我们所看到的，这种拒绝根本不是一种自由的筹划，而干脆就是饥饿艺术家所遭受的强制。就此而言，他想受到赞赏的愿望同时也是一种想进行欺诈的愿望。虽然他对观众们说，饥饿表演是轻而易举的事，但他并没有向他们说出原因。他把他的真诚颠倒为不真诚，而且只是到最后，才暴露出这种不真诚，因为他承认他是被迫挨饿的。

或许我们可以做一个试验，试着这样来解说这篇小说：卡夫卡在其中道出了一种对艺术的批评。这种艺术是对生活的扬弃，或者换一种说法，是为艺术而牺牲生活，而与生活相比较，艺术本身又是虚无的。但是，这样一种解说的试验在我看来是不充分的，是错误的。卡夫卡并不是根据“健全的人类理智”[①]的观点来看艺术的；对“健全的人类理智”来说，艺术是多余的，而且只不过是消遣而已[②](这似乎是老早就有的看法了)。毋宁说，在卡夫卡看来，艺术应当使人切近于他的时代，使人理解他的时代。因此，我想说，卡夫卡在小说中是想透彻地描绘出人类存在本身的可能性。

每个人都能有所实现，实现他自己的生活，就此而言，每个人都是艺术家。尼采根据他的观点把虚无主义现象解说为我们时代的大事，把它解说为一切来客中最阴森可怕的来客(可参看海德格尔的有关解说)。[③]卡夫卡也描绘了虚无主义现象，他的描绘最为具体入微，但并没有把虚无主义现象看作不可阻挡的命运，而是把它看作意义颠倒之可能性；当人再也不知道他如何能够实现自己，也即说，他再也不知道他应当拿他的自由做

① “健全的人类理智”(gesundes Menschenverstand) 或译作“常识”。——译注

② 参看黑格尔:《美学》，导论，《黑格尔全集》，第十二卷，第 24—25 页。——原注

③ 参看海德格尔:《尼采》两卷本，纳斯克出版社，弗林根 1961 年第一版。特别是第二卷，第 31—256 页，“欧洲虚无主义”一章。——译注

什么，而且自愿地进入毫无意义的自我限制的笼子里，这种自我限制又以自我扬弃而告终，这时候，就有这种意义颠倒的可能性了。与之相对地，兽畜的存在却是一种真正的欢乐——因为在兽畜这里，生命并没有扬弃自身：

> 它的生命的欢乐随着它喉咙发出如此强烈的吼声而出现，以至于观众们感到难以经受这种欢乐。（第一卷，第240页）

《地洞》

“你为何警醒？答曰：人不得不警醒。人不得不在此”。

——第五卷，第118页

一、引子

《地洞》是卡夫卡的一篇最激动人心的短篇小说，尽管就通常的字面意义来讲，其中并没有“发生”什么事情。虽然小说的主角是一只动物，但它却是他的所有短篇小说中最富人性味的一篇小说。这篇小说作于卡夫卡死前的最后一个冬天(1923—1924年)，据称是在一个夜晚写成的。[①]自1923年7月以后，卡夫卡住在柏林。对他来说，这次在柏林的逗留，意味着他与他父母亲的第一次决定性的分离。[②]在这段时间里，卡夫卡谋求实现独立生活的愿望，而这是他内心深处始终在追求的一个目标。他与多拉·迪阿曼特建了一个家。

公之于世的小说文本[③]是一个残篇。但据多拉·迪阿曼特女士的说法，这个作品原是完成了的。最后几页失落了，或者，也许是卡夫卡本人有意把后面几页销毁了。

无论是马克斯·布罗德，还是多拉·迪阿曼特，都说这篇小说具有自传性质；但这两个人的说法也有一些出入之处。据马克斯·布罗德的看

---

① J.P. 霍丁：《回忆弗兰茨·卡夫卡》，载《月份》，第一年度，第8/9期，1949年，第92页；马尔康姆·塔施莱和克劳斯·瓦根巴赫：《弗兰茨·卡夫卡全部作品的日期注明》，载《德国季刊》，第三十八年度，第2期，1964年。——原注

② 参看马克斯·布罗德：《致父亲的信》，载《月份》，第一年度，第8/9期，1949年。——原注

③《地洞》收在斯科肯版第五卷上，我们的引文据第二版，纽约1946年。——原注

法，卡夫卡写这篇小说“乃是他为新居和一个自己的家庭而感到喜悦”。①

而多拉·迪阿曼特则说：“这是一篇自传体的小说，而且兴许是一种预兆，预示着他将要回到父母家，结束那种自由，这种自由在他身上激起了惊慌失措的畏惧感。”②

但也许两种意见都错了，倒并不是因为它们相互矛盾，而是因为它们都考虑得太短浅了。

有一种广为流布的观点认为，对于一件诗意的创造作品，只要我们能够证实其中的一个作者自传性因素，那它就得到了解释。但也许这样一种做法无非是一种手段，用以掩饰解说的困难，免除解说真正应完成的任务。诚然，解说不可略过自传性因素。但这种自传性因素决不限于指明某些在创作中产生过影响的体验，也不限于对作品创作时间的确定。那种无异于对作家遭遇过的任何一个事件的复制的创作品，并非真正的创作。惟当作家超越了一切偶然的事件，而这意味着他同时也超越了通常字面意义上的“自传性因素”，这时才谈得上一种创作。这种超越并非对故事层面的抛弃，而恰恰是对故事层面的揭示。个人体验在此被提升到故事本身之发生中；而这种提升亦是扬弃。这种作者—传记因素正是对一切*作者*—自传因素的否定，③因为重要的并不是这个个人本身，而是他的历史性地位，即他的历史性本质。换言之，这个个人之成为独一无二的人，并非由于恰好被他碰上的事件的偶然性，而是由于他与历史的别具一格的关联。再说，我们亦不可忽视，即便是偶然事件，也会通过向话语层面的转换而失去其偶然性。但即使在这里，它也不是构成了事件的起决定作用的实际因素，而是那种话语性的构成。

尽管如此，仍有那么多的解说尝试限于对作家传记的说明中，或者是以流行的方式去把握作家传记。这种情况，一方面是由于这样一种做法

① 第五卷，第314页。——原注

② J.P.霍丁：同上。——原注

③ 这里勉强译出的“作者—传记因素”与“作者—自传因素”两词原文的拼法相同，均为 das Auto-Biographische。唯后者中 Auto- 加了重点号（斜体字）。据上下文看，比梅尔在此以前者指历史性的作者传记，以后者指个体性的作者自传。——译注

是明白可解的做法，另一方面则是由于阐释者的平庸无能。这些阐释者借口不想添加什么，事实上是他们做不了什么，根本就不能接近创作。相反，他们倒是满足于在创作周围打转。借口科学性而在作家的传记中倒腾翻寻，从中抽出一些能说明创作完成经过的“事件”和“事实”，这自然是最简单不过的事情了。这样一些解释者只看到作家生活中的名人轶事，而看不到在生活本身中起作用的历史性因素；正是这种历史性因素把生活提升到作品中，抹去全部所谓的传记因素，从而在生活中发挥其作用。这些阐释者本身是如此平庸，以至于我们可以说，对于从作品中向我们发出要求的那个东西，作品根本上起作用的所在，他们总是麻木不仁的。

这种做法也是以某种对在体验方面被把捉的生活的高估为基础的。似乎只要提一下“被体验者”(Erlebtes)，就足以使创作避开“纯粹游戏”的指责，把创作看作严肃的事情了。生命体的本质何在，是这种做法不过问的。但这样一种对创作的辩护尝试却把一切都歪曲掉了。因为实际上，并不是作品获得生活对它的辩护，而是相反地，是人们所谓的生活通过作品才获得辩护。

如果说解说工作的任务是把小说的意义显突出来，那么，在《地洞》这篇小说中，这看起来似乎是大可不必的。这种意义不是昭然的么？这篇小说委实是极其简单和明白的。看不出有什么东西还需要“解说”。它是这样的清晰明了，以至于任何一种“吹毛求疵”的做法都是完全没有依据的。但是，或许清晰性并不排除深度，或许盯住事情的引人注目的清晰性还不是真正的理解的清晰性。

这篇小说乍一看是一则动物故事。一只动物为了防御敌人而想建造一个安全的栖身之所，却总不满意，未能在其中真正感到安全。诸如此类的对动物的现实主义的描写，通常是长期的艰难的研究和观察的结果。于是，人们或许会来探寻，卡夫卡是在什么时候、在哪里、在何种状况下进行了这样的研究，究竟是否做了这样的研究。不过，在作这种探寻之前，人们一定会发觉，卡夫卡其实根本没有说出这只动物的名字。对于这一点，人们或许可以把它归于小说形式的独特性。其实不是小说在讨论这只动物，而是这只动物自己在说话。“我造了一个地洞，似乎很成功”。(第五卷，第172页)这篇小说是以第一人称开始的，而且一直保持到最后。而这个人称形式毕竟是由卡夫卡本人选定的，他一定有他的理由。正是小说的人称形式自始就排除了把它视为一种动物描写的可能性。卡夫卡是决不会想到做这样一篇“现实主义的”小说的。

如果我们不是从直接呈现出来的理智的种种解释出发，而是从小说把我们投入其中的那种情绪出发，那么，我们就会看到，上面这种第一印象乃是茫然失措的印象。这不仅适合于这篇小说，而且也适合于卡夫卡的大多数短篇小说和长篇小说。这一点也使得许多人的拒绝态度变得可以理解了。他们由于自己的茫然失措而遁入文学之中，但他们并不想在文学中愈加遭受这种茫然失措状态。如果我们来追踪这种茫然失措状态的原因，那么，我们首先会发现，它是由一种不确定性所引发的，这种不确定性是小说层面所特有的。一方面，叙述对象是如此客观地被报道出来，仿佛所涉及的是事实上的、日常会发生的事件。但如果我们要追踪这种事实性，则这个叙述对象就会悄然消失，就会自相矛盾，自我扬弃。这里没有留给我们任何明确的东西。另一方面，它又是如此奇怪地令人生疏，仿佛在这里渐渐形成了一个梦的世界。但如果我们想把这个梦的世界当作单纯的梦来了结，那它就会浓缩起来，就会变得沉重，开始压迫我们，尽管我们并不能认清个中原因。

也许这两个印象都是错误的，而且，这里涉及的是与通常意义上的“现实”和“梦”不同的东西。这种不同的东西对我们既亲近又生疏。因此，在我们心中就发生了一种分裂。我们一方面与那些不可辨认的事件打成一片，另一方面却又拒斥它们。它们无论如何都不让我们脱身。揭示和澄清这种模棱两可，这将是解说工作的一个任务。很有可能，这种模棱两可最终要比所有现实主义的环境描写还更明确些。有一点肯定会很快变得清晰起来：卡夫卡很少关心所叙述的东西是否能够满足一种实际发生之物意义上的“现实性”的要求。对他来说，“现实”并不是真实的标准；现实性与真实性在他那里并不相合——只要我们把“现实性”理解为明显可

把捉的和直接现成的事物的话。因此，人们也经常谈论一种对“现实性”的逃避——不过，创造出这个表达的是那些注重日常现实的人们，他们把心思放在对他们而言的现实作用上面，于是在他们看来，诗意创造物本身始终是某种不现实的东西，因为它不是在起作用的自行发展之物的领域上。或许，这种关系在解说过程中会颠倒过来，对所谓“现实性”本身的注重原来竟是一种逃避，而那种被诋毁为“对现实的逃避”的态度，才是面向真正实在之物的态度。

诚然，上面这些考虑在这里还是表面的，只具有预先指出问题的意义，所指出的这些问题是解说工作所绕不开的，无论是引证作者自传，还是依据简单“虚构”、单纯“梦幻”，都避不开这些问题。它们应对解说过程保持敞开，并且自始就要拒绝那些使某种解说变得不可能的考察方向。我们还不知道《地洞》涉及什么；但在一篇诗意的小说中，不可能只有一些单纯的“体验描写”或者“纯粹的虚构”，这一点是我们首先就必须澄清的。

对一件艺术作品的解说也包含着这样一点：我们每每也通过解说过程本身理解我们自己。正如创作决不是随心所欲之举，同样地，解说也决不能成为一种仅仅唤起一些“任意联想”的行为；如若成了这种行为，则解说的整个重心就会从有待解说的东西转移到解说者本人身上，而且，创作本身就会消解于所谓“同感”(Nachfühlen)或者学富五车的本事中了。

二、对小说的解释

叙事结构；小说中起支配作用的悬念的特性；指明必然的矛盾、对本质规定性的颠倒。安全的基本立场及其扬弃。

我们上面已经提到，小说的主角是一只讲述它的生活的动物，而且只讲它自己的，因为除了它的猎物外，这只动物与其他动物没有任何的接触。小说延续的时代是当代。但是，这个当代似乎谈不上有什么独一无二的、不可重演的事件，而只有一种有规律地反复出现的事件。“那时这是经常发生的……那时这……”，通过这样一些说法，以及“通常”、“多么经常”、“每次”、“有时”、“总是当”之类的说法，小说情节表现为自成一体的不断循环的整体。也是由于小说的这一基本特征，通常的悬念要素经受了一种特殊的转换。在这里，真正的悬念并不是通过那种可能以尚未预见到的方式发生的事情而引发的，而是通过那个在第一页上就已经完整地得到描绘的东西引发出来的。

我造了一个地洞，似乎很成功。从外面看去，就只能见到一个大洞，但这个洞其实跟哪里也不相通，走不了几步，便碰到坚硬的天然岩石。我不敢自夸这是我有意搞的一种计策，毋宁说，这是多次建造的尝试失败后留下的残余，但最后，我觉得还是不要把这个洞堵塞为好。当然，有的计策过于周密，结果反而毁了自己，对此我比任何人都知道得更清楚。而且，由于这个洞而引起人们的注意，让人们发觉这里可能有某种值得探索的东西，这的确也是勇敢的。但如果谁以为，我是怯懦者，仅仅因为胆怯才营造了这个地洞，那他就看错我了。离这个洞口约千把步远的地方，有一处上面覆盖着一层可移动的苔藓，那才是通往洞内的真正入口处。它搞得这样万无一失，世界上所能做到的安全措施莫过于此了。诚然，也可能有什么人踩到那层苔藓，或者把它踩塌，这时我的地洞就暴露了。倘谁有兴趣，也可能闯将进去——但请格外注意，他也必须有某些并不多见的本领——对里面的一切进行永久性的破坏。这是我十分清楚的。我现在正处于我的生命的顶峰上，即便在这时候，也几乎得不到一个完全安宁的时刻。在那个盖着幽暗的苔藓的地方，正是我的致命所在；我经常梦见野兽用鼻子在那里贪婪地来回嗅个不停。（第五卷，第 172 页）

在这一页上，《地洞》这篇小说的情节已得到了概括。从根本上看，小说下面所描写的，无非是这里已经道出的内容的变奏——当然并不是任意的变奏，也决不只是重复，而是对主题的真正的、连贯的展开。我们首先应指出的，是这篇小说的独特的结构。在古典小说中，我们已经习惯了下面这种结构：小说的悬念是由将来的事件引发的，而这些事件是出乎我们意料的，而且正是由于这个原因，这些事件保持在期待状态中。即便在那些最凄凉暗淡的情境中，也总还有这样一种希望，即：由于一个意外的事件，一切都转向好的一面了。因此，在某种程度上，小说是完全乞灵于未来事件的，是以将来为聚焦点的。(在这一点上，浪漫主义小说比古典主义小说表现得更鲜明些)将来是小说的起点。将来是决定性的。前面发生的事情只有通过结尾才能获得其合理性。而另一方面，将来本身还是不确定的。由于将来是不确定的，而小说却是以将来为目标的，因此就引发了小说所固有的、并且贯通小说的那种悬念，也就是说，小说是由期望这种基本情绪来贯通的。

这种小说“规律”在卡夫卡这里受到了怀疑。他的这篇小说先讲了结尾。几乎一开始，我们就已经知道，这个地洞没有实现其目标。然而，这决不意味着，小说的悬念完全被消除了。小说是否会唤起一种新的悬念，以及这种新的悬念是通过什么被唤起来的，这是我们必须注意的。

通过对整篇小说作一种初步的概括性的考察，我们首先可以完全表面地把小说分成三个部分：第一部分是动物对地洞的介绍；第二部分是动物离开地洞(在野外逗留)；第三部分是动物返回到地洞里。不过，只要我们对动物和地洞的本质没有比较切近的认识，这种划分就是空洞的。

关于动物之本质的问题，是我们首先不得不提出的一个问题。而这个问题同时也是有关地洞之本质的问题，因为地洞是这个动物的“生存”的核心所在，一切都围绕着地洞这个中心(就像在小说《在流放地》中，那架处决机器是小说的中心)。动物与地洞的紧密关系总是一再得到明确的强调：“我和地洞这样相依为命……”，“因为没有任何力量能够把我们永远分开”。(第五卷，第191—192页)

由于地洞属于这个动物的本质，故在动物对地洞的描绘中，也必然能揭示出动物本身。因此，这个建造者首要关心的事情，对它来说根本性的东西，将由此得到显明。

在小说开头几页的某一处，我们看到下面的说法：“我的地洞的最大优点是寂静”。(第五卷，第174页)“寂静”被称为这个地洞的最突出的特性。如此直截了当地道来，这话就没有说出多少东西，特别是当我们简单地把寂静理解为没有扰人的“感官刺激”时，事情就是如此。

寂静的本质乃是安静(die Ruhe)。根本上，我们不能从喧闹角度把安静理解为喧闹(der Lärm)之阙失。而毋宁说，安静乃是运动的对立面。在“寂静”(Stille)中，含有印度日耳曼语系的词根“sthel”，后者的意思是“站立”(stehen)。今天在我们德语中还有“Stillstand”(停止、停息)一词。至于“运动”(Bewegung)，我们首先也不能把它理解为物体的物理运动，而是要把它理解为追求和伸向什么、设法获得什么的那个人的动态(Bcwegtheit)。在他达到目标后的那一刻，他就平静下来，获得了安静。所以，寂静与止息状态(das Gestilltsein)相合。更准确地讲：寂静的意思就是这种止息状态。惟当有所追求的伸展、急躁、不安得到消除，已经平静下来了，才有真正的寂静。在寂静(作为止息状态的平静)中，有一种完成(Vollendung)显露出来。真正的寂静和安静并不在那不再有任何噪声的地方，而是在人本身与自己以及存在者协调一致，从而得以止息而达乎安静之际，根本上就是在存在者平静、止息于自身之际。

地洞中的安静是另一种安静——这就值得我们注意了。它不是在那种止息了的完成意义上的达乎安静，而倒是：没有干扰。一有动静，一旦听得见某种噪声，这只动物就总是失去了它的安静。这决不是因为它有特别的“对噪声的敏感”能力，而是因为任何一种噪声自始就被它看作一种威胁。噪声预示着一种可能的敌人。只消四下里一片寂静，这只动物就感到安全。惟寂静才为它提供保证，保证它不会碰到外来者，而外来者也就是可能的危险。把寂静看作没有危险，把噪声看作威胁的标志，这种看法明确地表明了这只动物的基本态度——它对**安全**的渴望。只消洞里一片寂静，这只动物就平静下来；一旦出现噪声，它就为不安所攫住了。安静与不安乃是这篇小说的情绪的两极。这篇小说的真正节律并不是由外部事件的相继序列构成的，而是由情绪的变化构成的。这篇小说的真正悬念并不在于那种对意外事件的期望，而在于那种进入安静与不安的情绪波动之中的紧张状态。此处所谓安静与不安，意思就是：所获得的安全与对安全的危害(由于受到威胁)。借此也就同时解答了我们前面提到的关于悬念要素的问题，尽管尚未展开分析。

紧接着对寂静的赞美，在下面一个句子中立即出现了不安：“当然，它(寂静)是虚假的。说不定什么时候它会突然被打破，一切都完蛋，也未可预料”。(第五卷，第174页)这就表明了这种寂静本身是不堪一击的。这种从安全感角度被把捉的寂静本身不断地受到威胁，总是面临着被打破的危险。小说描写了这只动物为保持这种寂静所做的一切准备工作。但刚才引用过的这个句子自始就表明，这样一种努力是徒劳的。这乃是一场围绕寂静展开的持久战，这场战斗扬弃它自身，也即说，每一个活动，每一项劳作，每一种努力，所有暗中窥视，其实从根本上讲都已经消除了寂静，因为它们把这只动物投入不安之中了。这种寂静的变化，亦即从止息状态到虚假的寂静的变化，乃是这篇小说的核心问题，也是我们一再要碰到的问题。这只动物的情绪就在寂静与不安之间波动。

根据上面对地洞的初步描画，我们立即可以明见这只动物的基本态度，即对安全的渴望。地洞的寂静乃是这种安全的保证。但小说一开头，这种安全就受到了怀疑，因为这只动物在谈到地洞的入口时说："也可能有什么人踩到那层苔藓，或者把它踩塌，这时我的地洞就暴露了。倘谁有兴趣，……也可能闯将进去，对里面的一切进行永久性的破坏"。(第五卷，第172页)

在地洞的每一个部位，都将重复出现这样一种循环，这样一种倒转：确信——不安全，平静——不安。每一个部位(洞口、迷津暗道、城郭)尽管都是完美的，但又都表明是有缺陷的，这就危害了它的功能。因此，情绪的钟摆决不会真正达乎安静。对于这一点，我们需要作简短的探讨。

地洞的第一个缺陷是它的入口有被发现的可能性。或许真有必要把入口堵得更牢固些，而不是光用一层苔藓覆盖。但这种可能性很快就被摈弃了。我们可以直接从其基本态度中推知，这只动物的本性乃是小心谨慎，这种本性不允许它这样做，因为一个牢牢封闭的入口会把这个地洞转变为建造者再也逃不出去的陷阱。如果说这只动物关心的首要是安全，那么，谨慎就是它的一个基本特性。因为安全其实也包括着这样一回事情，即：这种安全必须不断得到保障。这种保障只能通过一种不断的留神来实现。而这种留神是通过一种对可能出现的东西的预见来实现的。也就是说，即便在安静得到保障的那一刻，谨慎也必然处于不安中，因为它其实必须守望着那些可能威胁安全的东西。谨慎保持在可能之物领域里。而这恰恰也意味着，它总是必须从可能之物中看出可能的威胁。谨慎必须留意这种可能的威胁，必须守住这种可能的威胁，即使这种可能性是一种十分遥远的可能性。谨慎成了这只动物的一个基本美德，这是完全顺理成章的想法；而且，如果说在希腊人那里，谨慎并不是一种典范的美德，那也完全不是偶然的；奥德赛是狡猾的，而不是谨慎的。

可见，由于这只动物的基本特性，地洞中的寂静不断地受到了怀疑，因为它的谨慎使得它根本就不会感到安全。因此，那种应当为这只动物提供并且保证安全的态度，同时也扬弃了它的安全感。我们一再地发现这样一种自我扬弃的运动，它乃是这篇小说所固有的“辩证法”——在这里，我们不是在黑格尔意义上来看“辩证法”这个概念，不是把它看作精神回到自身的过程，而是把它看作设定、再扬弃、再设定、又重新扬弃被设定者，一句话，把它看作从一种对立到另一种对立的必然的被驱动过程，人成了这个过程的牺牲品，而没有去理解它的根据，没有认清它的矛盾规律，没有把握矛盾中的必然的被卷入和被驱动的状态。所以，其实这只动物也谈到了这种谨慎本身：“正是谨慎要求我冒生命的风险，可惜这样的风险太频繁了”(第五卷，第 173 页)——因为严格讲来，这种谨慎本身是矛盾的。为了获得安全，谨慎是不可缺少的；同时，谨慎又总是要怀疑这种安全。于是，这只动物就活动在不断的矛盾之中，因为在安静中真实的东西，在不安中却是虚假的，倒转为它的反面了。这只动物并不是偶尔才碰到矛盾，而不如说，矛盾盘踞在它的内心深处，而且这种矛盾是这篇小说的主要悬念。

我们前面示范性地引用了小说关于入口的一段论述。以这段论述，敌人受到了重视。这决不是偶然出现的情况。地洞其实就是一个为防御可能的敌人而建造起来的安全堡垒。“我安安稳稳地生活在我的家的最里层，与此同时，敌人却从某个什么地方慢慢地、悄悄地往里钻穿洞壁，向我逼近”。(同上)

寂静—谨慎—敌人，它们并不是一个任意的并列，而是紧紧联系在一起的。对寂静的分析其实已经表明，动物是如何着眼于由敌人造成的可能中断来看这种寂静的，以及它如何不得不用时时不断的谨慎来保持这种寂静。现在，寂静的虚假特征又十分清晰地显明出来了，因为小说中说到敌人是慢慢地、悄悄地往里钻穿洞壁，也就是无声地，没有通过噪音暴露自己。由此可见，寂静也不是和平和安静的保证，而毋宁说，它必定会激励动物更加谨慎。恰恰是由于地洞保护着动物，地洞同时也阻碍了这只动物及时发现敌人。地洞向这只动物伪装出安静，而事实上，危险就要来了。

关于这一点，小说稍后还写道："而且威胁我的不仅有外面的敌人，地底下也有这样的敌人。我虽然还没见过它们，但传说中讲到它们，我是坚信不疑的"。(第五卷，第173—174页)随着看不见的、无法把握的敌人的出现，任何安全措施的无用就变得格外明显了。指出传说中的动物，这就从根本上使得一切安全设施和安全措施都失效了："你所在的地底下就是它们的世界，而当你刚刚听到它们的爪子发出抓东西的响声时，你就已经没救了。这时候，与其说你在自己的家中，毋宁说你在它们的家中"。(第五卷，第174页)在这里，家被理解为它的主人能够控制住的地方。因此，突然出现在别人的家中，那是危险的。倘若家是庇护之所，那么，其实在别人家中也不至于如此糟糕。但是，正如这段话清楚地表明的，实际情况决非如此。顺便提一下，我们下面还要回头来谈谈从家到地洞的变化。(参看本书第124页以下)

关于入口处的安全措施的论述因此被消除掉了："在这种情况下，那条通往出口的通道也救不了我，可以说，那根本就不是救我的东西，而是毁我的东西。但它是一种希望，没有它我就活不下去"。(同上)

当动物意识到一切安全设施都毫无意义的时候，它就紧紧抓住了这些设施，把它们当作一种必要的幻想，当作一个不能放弃、不可或缺的希望。恰恰就安全态度而言，这种希望现在是最大的风险，因为这种希望其实本质上包含着这样一种可能性，即：希望之所望没有出现。希望之所望是不可预计的，倘若它是可预计的，那就不必诉诸希望了。因此，希望的出现乃是安全观受到怀疑的一个可靠标志。它是不可预计之物向可靠预计领域的突入。所以，希望要素恰恰表明，已经达到了无望状态的极点。希望暴露了所触及的安全设施的弱点，而且揭露了它们的欠缺之处。它们都不能满足这只动物的愿望，由于这个原因，这只动物除了放弃所完成的以及乞灵于希望之外，就别无它法了。通过对希望的依赖，这只动物决没有从它的那种既感到安全又感到危险的循环中跳出来，而不如说，当安全设施本身已经表明自己大有欠缺的时候，希望应当为它提供安全感。希望只能帮助这只动物一时片刻间摆脱绝望。它根本不能把这种希望当真，因为一旦当真，就意味着它宣布放弃它为之倾注了全部生活、它十分辛劳地营造起来的那些防御设施，同时也意味着它弃绝和判决了它的生活本身。

这篇小说的矛盾结构在希望这回事上又变得明显了——它可以在小说的每一个“环节”上得到证明。或者，是这只动物怀着希望构造它的生活，它感到自己受到了不可见的力量的保护，相信天命将违背一切对生活的预先估计而把它保存下来——而这样一来，地洞的建造就是不必要的，因为地洞总是不完满的，或者，却是这只动物抛弃掉这种本质上与安全要求相冲突的希望，而且使一切都为自我保障服务——这样，对希望的依赖就是一种胡闹。于是，这只动物虽然反对这种希望，但最后又不得不求助于这种希望，才不至于毁灭。但事实上，这只动物甚至再也不能抱什么希望，因为它完全是由自私自利的性格支配的，而且这种性格自始就排除了诸如希望这种东西。对于那种以希望为根基的生活，有一个例子或许是关于田间的百合花、天上的鸟的比喻。不过，在地洞的角度看，这个比喻势必会显得可笑。在这里，我们对小说的进展的探讨只能做到这一步，即它的进展说明了这只动物的境况，从而能够为真正的解说提供前提。

小说第三节开始描写城郭。这个主要项目是考虑到“极其危险”的情况——而且是一种受敌人围攻的情况。这只动物说，它是“我的艰巨的体力劳动的成果”。(第五卷，第175页)在完成这一部位时，动物已经筋疲力尽，濒于绝望的边缘，想弃绝一切了。物质条件也特别不利。①可以理解，这只动物对于这个城郭是特别自豪的。但后来，当这个场地不再是一个寂静的场地时，这只动物也就变得更加绝望了。

① “……是由于照计划安排所确定的这个场地恰恰土质很松，而且充满砂粒，因此必须把这地方的土层夯实，才能建造起美丽的大穹顶和圆形广场。从事这样一种劳动，我只能靠额头。所以，我不分白天黑夜，成千上万次地用前额去磕碰硬土。”(第五卷，第176页)——原注

这个城郭是用于储藏食物的。这只面对敌人的攻击要自我保护的小心翼翼的动物必须——这一点要求它谨慎——对危难时期具有某种远见，把食物聚积起来。它的谨慎也包括不断的规划(预计)和安排。显然，在前面首次谈到地洞时，这种规划已经显示出来了；在那里其实已经讨论了入口处的规划，考虑了它的优点和缺点。其优点和缺点都要注意到，而这就要求谨慎。否则的话，这只动物就可能错误地以为可以高枕无忧了，然后就可能受到敌人的突然袭击。可是，这种经常的规划并没有尽可能好地得到实施，而是导致了一种高度的挑剔能力，也就是说，使它总是不断地看到了新的缺陷。因为所有的规划都必须就可能的攻击作用来拟订，而且因为这些攻击又取决于可能的侵略者——后者是这只动物所不知道的(诸如文中所谓的传说中的动物)——，所以，就不存在什么规划的最佳实施的可能性。于是，对已实施的规划的评价也势必发生了变化——有时被称为极其完满的，有时又被说成是十分不足的。这正好符合上面提到过的确信与不确信、满意与绝望的情绪的波动。所有这一切都是顺理成章地相互联系在一起的。

规划和安排的同时，这只动物对占有物的快乐也显而易见了。它开心地观赏着它的储品。这些储品给予它明显的确信：它不会挨饿，不会遭受任何困厄。为了能够在它的占有物的数量和多样性上取得真正的快乐，它不断地忙碌于对它的食物的重新排列。

> 场地如此之大，半年的食物都放不满。于是我就把东西一件件铺了开来，在其间漫步，玩赏它们，欢欣于食物的丰富，陶醉于各色味道，而且，对于我现有的储品，我总是具有一种准确的总揽。这样，我也总是能够进行重新排列，根据不同季节，作出必要的预计和狩猎计划。(第五卷，第 176 页)

对占有物的快乐，即对储品的玩赏，同时却也要求这只动物不失去对它们的一目了然的总揽能力(Überblick)，也即说，它们不能逃脱这只动物的支配力量。这恰恰是它们的量所要求的。这种总揽必须是“准确的”，使得这只动物凭借这种总揽并且根据当下的情境(但正如我们所看到的，这种情境本身是无法估计的)能够进行必需的“重新排列”。所谓重新排列，自然也包括那种“预计”，即关于也许必要的占有物之增长的预计，对眼下就能最方便和适当地搞到的东西的估计。从根本上看，占有物不是某种附加到迄今为止提到的因素上的东西，而毋宁说，占有物开启了这只动物与存在者的基本关联。对它来说，一切都是可能的占有物——地洞本身其实也无非是它已经明确地获得的占有物，是借助于一种不懈的劳动对存在者的征服和支配的结果。在占有物上，那种支配能力变得最为清晰了——其形式是对占有物的不断规划的重新排列和分布。但地洞本身其实也被称为占有物，当然被说成是“固定的占有物”，它不能经常被改变，即使这样一些改变总是一再作为必要的改变(尽管是再也实施不了的改变)而被提出来，而且是对地洞的每一个部位的改变，而决不只是对某一个“错误结构”的改变。这只动物完完全全地与它的地洞打成一片。这一点再次得到了绝对连贯而严格的描绘，尽管当地洞提供给这只动物的安全感恰恰由于它的谨慎而受到了动摇时，它对占有物的快乐没有延续太久。因为这只动物产生了对储品的正确排列的怀疑。它觉得不能把储品集中到一个场地上，而是应当分散到许多个地方，但这又妨碍了它的活动自由——我们在此看到一种常见的节律，即设定与对被设定者的再扬弃(倒转)的节律，由此构成一种不安全情绪。对占有物的快乐，即对财富的悠闲的玩赏，[①]被一种忙乱状态，即无休止的不安状态所替代了。

关于城郭的阐述结束于这只动物对地洞的这个部位的缺陷的认识。这恰好与对入口处的描绘并行不悖。真正讲来，或许这只动物必须建造多个城郭，但只一个就已经使它耗费了令人难以置信的劳作。而且，如同

① “再说，不把所有的储藏品集中在一起，因而不能对自己的财产一目了然，势必损伤自己的自尊心，这种想法固属可笑，却是难免。”(第五卷，第178页)所谓“一目了然”意思就是，任何东西都逃不了，因而立即就能支配之。通过这种可支配的占有，控制要求才变得显而易见了。——原注

在开始时一样，在认识到已完成的地洞部位的缺陷后，这只动物最后便求助于希望，同样地，这个段落也结束于对一种异常善良的“天意”的吁求。[①]因此，我们不仅看到动物存在的各个本质因素如何是共属一体的，而且也看到，这篇小说的过程如何形成一个必然的循环，一种对已完成的过程的重复。

这只动物的一些新特性，或者说，这只动物与地洞的关联的新特性，在它离开地洞那一刻变得显明了。它是经常要离开地洞的，“虽然只是很短的时间”。小说的这一部分始于一种对出口处(迷津暗道)的挑剔，这只动物原先却是把它看作“一切建筑之冠”的。紧接着是常见的辩证法：有关改建的计划，对改建之不可能性的认识，对迷津暗道的缺陷的容忍。

“一旦发生大规模的进攻，什么样的入口构造能救我呢？”(第五卷，第180页)接着还说：“地洞有着如此之多的天然强加于它的缺陷，尽管它还保留着这样一些我亲手造成的缺点——对于这些缺点，我虽然事后才认识到，却认识得很是准确。但这并不是说，这个缺点没有经常地或者也许是始终使我感到不安”。(第五卷，第180页)

正因为地洞完全是一只具有推理能力的动物的作品，正因为一切都是被规划、被计算、被预见到的，从而一切都是显而易见的，正是因此之故，就连其缺点也是以同样的清晰性出现的，并且同样令人讨厌地使人不安；不仅是当前已经被了解的那些缺点，而且也包括地洞在将来可能的境况中所蕴含的那些缺点。所以，小说开头的那个断言逐步被扬弃了，被动摇了——那个断言说：“我造了一个地洞，似乎很成功”。在某些地方，地

① “好几个城郭！一点不假！但是谁能够把它们建筑起来呢？在我的地洞建造的总计划中，现在也没有增添的余地了。我承认，这一点正是我的地洞的缺陷，就好比任何东西如果只有一种样品时，都有缺陷一样。而且我也承认，在建设整个地洞期间，我对于拥有几个城郭的要求在自己的意识中是模糊不清的，如果说我有过这一良好愿望，那就清清楚楚了。我没有按照那种要求去做，对于这项巨大的工作，我感到自己太弱了，甚至，我就是想象一下这项工作的必要性也感到自己太弱了。我以同样模糊的感觉聊以自慰，这在平常是难以做到的，但在这一场合我却做到了，这是一种例外，也可能是一种神的恩赐，因为保留我的前额以代替铁锤正是天意所使然。”(第五卷，第178页)——原注

洞这个保障手段甚至转变为巨大危险之所，或者，关于这种转变先是这样说的：

> 我只管朝着出口的方向走。虽然我与入口处之间还隔着通道和广场，我依然以为自己已经陷入一种巨大危险的氛围之中。有时候我觉得，好像我的皮变薄了，仿佛我不久就只能以赤裸裸、光溜溜的肉身站在那里，而这时候，我的敌人以吼叫来欢迎我。说实在的，出口本身失去了对我的家屋的保护作用，它已经带来了这样一种感觉，但使我格外苦恼的，仍是入口的构造。（第五卷，第181页）

于是，所谓的“一切建筑之冠”就成了最大的痛苦的诱因。

这只动物惧怕“野外”，而尽管如此，它却需要时而去“野外”溜达。在这里我们又有必要指明，“野外”(das Freie)一词经历了何种变化。哥特语[①]中的frijon意思是“热爱”，frijabwa意味着“爱”，盎格鲁—撒克逊语中的freod意味着“恩惠”，frigu意味着“爱”。日耳曼语的词根fri，正如克卢格明确地指出的，意思乃是“爱护和保护”。同语源的还有古斯拉夫语的prijati，意思是“帮助、支持”(在罗马尼亚语中就是prieten，意即“朋友”)，还有古印度语的priya，意思是“可爱的”(lieb)、“受喜爱的”(beliebt)——词根pri的意思就是“使高兴”和“使乐意”。[②]“野外”乃是令人高兴的，因为在野外可以经验到从属之物，而且可以从这种从属关系的角度保护和热爱这个从属之物(可比较一下古撒克逊语中的“爱女人”，die Frau fri)。也就是说，“野外”并不是愿望之所，不是发挥主观任意性的场所，相反地，在“野外”，另一个东西能够显示出其存在，而且恰恰在其存在中被承认，亦即被保护、被维持、被照管。

但在这里，在地洞里，作为令人高兴之物的野外又怎么样呢？野外以

① 哥特语为古日耳曼语的一支。——译注

② 克卢格：《词源学词典》，第173页。——原注

某种方式归属于这只动物，这只动物离不开野外，它必须至少偶尔去野外溜达——这些，在小说中都有明确的说法。就此而言，野外就保持着它的意义；但同时也说，出游到“野外”是不能原谅的。这就大可奇怪了。到野外出游归根到底是违反一切理性的。为什么呢？野外是在地洞外面，在地洞里面，是没有野外空间的，在地洞里，一切都被规划、被计算、被规定好了，是受动物支配的。但野外却包含着那种从自身而来的自行发展，就像我们在大自然中发现的那样，因此，即使在今天我们也还把大自然称为野外，以区别于人类的规划和作用领域。

如果说这只动物把它的生活建立在安全基础上，如果说它在地洞里寻找这种安全，那么，野外区域就是地洞的保护作用终止的领域。野外成了危险之所，因为在那里，这只动物的支配能力终止了。对野外的探访就顺理成章地被称为“对地洞的放弃”。不过，这只动物还具有一种对那个状态的回忆，因为野外对它来说意味着某种不同的东西，它紧紧抓住这种回忆，但同时又知道这种回忆不是真实的。

这只动物离开地洞的时期是极富启发性的。[①]这个时期本身也是自相矛盾的。这只动物想去野外——但它根本不能去野外！野外成了地洞的对立面。这只动物紧紧受缚于地洞，以至于它甚至再也不能到这个对立面去了，因为正如我曾试图指明的，地洞本身扬弃、否定了野外。“这样的话，我就能够充分领略这里(即野外)的时光，无忧无虑地度日。其实不然，本来可以做到的事情却做不到，地洞的事情忙得我团团转”。(第五卷，第 183 页)这话消除了这只动物先前关于它在野外的生活的优点所讲的话。但不只是这种“对地洞的忙碌”才使这只动物不能到野外去，正如小说中所讲的：“我很快跑离洞口，但不一会儿又赶回来。我在为自己寻找一个合适的藏身之所，并守望着我的家门——这一回是从外面——连续几天几夜”。(第五卷，第 183 页)——首要地是这样一种情形：地洞排除自由，必定驱除自由，地洞使这只动物不可能到野外去，因为它其实完全

① 参看第五卷，第 182—192 页。——原注

献身于地洞了。如若这只动物进入野外，那它所做的就无非是埋伏以待，去守卫安全之所。它在野外的生活变成了埋伏守候。这只动物变成了地洞的奴隶。并非地洞保护这只动物，而倒是这只动物试图保卫地洞。因此，对这只动物来说，它在野外的生活就是某种“毫无意义的事情”。同时，陷于地洞中的动物也知道，地洞也只能不完全地实现其功能，即提供安全的功能，由此，全心全意地委身于地洞同样地会成为毫无意义的。“可是现在的情况是这样：地洞实际上……虽然是相当安全的，但绝对是不够的，难道在其中什么时候停止过忧虑了吗？”(第五卷，第190页)

这只动物的建立在安全感基础上的生活，处于对这种安全的不断的忧虑之中，因此，它的忧虑是不可能终止的。

我们已经了解到，在绝对安全范围内的“野外”如何是一种荒唐。保护、爱护、热爱变成了惧怕。现在我们清楚了，何以这只动物的基本特性是猜疑。如果人们肤浅地阅读这篇小说，那就只能确定：地洞里的这只动物是多疑的，而这正是作家以其诗意的自由赋予这只动物的一个特性。这只动物是多疑的，就好比存在着红头发的女孩。实际情形则完全是另一回事。猜疑不是这只动物的某个任意的特性，事实上，这只动物内心深处就必然是多疑的，它的存在本身就包含着猜疑，在与其环境的交道中，它的存在是作为猜疑表现出来的。我们必须再三说明的是，这篇小说的唯一性是怎样由它内在的一贯性构造起来的。任何一个事件、一种考虑、一种描写，都必然是从这只动物的基本开端中派生出来的——以某种严格性从中产生出来，而这种严格性是我们通常在诗意的小说中见不到的。描绘的这种严格性本身属于被描绘出来的东西。

这只动物的安全观也包括：它从来就不能感到安全，总是埋伏守候着。由于这种超出其他所有动物的根本性的猜疑，这只动物本身说到底决不可能达到安静，除了敌对关系或者拒斥关系，它决不能与其他动物发展关系。虽然它一度表达出这样一种愿望：“假如我有某个可以信赖的人”(第五卷，第187页)——这或许可以理解为它的克服孤独的愿望；但是，“友好关系”之所以是它所盼望的，只是因为这只动物希望有某只动物来帮助它，使它的监视系统变得完整，当它自己回到洞里的时候，这另一只动物应当为它守卫地洞的入口处。因此(在这样一种自私自利的心理状态中)，它随即提出了报效要求。而如果这另一只动物要求以参观一下地洞作为回报，那又如何呢？

> 自愿让什么人进入我的地洞，这在我可是最为难的事。地洞是为我自己造的，而不是为访问者造的……但我之所以根本就不能让他进去，是因为：或者是让他独自下去，但这是绝对不可设想的；或者，我得跟他同时下去，但这样一来，他在我背后放哨给我带来的益处便成泡影了。(第五卷，第188页)

这种对于信赖的益处和坏处的算计，这种对友好关系的“利用”，说明在这只动物的自私自利的安全观中，不可能有诸如真正的友谊之类的东西，因为这只动物简直不能倾心于“不可计算之物”，而且因为真正的友谊只有在停止一切算计时才能形成，惟有在一种相互信赖的氛围中才能形成。但对小说中的这只动物来说，“信赖”简直就是一个不可理解的概念，是它不能把捉的东西，就像“野外”这个概念一样不能把握。这只动物关于“信赖”所讲的话，最清楚地说明这件事情于它是格格不入的。

> 那么信赖是怎么回事呢?在面对面的时候，我信赖他；假如我见不到他，假如苔盖把我们隔开，我还能同样地信赖他吗?信赖一个人，在同时监视着他，或至少能够监视他的情况下，是比较容易做到的；甚至，信赖远方的某个人，兴许也是可能的。但是，从地洞的内部，亦即从另一个世界，去完全信赖一个外面的什么人，我以为这是不可能的。(第五卷，第188页)

正如这只动物自己设想的，这种同时与某种监视相联系的信赖，其实恰恰是任何信任的反面。只有在根本就不再有任何“担保”，更不用说有某种可能的监视的地方，才开始出现真正的信赖。但在自私自利的态度中，并且对这种态度而言，这乃是某种不可思议的东西。“我能信赖的，只有我自己和我的地洞”——这只动物合乎逻辑地说；但小说的叙述过程却表明，即使这话也是不合实情的，无论是以安全为基础的对地洞的“信赖”，还是自我信赖，都已经丧失了。如果在与其他动物的关系中任何一种信赖都已经彻底被消除掉了，那么，即便这种信赖的残余也是不可能的了。

可是，从小说的某些表述中，我们似乎可以看出，这只动物承认它的这种安全观是有欠缺的。例如，马克斯·布罗德在《地洞》法译本的后记中说：“‘地洞’对它来说不仅仅意味着安全……它还象征着祖国，象征着一种道德状态，一个以诚实劳动为代价而获得的生存基础”。[①]布罗德说这番话时，依据的也是我们上面所引的这段文字。但我们却不可忽视小说的最内在的悖谬结构，它的矛盾的、辩证的结构，亦即不断的设定和对被设定者的扬弃。如果仅仅确定一个环节，那就可以把对立面称为本质性的东西(参看多拉·迪阿曼特和马克斯·布罗德关于《地洞》的评论)，但必须注意作为整体的展开和循环。

马克斯·布罗德引用了下面这段话：“倘若这个地洞仅仅是为了我的生活保障而建造的，那么，我虽然没有受骗上当，但我付出的巨大的劳动与我得到的事实上的保障相比，至少就我所能感觉到的和从中所能得到的利益而言，对我来说，就是得不偿失的了。……但地洞确也不只是一个救命之窟”。(第五卷，第190页)马克斯·布罗德没有考虑到，这只动物恰恰是用这种说法来掩饰它的劳作的失败。下面的句子简直是讽刺性的，它们清楚地表明，即使它的安全观被说成是无关紧要的，这种安全观也还是根本性的东西：

当我站在城郭里，为高高的肉类储品所包围，纵览从这里伸

① 卡夫卡：《地洞》，伽利玛出版社，巴黎。——原注

展出去的十条通道……这时候，我心目中关于安全的观念就淡漠了……。(第五卷，第 190—191 页)

换言之，当这只动物站在地洞的最安全的城郭中，通过储品直接地确证了它的安全，“这时候，(它)心目中关于安全的观念就淡漠了”。

这只动物试图使自己确信，安全观并不是决定性的；但它这样做的方式方法却扬弃了它所说的话，把它所说的话颠倒为反面了，并且因而表明，它如何——即使它愿意——再也不能离弃这种基本态度了。这种关于地洞的真正意义的说法可以与那种对野外生活的颂扬相提并论，后面这种颂扬同样也被实际性的行为扬弃了。通过这种推理，这只动物想使自己鼓起勇气，回到地洞里去。假如安全立场并没有成为这只动物的真正本性，那么，所有这些说法就都是不必要的了。事实上阻止这只动物返回到地洞里的，乃是一种折磨人的无确信：“不知道在我的背后以及在按原来样子关好的入口的顶盖后面的整个周围，将发生什么事情”。(第五卷，第 185 页)

在这只动物回到地洞里之前，它窥视着入口处，目的是为了知道是否有任何一个敌意的动物跟踪它了。而这种为了使自己放心而做的活动的结局恰恰是相反的。这只动物自己辩解说这种活动是毫无意义的，因为它所盼望的那种放心是危险的，是使它麻痹的。只要这只动物不在地洞里面，则其他动物就没有准确的嗅觉。“要是能完全嗅出，岂不经常成为正常危险的前提了？因此，我在这里所进行的试验只有一半或十分之一能够使我放心，而放松警惕又导致极度的危险”。它放声叫喊：“不，我所观察的与其说是我的睡眠(如我以为的那样)，毋宁说是在坏家伙醒着的时候，我自己却在睡觉”。(第五卷，第 185 页)

这只动物所处的境况是能表明它的性格的。它对野外生活感到厌倦。①但同时，它又感到难以放弃它的观察哨。“可是，这段时间，我一

① “我愉快地向这里的一切告别，走下地洞，永远不回到外面去了，……”(第五卷，第 185 页) —原注

任自己看了入口上面所发生的一切，现在又用了极为惹人注意的办法下了地洞，而不知道在我的背后以及在按原来样子关好的入口的顶盖后面的整个周围，将发生什么事情，从而感到十分不安”。(同上)

真正说来，这只动物必须把自己分成两半，一半爬入地洞里去，另一半又要留在地洞外面，看看它爬入地洞时是否被某只怀有敌意的动物觉察到了，是否要立即采取相应的保卫措施。这种分身却是不可能的。而这并不是偶然的，相反，这只动物总是一再生出这类不可能的想法(这其实在它规划改建入口时就已经开始了)。这只想获得绝对保障的动物，它的生活的主体是埋伏守候和仔细观察；它如果不想同时进行自我观察，那就再也不能行动了。正是在从“野外”领域向地洞的过渡中，为了获得对可能的敌人的反应的把握，这种自我观察是绝对必要的。我们用不着深究这只动物所做的控制这种荒谬境况的各种努力，它置身其中的那种情绪，已由下面的话清晰地道出：“我并非完全没有到远方去回复往日那种惨淡生活的决心，那种生活虽无安全可言，却充满了无从区别的危险，因而个别的危险就不明显，不必为之恐惧”。(第五卷，第 186 页)但是，这种决心立即就被摈弃了，被称为“毫无意义的自由自在”(第五卷，第 186 页)的过得太久的生活的一个结果。先前渴望的自由现在成了毫无意义的了，被这只动物评价为毫无意义的，这一点是与我们尝试做的解释一致的；我们的尝试想描绘的正是：对这只地洞中的动物来说，不可能有任何自由可言。

我们这里不拟进一步追究这种反反复复的思索，对各种可能性的接受和摈弃，以及上面所列举的对那种不可能的信赖的各种考虑。其实，爬到地洞里去的决心是在一个毫无决心的瞬间得到实行的。这又是一个生动的矛盾，亦即是与这只动物的那种企图合理地论证一切的要求——从前面的讨论来看，这种要求已经是清清楚楚的——相矛盾的。“好了，我已经累得想都不能想了，耷拉着脑袋，步履踉跄，似睡非睡，与其说在走路，不如说在摸索，这样才渐渐接近入口处，缓缓掀开苔盖，慢慢往下挪动身子，因为神思恍惚，竟让入口无故敞开了很久……”(第五卷，第 192 页)

到最后，在这种似乎走投无路的境况中，一切精心的考虑都被遗忘了，这只动物的行为差不多是无意识的，近乎机械的行动。

在小说的最后一部分，进行了对这只动物的安全观的最终揭露，而这恰恰是通过对安全设施的失灵的描绘。这里完成的是从安全到危险的转变，从安全状态到被追踪状态的转变。如果说在此之前，这只动物是在安静与不安的情绪之间来回晃动，那么，现在，一种简直阴森可怕的不安将把所有其他东西都扭曲和消灭掉。而且，恰恰是小说的这个部分始于一种对地洞里的美好生活的预测，一种对在地洞里弥漫的安静和安全的预测。要命的忙乱时期是以这只回家的动物的一声叫喊开始的："我终于可以休息了"。(第五卷，第 193 页)——也就是在野外生活以及危险的返回的激动之后。稍后它还说："现在，我与你们在一起了，危险又算得了什么呢！你们是属于我的，我是属于你们的，我们结合在一起了，又有什么东西奈何得了我们呢？"(第五卷，第 194 页)对地洞状况的审查被说成是"跟朋友们聊天"。(第五卷，第 193 页)这只动物有充分的时间做事，为自己有时间而感到骄傲——"在地洞里面我总是有的是时间"。(第五卷，第 193 页)这种对自己有时间过懒散生活的强调，这种自信的对自己的满足——"因为我在那边所做的一切都是重要的好事，并使我得到了一定的满足"(第五卷，第 193—194 页)——不久以后就产生了令人可笑的效果，因为它颠倒为它的反面了。但我们必须注意到，这种可笑丝毫没有幽默的味道。因为，为了能笑，就必须有这样一种可能性，即：笑之所笑通过对笑的评判可以说会受到指责。这在这里是再也不可能的了。所以，初眼看来起可笑作用的东西就倒转为悲惨的东西——因为我们在这里真正地经验到一种摆脱不了的天命的运作。对这最后一个倒转，我们在此还想作简短的探讨。

由于视察地洞而感到疲劳，这只动物违背它的意愿而睡着了。小说最后部分真正的戏剧性开始于它从长睡中醒来。

我大概已经睡了很久。直到最后实在睡足了，我才自然而然

地醒过来，最后睡意一定是十分淡薄了，因为是一种几乎听不见的“曲曲”的微弱响声把我唤醒的。(第五卷，第194页)

这种“曲曲”声初看起来似乎是完全无害的，因为它是很不显著的。但正是这种微弱的声响包含着某种阴森可怕的东西。相反，这只动物却是无力的。这种无力变得越是明晰，小说的氛围也就越是阴森可怕。虽然在小说中首先讲到：“我立刻明白，这是一种我过去对它不太注意、过分宽容的小东西，趁我不在，在什么地方钻通了一条新路”。(第五卷，第194页)但事实上，这只动物根本就不明白。起先作出的解释证明自己是错误的，这只动物所做的所有其他假设同样也是错误的，尽管它越来越绝望地紧紧抓住它的假设：“我所认定的声响的来源是无可怀疑的”。(第五卷，第195页)

在对那些关于声响之原因的解释性假设的设定和扬弃中，这篇小说前面的节奏还是被保持下来了，但在这里，它变得匆忙得多了，在一种自我消耗的追逐中急急忙忙。卡夫卡的真正的艺术技巧包含着一种高超的能力，他能够成功地以其描绘方式让要描绘的东西本身在场和存在；也就是说，在其中决不会裂开一种间隔，使事件显现为某种陌生疏离的东西，决不是关于这个事件作某种报道，使得其中出现某种分隔。当前已经完全为发生的事件所充满，以至于其中根本就没有分隔的可能性。而且，发生的事件同时也完全在词语中呈现出来，通过词语呈现出自身。

各种假设的不断交替很快表明，任何一种对声响的解释尝试都是一种谎言，都是这只动物说的谎，目的是为它自己提供一个小小的喘息机会。而它自己是根本就不会相信的。

在小说的这个阶段，推理的自欺特征得到了最完全的揭示。其中的一切推理都只有一个目标，就是使这只动物迷惑于事实上发生的事情，它事实上忍受的东西，即安全的可疑——它把一切都寄托和建立在这种安全之上。因此，在作出一个断言之后，每次都必然出现一种经验，以证明此断言是不真实的。在断言(亦即根据相关的处境对事件的有意识的解释)与经验(在通过各种遭遇对断言的反驳意义上)之间的这种分裂，卡夫卡又是以完全独特的一贯性来加以把握的。在任何时刻他都不是在谈论这种分裂，相反，是把我们投入到这种分裂之中，使我们在这种分裂中打转，以至于我们起初根本就看不到它，因为它对我们太亲近了。我们首先看到的，只是不断的倒转、矛盾，但并没有理解它的原因。现在我们更清晰地把握到，它是如何从那种在有意识的或者说有意的对事件的解释与所受的经验的对立中产生出来的。这种描绘在其形态方面看，完全可以与黑格尔在《精神现象学》中的描绘相提并论，在黑格尔那里，意识或者说感性的确信，也对某物有所断言，但通过它所经受的经验，这种断言本身却受到反驳，因而被逐出其位置，目的是为了达到一种更高的真理。不过，卡夫卡却向我们表明，这种被逐出的过程——如果说它并不能真正得到完成，因为这样一种对已占取的位置的辨认已经发生了，它就再也不能消除了——何以势必导致没落。且让我们考察一下最后这一幕的完成。

新的“敌人”身上阴森可怕的东西，恰恰就是它毫不显著的微弱特性。这只动物说道：“有时候我想，其实什么也没有的，除了我以外，谁也听不见的”；(第五卷，第197页)或者说：“只是一种轻轻的‘曲曲’声罢了，间隔好久才听得见，微不足道也”。(第五卷，第201页)但这种微不足道却足以彻底消除地洞里的寂静：“我现在完全消失了的某种东西，那就是对城郭里的寂静的陶醉。”(第五卷，第199页)倘若这种“曲曲”声在某个确定的点上是听得见的，而在另一个点上是听不见的，那么，或许就可以预先做一种确定位置的工作(哪怕只是大致的确定)，万不得已时，就可以放弃掉地洞的这一部分，但“事实上到处都有完全相同的曲曲声”。(第五卷，第197页)所以，这只动物就顺理成章地说：“正是这种处处都有的相同响声最乱我心”。(同上)

小说在此提出了一种理论，这种理论是以两个发音中心为出发点的，当这只动物远离其中一个中心时，它就会接近于另一个发音中心。但与其他任何在绝望中被提出来的理论一样，这种理论也不是靠得住的。其间，这只动物试图提出善意的解释：“不管怎样，它们是不会有反对我的企图的，它们只是忙着自己的活计罢了”(第五卷，第197页)——但一切都无济于事，这种轻微的、几乎听不见的“曲曲”声已经把地洞这个最最安全的地方搞成一个最最危险的地方；之所以是最最危险的，是因为这种危险是无法把握的。这种微不足道的声响比一切喧闹的声响都要令人不安，因为它不可把捉，是无法把握的因而是不可确定的。由于这只动物弄不清楚这种声响，所以，这种声响就剥夺了它的安静，使它怀疑起地洞，也怀疑起它自己来了。倘若这种声响并不是那么“微不足道”，那么，这只动物或许就可以估计到它的原因，从而获得确信，哪怕是一种绝望的确信也罢。但是，对这种微不足道的声响，一切算计和规划，一切寻找和探究，都终告失败。在小说的最后一部分，出现了对这只动物开始时所讲的地洞的意义的最终扬弃。地洞不仅不是什么“救命之窟”，相反地，它成了这只动物感到自己不断地受追踪的地方，成了无名之畏惧的所在。

正如马克斯·布罗德所假定的，倘若起决定作用的并不是安全立场，那么，在小说中就决不会发生这种从安全到不安全的倒转。在这只动物的下面的话中，其绝望的极点也许得到了最为清晰的表达：

> 这个地洞能给我带来确信吗？我已经到了这样一个地步：根本就不想要确信了。（第五卷，第213页）

现在，我们来回想一下这只动物老年时的一些计划，例如，城郭必须有别的样子，为一个腔室所包围，从那里它就可以守备城郭，以至于这时候，这个腔室就可以成为这只动物最喜爱的逗留之所：“这样一来，墙壁里就不会有响声了，不会有东西向城郭大胆挖掘了；于是，那里的和平就会有保证，而我就会成为和平的守护者”。(第五卷，第199页)一切都是以虚拟语气讲的，因为这些可能性一被说出来，就立即被认作不可能的了。这些可能性没有带来安慰，而是带来绝望。

这是对安全立场的明显颠倒、扬弃。但是，尽管有这样一种认识，这只动物却依然不能离弃它一度选择的基本态度，因为这种基本态度其实构成了它的存在。它总是作一些新的猜想，例如，猜想有一只它根本不知道的动物，有一大群动物——或者，猜想有一种极其微小的动物，它们“比我所认识的那些动物还要小得多”。(第五卷，第201页)每一次，与其假定相应，都有一个防御计划被设想出来——但这一切都无济于事。系统的筹划随着自发的反应而变化，正如这只动物自己所承认的：“(那样做)原本并非想发现点什么，而是内心不安的一种必然举动罢了”。(第五卷，第202页)

这只动物的行为的矛盾性是它自己也意识到的。它说：“合乎理性的新计划既吸引我又不吸引我”。(第五卷，第202页)的确，这只动物挖了许多个洞孔来保护地洞，其实却是开始毁掉这个地洞了。[①]从下面的说法中，我们也可以清晰地看出其处境之萎靡：“……新的挖掘计划如果真的要达到某个目标，时间上或许会拉得很长；要是它不想达到任何目标，那它就会变得无休无止”。(第五卷，第203页)为了实施这个挖掘计划，这只动物不得不更长久地离开地洞，但这对这只动物来说无异于一种放弃。

它安慰自己，又看透了这种安慰的自欺性质，因为这种安慰也没有一点儿理由。[②]

有一个例子说明了这只动物的绝望：“……我侧耳谛听，但这匆匆的一听立即就表明，我是大错而特错了：那老远的地方明明响着曲曲声。我恨不得把吃的东西统统吐出来，踩进地里去，回头去干我的活，但根本不知道从哪里做起……”(第五卷，第204页)试探性的挖掘刚刚才被说成是真正的解决办法，现在就被称为毫无意义的，而取而代之要做的事情——那“必不可少的工作”(第五卷，第205页)——被称为不能搞的事情。于是就出现了一种自我异化的状态：“突然间，我不理解以前的计划了。在从前那样明智的计划中，我找不到一点儿理智了。……我已经有了足够的

---

① “无论如何我要事先弥补一下由于我的乱掘乱挖给地洞造成的损失。”(第五卷，第202—203页)——原注

② “等我回来，恢复了和平，再作全面彻底的修缮，那时一切都将进行得很快，君不见，童话里就是一切都进行得很快的，这种慰藉也是属于童话世界的。”(第五卷，第203—204页)——原注

发现，我把一切都撇开，只要能把内心的抗辩平息下去，我就满足了”。(第五卷，第206页)随着这种抗辩，同时也出现了一种颠倒，那就是地洞中此前一直居于支配地位的关系的颠倒；唯一还有相对寂静的地方，是在出口的苔盖下面，而它的工作的光辉顶峰，即城郭，“却被卷进了吵闹的世界及其危险之中”。(第五卷，第206页)

于是，为解释响声所做的假设便越来越清晰地过渡为自我谴责：“……对于真正的危险，我也没有真正想过”。(第五卷，第210页)建造地洞的时期被说成是值得羡慕的，“那时我还年少，还没有一个地洞为家，我还能够做到冷静与平和”。(第五卷，第211页)

这只动物找不到“敌意的”、“危险的”响声的原因，因为它从一开始就假定，这种响声来自一只外来的、也即马上威胁它的动物，而那种“微不足道的”、几乎听不见的“曲曲”声，是它所害怕的，却无非是自己的呼吸而已。所以，说到底是由于它自己的呼吸的响声，它在整个地洞里处处受到追赶——而不能解释这种响声的原因，尽管这种原因比起关于可能的敌人的种种人为的假设和理论，都要简单和明显得多。

这篇小说没有结论。纯粹从表面上看，它是悬而未决的，突然中断了。尽管如此，它的结局却是明确的，真正说来，这个结局其实就是第一页上所说的：“我现在正处于我的生命的顶峰上，即便在这时候，也几乎得不到一个完全安宁的时刻”(第五卷，第172页)——只不过，对这个原因的各种解释是变化的，这个原因本身从一开始就已经确定为不可回避的。结论无非是一种对这个开头时的说法的彻底化，它势必会显示出来。①寂静最终从地洞中消失了。一旦确定了这一点，我们就会看到，这篇小说尽管是未完成的，但真正说来，却比某些做完了的描绘还更完整——在那里，对“冲突”的消除不一定意味着对“冲突”的克服。这篇小说的完整性绝对不能因为手稿的中断而受到怀疑。

在伽利玛出版社出版的《地洞》法译本中，马克斯·布罗德以脚注

① 第一个句子中的“似乎”显露为单纯的假象。——原注

形式补充说，这篇小说没有做完，作者觉得不可能继续写下去，给它一个结局了。[①]而卡夫卡的女友多拉·迪阿曼特女士却告诉J.P.霍丁，这篇小说原是做完了的。结尾部分发生了一场战斗，在这场战斗中，地洞里的这只动物遭到了失败。[②]在1946年的斯科肯全集版中，马克斯·布罗德采纳了迪阿曼特女士这个说法。他写道："这部作品是完成了的；在保留下来的稿子中，所缺不是太多，就要接近尾声了；所缺的结尾部分描写了在这只动物的直接期望中的紧张的战斗态势，以及一场决定性的战斗——在这场战斗中，我们这个主人公将惨遭失败"。[③]

马克斯·布罗德还说，因为这个消息，他要感谢多拉·迪阿曼特女士。这个意见似乎是可以争论的。我这样说，倒并不是要怀疑这篇小说事实上已经写完，但按我们的观点来看，卡夫卡自己把续篇毁掉(因为它与小说的主体部分相矛盾)，那是完全合理的。我们认为，这篇小说的"未完成的"形式比未能保留下来的"完成了的"文本更为完全，因为，所谓的结尾一场战斗恰恰会废除小说的一个重要环节，即这只动物不是受到外部敌人的危害，被外部敌人所消灭，而是被它自己消灭掉的。其实，那种分辨不清的"曲曲"声的"微不足道"所造成的无名威胁的阴森可怕，比人们看得到的、能够与之抗争的某个敌人带来的平常威胁，还要真实得多。小说的悖谬之处恰恰就在于：这只动物的一切准备工作都是为一场可能的战斗而做的，但真正的裁决却并不在于战斗。这样一来，那种仅仅以战斗为取向的态度本身就受到了怀疑。如果我们认为这篇小说的归宿就是一场战斗(在这场战斗中，强者赢得了胜利)，那我们就看错了这篇小说的意义。这样看，就证明我们本身已经完全为这只动物的态度所束缚，以至于我们理解不了，其中真正发生的事情是什么，真正的敌人在哪里。其

① 《感化院》(La Colonie Pénitentiaire)，伽利玛出版社，巴黎，第163页："其他的残篇中止于页码，相反，这个残篇却是在最后成段的句子中戛然而止的。这就可以证明：作者还想写下去。不过，尽管做了种种努力，我至今仍未能找到跟前这个作品的下文。"——原注

② 参看《月份》，第8／9期，第一年度，1949年，J.P.霍丁：《回忆弗兰茨·卡夫卡》。——原注

③ 第五卷，第314页。——原注

实，卡夫卡恰恰是想表明，真正的冲突与一场战斗毫无干系——这只动物并没有成为敌人的牺牲品，而是败于自身。

三、作为自我辩护过程的《地洞》（解说的生存论维度）

这篇小说具有何种意义？这只动物、这个地洞究竟意味着什么呢？在这篇小说中真正得到描绘的是什么？为什么这篇小说带有独特的“辩证的”节奏呢？如果我们要做一种解说的话，就必须考虑这些问题。也许还有必要补充另一个准备性的问题：这篇小说是从这只动物的哪一个生存时间点上开始的？如若事情关系到一篇诗意的小说，那么，这一点就不是任意的和偶然的；即便它具有任意假象，也一定可以起路标的作用。

“我造了一个地洞……”。小说始于一个地洞的完工。为什么不从更早些时候开始呢？我们在本文一开头就已经指出——而且这与直接的印象相合——是这只动物在直接叙述它的生活。但我们还没有认识清楚，为什么这只动物必须这样做，除非是为了我们的缘故，是为了使我们认识一个我们未能参与的事件。也许情形就像在那些差劲的剧本中，先要向观众叙述过去，而不是通过过去对当前的影响而现实地把过去描绘出来。这样看来，这种叙述方式简直就是一种人为的花招，一种权宜之计，我们不必在这上面多耽搁时间。当我们上面还进一步补充说，是这只动物向它自己叙述它的生活，因为它不与其他任何动物发生关系，这种说法也没有使我们深入问题，因为为什么这只动物必须使自己认识它早就知道了的事情呢？一个人为的“花招”的假象绝没有得到消除。

一种日常经验也许可以给我们以指示。当一件作品完成之际，我们便获得与这件作品的间距。它摆脱了我们。这并不意味着，我们自己表示放弃这件作品，而这件作品却作为某种独立的东西站立在那儿。这同时也表示，在这件作品中，我们的自我获得了站立位置。自我能够在其中重新认识自己，比从前更好地认识自己，只是因为它先前缺少与自身的间距。在作品中，我们成为我们自己的他者，我们能够把自己与我们自身分离开来，并且恰恰由此才真正接近自身。在对他者(即作品)的洞察中，我们同时也回头洞察我们自身。在这种洞察中，我们通过他者恰恰返回到我们自身；这种洞察乃是先行洞见着的反观(Rückblick)，是原初的反思。只要我们曾在作品上有所作为，我们就曾为我们的行动所激励，完全投身于行动，我们无非就是这种行动。惟完成了的东西才使反思意义上的分离成为可能；正如我们所见的，这种反思乃是自我辨析。惟对于完成了的东西(已做过的行动)，我们才有可能判定，它——以及我们的行动——是否正确，或者是否曾经正确。一切制作和制造活动在完成之际都要求关于其正当性的问题，都要求合法性辩护。

《地洞》这篇小说只能始于制作过程达到目标的那个时机，而不能始于此前。但它之所以必须始于这一时机，乃是因为每一个制造过程都包含着合法性辩护。于是，我们或许就有了一个最初的结果。这篇小说并不只是这只动物与它自己的交谈，不如说，它自始至终都是一种辩护。如果说制造好的地洞并非一般的作品，而倒是这只动物为之倾注了全部生命的独一无二的作品，那么，这种辩护就含有一种特有的分量。这种辩护成为无可避免的、不可超越的、不可改变的自我之辩护(Selbst-Rechtfertigung)。地洞这件作品的每一个缺点都无情地揭示出本己存在本身的再也不能扬弃的缺陷。但是，为了使这种自我辩护得以进行，就必须达到那个生命点，这个点不再留下任何一个“此外”——那是真正的顶点。因此，小说一开始就说：“我现在正处于我的生命的顶峰上……”(第五卷，第172页)小说只能够——或者毋宁说必须——始于这一刻，即随着地洞的完成而达到生命的顶峰的那一刻。

所以，小说《地洞》是对一种自我辩护过程的自我描绘。自我描绘的意思是，这个过程把自身描绘出来，作为这个过程展开出来。小说并没有关于这个自我辩护过程说什么，而是这个过程本身说它自身如何如何。这一点需要作一番证明。

即便是小说的第一个句子的必要性，也只有当我们把它把握为下述问题的答案时才能得到理解：“你用什么为你的存在辩护呢？”“你做了什么呢？”这只动物答曰：“我造了一个地洞。”小说中没有道出这个问题本身，其原因在于，这个问题始终伴随着这只动物的存在，这个问题并不是从外部向这只动物表达出来的，而是良心本身提出这个问题——并非一度偶尔提出，而是贯穿着整个存在。它提出这个问题，而没有把它公布出来。通常总是凭着对有待完成的事情的提示而把答案推迟，推迟到人们还不能支配的那个时间上。但在生命历程达到顶峰的这一刻，答案就不再能回避了。这篇小说始于我们刚刚看到的这一刻。它是这只动物对它自己的辨析，是这只动物的自我辩护。由于良心乃是最不可收买的法官，所以，这一自我辩护过程与所有其他辩护过程的区别就在于，它没有任何想欺骗和迷惑法官的意思——因为法官与有待审判者就是同一个人。

这只动物通过对地洞的捍卫，这也就是说，对它自己的生命的捍卫，同时也就意识到了这个地洞的缺陷。它没有隐瞒这种缺陷的意思，因为事关它自己的安全。它把这些缺陷理解为威胁。如果说这只动物由于所了解到的威胁而从宁静中惊醒，那么，就地洞所作的“推论”(rasonement)几乎使它不得安宁。一方面，这只动物还有一个目标，那是一个它以整个生命长期为之奋斗的目标，就是绝对的安全；而另一方面，它又要使这个地洞成为现实，而这是落后于上面这个目标的。于是，它就分裂于它的愿望与它的现实能力之间。正如我们已经看到的，在人们想让人信服的东西与人们事实上所经受的、并且说到底任何一种推论都无力予以反驳的东西之间，存在着一种对话。这只动物对地洞的反思因而就成了真正的拒绝(Rejektion)，即从它所追求的东西倒退到它所达到的一点儿东西。

兹举几例：这只动物渴望野外的自由生活，但我们看到，通过它的所作所为，诸如自由这样的东西根本就不再存在，自由这个概念在一种可怕的辩证法中颠倒为它的反面了，亦即成为绝对的束缚。另一方面，这只动物渴望着朋友，但我们又看到，作为一切友谊之前提的信赖概念，对它来说简直是不可思议的。这个概念的意义，就像所有其他重要概念一样，也变得反常了。小说的运动首先表现为介于安全与不安全之间的一种摆动，现在就揭露出隐秘的反常化(Perversion)意义上的颠倒运动，而这种反常化是这只动物自己不能真正理解的，因为它其实就置身于这种反常化本身中间——也就是说，它是与那些反常化了的意义打成一片的。

但这只动物是谁？卡夫卡在此向我们说明了何种事情呢？

这只动物的一个重要特性是不断的推论，对赞成与反对、有利与不利的不断思考。可见小说谈的是一只有“理性”(raison)的动物，一种“理性”(ratio)，质言之，谈的是一个“理性动物”(animal rationale)。但所谓“理性动物”向来是对人之本质的规定。根本上讲，卡夫卡这样做，无非是要认真对待这一传统的本质规定，相应地把它描绘出来。因此，他也不给这只动物起一个名字，因为这只动物本就是一个人。

我们曾经说过，《地洞》是对一种自我辩护过程的描绘。真正进行自我辩护的，是“理性动物”(animal rationale)——亦即无非就是我们本身，因为我们的存在乃是以这种本质规定为支柱的。如若我们理解了这一点，则《地洞》就远不是一篇动物小说，倒是进入一种自我揭示的极近处了。

直到现在，我们只是对小说的生存论基础做了一种提示。我们的生存包含着自我辩护，因为我们的生存乃是某种有待实现的东西。在此层面上，我们可以说：《地洞》乃是关于生命之辩护的小说，在其中，生命就是真正完成了的东西——即是地洞。对地洞的不满无非就是对生命的不满。其实，当生命已经达到其顶点，也即不可能用以后的满足来敷衍的时候，不满也就开始了。这时候就要不断地考虑，什么事情本来必须有别的做法却没有这样做，那时候还年富力强，决断的自由还没有受到限制，还拥有足够的时间。被耽误的可能性简直就是这篇小说的一个主题。但同时亦可明见，事情决不是：一旦选择了其他可能性，就能够保证以后不会出现任何自我谴责了。相反，可以预料，这时候恰恰——根据其他一些后果——端出了另一种对先前完成的事情的批评。的确，决不是这只动物毫无作为，相反地，为了制造这件独一无二的作品，它简直像牛马一样劳作，经年累月，到了体力衰竭的边缘。它没有轻率地挥霍它的时间，它没有无忧无虑地过日子，相反，它不断地规划，进行储存，收集占有物。它并不信赖它的年富力强，而是为了建造一个安全的地洞而竭尽全力。

我们曾试图表明，《地洞》的激动人心之处，并不是外部敌人的存在(这些敌人几乎没有出现)，而是自我异化的过程。因此，我们拒绝了马克斯·布罗德的解说，因为他并没有把捉到这一点。的确，很有可能，卡夫卡本人也只是在做完这篇小说之后才领悟到这一点的，使得他后来销毁了另一个可能有过的结尾。

在解说的这一生存论层面上，地洞代表着实现了生活，对地洞的批评则是一种对构成性的生活之决断的批评。对于这一生存论层面，我们还可以作进一步的探讨。我们只想提出下面这一点：这种生存的失败并不是在反思层面上发生的，而是在经验领域里发生的，我们也可以说，是在直接的生命经历的领域里发生的。这只动物之所以对地洞感到绝望，并不是由于它对可能的缺陷做了理论上的权衡(因为这些权衡是可以为另一些权衡所消除的)，而是由于它突然取得了一种经验，一种它不再能够控制住的经验——即那种轻微的“曲曲”声。

从心理学角度看，实际情况得到了完全恰当的把握。神经病其实不是由于反思而形成的，相反地，是人们突然不再能够控制某种境况，某种完全寻常的境况。这就使人们对自己感到绝望，最终导致一种对整个生命(地洞)的怀疑。①

如果说我们是在谈论生存论层面，那么，这并不意味着，我们在这里倒是陷于传记因素之中了，而是意味着，卡夫卡揭露出一个与一切生存相关的生存论的基本特征——即生命作为有待完成的作品以及它在已实现之物身上毁灭的可能性。这种揭露是在一种对生存问题的系统的哲学探讨之前进行的，这一点只要有所察觉即可。我们还想更深入一步，从生存论维度过渡到一种形而上学的解说，而在这种形而上学的解说中，就能明见

① 对这个解说的一个更早文本，埃姆里希做了一个关键性的评论，说其中非理性的因素被忽视了。对他的这个评论，我想反驳说：它恰恰是在“被说明之物”与“被经历之物”的这一冲突中显露出来的。此外，情调特质的意义从一开始就立即得到了强调。——原注

我们的生存之历史性的某种真相。

我们曾说过，在自我辩护过程中发生的事件，无非就是彻底的自我异化(Selbstcntfremdung)过程。那么，这种自我异化的事件的根据在哪里呢？

在何种意义上这一事件属于我们的历史呢？惟有凭着对这一问题的解答，我们才进入决定性的解说领域之中，同时也就是进入那个领域之中，这个领域表面上离这篇小说最远，因而必定会引发最大的矛盾。然而，在一种解说中，重要的并不是回避一切矛盾，而是把某个维度交还给有待解说者——这个维度使对有待解说者的描绘成为可能，并且是这种描绘的指向所在。

四、根据现代形而上学看《地洞》之事件（解说的哲学维度）

从这只动物的推论活动中，我们丝毫没有了解到这种自我异化的根据。这决不是作家的一个“疏忽”，而是合乎某种内在的不可能性的。其实，这种自我异化恰恰是在推论活动和本真经验的瓦解中实现的。推论活动变得深不见底，不再能够说明动物身上发生的事情。推论活动没有指导和规定经验，甚至不再能够跟随经验。一切都脱离、摆脱了推理。地洞，作为这只动物的真正住所，却是动物自己陌生的。这只动物不再搞得懂地洞里面的种种事情，因为它的理解活动借以完成的那些重要概念，都已经变得反常了。但是，理解活动却是“理性动物”与存在者的根本关联。理解活动的失灵表明，这只动物已经变成毫无关联的了。

理性动物不再有任何与野外的关联；它不再有任何与同类的关联；它不再有任何与上帝的关联。对于所有这一切，我们后面还要加以讨论。如此直截了当的讲法，看起来是一个任意的断言。自我异化乃是无关联状态(Bezuglosigkeit)的结果。更准确地讲：在失去关联的过程中，发生着自我异化。关于自我异化的根据问题必定也包括着失去关联的过程。

这只动物的一切所作所为是由什么来决定的呢?它与存在者的基本关联是何种关联呢?我们前面的解释已清楚地表明：那就是对安全的追求。关于地洞的入口处的最初断言就清晰地道出:“通往洞内的真正入口处……搞得这样万无一失，世界上所能做到的安全措施莫过于此了。”(第五卷，第172页)这只动物利用一切东西为安全服务。对这只动物来说存在着的一切东西及其存在的方式，都是受安全观决定的。存在者整体必定合乎逻辑地分成两个领域：通过各种安全装置为这只动物服务、因而使这只动物感到安全的那个领域(即地洞)，以及这只动物的活动所达不到的、因而带有危险的那个领域。这只动物把后一领域称为“世界”，它包括地洞之外的一切。正如我们已经看到的，由于这个原因，“野外”就是有大危险的领域，那是一切安全装置都失去效力的蛮荒异乡。在野外生活的动物是受到怜悯的。安全要求这只动物决不感到自己是安全的，因为一旦人们感到自己是安全的，就会导致注意力的松懈，这时人们就注定要完蛋，因为他在不知不觉中会受到敌人的袭击。

安全也要求这只动物在彻底的孤寂状态中生活，因为从安全的立场来看，每一种信任都变得不可能，都与某种不可饶恕的轻率相合；而这种轻率恰恰能使所有安全装置都成问题。

安全不仅要求谨慎和怀疑，也要求不断的劳作。在安全装置的制作和维护方面所达到的状况，不仅仅提供出比已经直接得到克服的状况更大的优点，它毋宁表明，认为已经达到了绝对的安全，那是危险的，而从根本上讲还存在着种种未被察觉的完善办法。对安全装置的进一步改进乃是一种消耗体力的活动，因为忙于这种活动的动物决不会在每一个进步中感到更自由和更安全，相反地，他会看到更多的威胁的可能性，因而会对所获得的成就更加不满意，必须做出更多的工作才能心安。

安全观不仅包括劳作的狂热，也包括占有欲。自我保护者总是需要通过对他的占有物的确定来保障自己。就这只地洞动物来说，这种情况特别是在谈到储藏品的那个段落中变得十分清晰了。这只动物虽然没有时间品尝他的储藏品，但他却需要欣赏它们。由于占有物分散注意力，诱发注意力的松懈，占有就成了一种危险——这种情况，我们已经提到过了。

通过力求获得的安全，这只动物要达到一种安静的生活，在这种生活中可以不计时间，达到了一个受到保护的所在。但事实上，这始终是一个梦想而已。"……在地洞里面我总是有的是时间——因为我在那边所做的一切都是重要的好事，并使我得到了一定的满足"。(第五卷，第193—194页)这是这只动物的想法——但这种推理性的想法被消除掉了。在小说的结尾处有如下一段话："曲曲声减弱了吗？没有，它倒是变强了。我随便找了十个地方听了听，发觉我明显搞错了，曲曲声依然如故，丝毫未变。对面的情况仍是老样子，人家在那儿安闲自在，对时间毫不在乎；而这里，每一个时刻都在摇撼着我这个监听者。"(第五卷，第212页)情况又一次颠倒过来了。对地洞外面的世界来说是不计时间的，那里是安宁的；而在地洞里面却是计时间的，而且这意味着每时每刻都在消耗。地洞本来应该是保护性的，是一个令人安心的寂静的处所——它却转变成了有大危险的地方，这只动物在其中总是忧心忡忡地四处寻找出路——在那里这只动物对它自己产生了怀疑。这乃是对它所做的寻求绝对安全的种种努力的最终否弃。

我们已经看到，这篇小说乃是一种辩护。我们首先已经试图把这种辩护理解为一种自我辩护，而且已经表明，在人之存在本身中就包含着一种自我辨析，因为人乃是一个存在者，一个其存在必然意味着自我实现的存在者。这种实现在自我辩护中得到检验。可是这种理解的尝试尚未得到充分实行。它遵循着人之存在的一个本质性的结构要素，但完全没有搞清楚，这个结构要素历史性地关涉到何种人之存在，以及这种人之存在的自我实现的内容是什么。我们在这里应尝试这一步。

通常说来，实现过程是根据被投入运作、被产生出来的东西来衡量的。这样一种实现过程的最切近的东西，乃是一种制作和制造所产出的东西。但不仅仅存在着一种在制作(Machen)意义上的有所生产的制作(Fertigen)，而毋宁说，每一种制作始终已经先行由那种预先洞见(Vorblick)所规定了，那是人对存在者的预先洞见，存在者就在这种预先洞见中向人显示出来。于是，决定性的事情就是，这种预先洞见本身就具有制造特性，更确切地讲，通过这种预先洞见，存在被摆出来，得以达到持立。决定我们时代(即现代)的独特的预先洞见是表象着的预先洞见。这是什么意思呢?在表象中，存在者被摆出来，成为由其与人的关联来决定的存在者。存在者成为对象，成为与人相对立、对抗的东西——但不是人的单纯的对立面，单纯的他者，而倒是那种反过来又与人相关的东西，以至于这样一来，人就是那个给存在者以其地位的东西。在论文《世界图像的时代》[①]中，海德格尔指出，由于存在者在表象中变成为图像，人本身如何变成为主体，亦即变成为被表象者的基础。

海德格尔说："现代的基本进程乃是对作为图像的世界的征服过程。在这里，'图像'(Bild)一词意味着：表象着的制造之构图(Gebild des vorstellenden Herstellen)。在这种制造中，人为一种地位而斗争，力求他能在其中成为那种给予一切存在者以尺度和准绳的存在者。"[②]在另一处，海德格尔对这一进程做了下面的描绘："在世界成为图像之处，存在者整体被确定为那种东西，人对这种东西做了准备，相应地，人因此把这种东西带到自身面前并在自身面前拥有这种东西，从而在一种决定性意义上要把它摆到自身面前来。所以，从本质上看来，世界图像并非意指一幅关于世界的图像，而是指世界被把握为图像了。这时，存在者整体便以下述方式被看待，即：唯就存在者被具有表象作用和制造作用的人摆置而言，存在者才是存在着的。"[③]

在这种摆置着的表象中，有一种眼下必须得到辩护的制作。对存在

① 见海德格尔:《林中路》，克劳斯特曼出版社，法兰克福1950年，第69—104页。——原注

② 同上书，第87页。——原注

③ 同上书，第82页。——原注

者的表象包含着对存在者的支配。因为确切地讲，表象本身就已经是一种支配，以至于我们不能把支配说成是事后的添加，而倒是要把它解说成表象本身所包含的结果，这个结果通过事实上的可支配性完全清晰地显露出来。在支配中变得显明的是，对人来说要紧的事情是在存在者中赢获一个立足点。这也要求存在者本身持存着，因为惟有持存的东西才能赋予人以立足点。在存在者的持存(作动词解)中，人获得了安全，因为他通过存在者的持存来确定自己。当然，获得某种持存的和确定的东西是不够的，不如说，存在者整体必须成为持存的。也就是说，若只有某个特定的存在者得到确保，根本上就没有什么安全，因为这个特定的存在者不断地受到其他存在者的威胁，在其安全方面会受到动摇。惟当存在者整体得到确保，换言之，在确定性中包含着对绝对确定性的要求时，才会有确定性，即作为受确保的持存性的确定性。但这种确定性是如何可能的呢？恰恰是这样，即：存在者本身如何能够显示自己这样一回事情自始就被规定下来。存在者整体必定屈服于支配力量——这是由于存在者整体成了被表象者，而且这个被表象者总是必然地受制于一种规划性的意志。其实，正是在《地洞》中，我们已经清晰地看到，这种规划不可以有一刻的中断或者消除，因为否则的话，就立即会出现一种危险，即：那唯一地只乞灵于规划性的意志而存在的东西会逃脱这种意志，并且也许会发生这样一种变化，使这种意志失去了对这个东西的支配力量。可以说，存在者必须被征服，才能够被掌握。这种掌握只有通过暴力才是可能的。为了征服存在者，人必须意愿自己成为暴行者，也即成为由暴力所规定的人。这样，这个被征服的存在者才摆脱不了人的控制，才不得不服从人。在存在者的可支配性上，可以衡量出那个想通过暴力规定自己的生物的强力。而这恰恰是尼采对存在者所作的最后的形而上学的规定。强力意志乃是意求自身成为强力的意志。只要主体把存在者整体引回到自身那里，则存在者整体就在强力意志的角度中显现为强力意志。"'意志'，那个被理解为存在者之存在状态的基本特征的'意志'，就是把存在者与现实事物等同起来，授权给现实事物的现实性，使之成为普遍的对象化过程的无条件的可制作性”。①

支配的可能性完全顺理成章地变成了一种支配的必然性——亦即当存在者的共属一体状态被建立在支配力量中的时候。但这样一来，那个以为自己有支配力量的存在者也发生了变化。因为它决不是处于每一种可支配性和可计算性之外，而毋宁说，它在其存在中是按照它的支配力的范围，也即按照它的功效，来度量自己的。劳动作为人与存在者的根本关联，变成了劳动功效。人通过其功效时刻考验其支配能力，只是就此而言，人才还被承认为人。在人不再能够做到这一点的那一刻，他就作为毫无用处的累赘而被逐出共同体之外。在一个以可支配性的暴力为基础的世界中，自始就没有同情和宽恕的地盘，因为这些要素只是毁坏结构，使之岌岌可危。

如果上面这些考虑是正确的，那么，我们就经验到了某种决定性的东西，即关于卡夫卡小说中展现出来的角色和事件的决定性的东西。角色不再飘浮于所谓诗意想象的真空中，情节的“地点”不再是不确定的和模糊的，情节的时间不是作者任意杜撰的，相反地，即便谈得上有一种杜撰的话，那也只是在一种严格意义上，就是说，在这里找到了某种已经在那里存在的东西，但还没有认清这种东西。

那么，《地洞》中令人奇怪的角色是谁呢？其情节是什么意思？《地洞》又意味着什么呢？

作家没有做任何比喻——人的生活就是这样的，人长期地为他的生活受苦受难，劳作不息，而最后他认识到一切都是徒劳。这样一种普遍的、道德化的解释，对于事情之本质来说是格格不入的。的确，卡夫卡这篇小说的独特之处恰恰就在于，它触及并且描写一个完全确定的历史性事件，而又不必对之作“历史学上的”(historisch)提示。一个事件的本质在此得到了把握，得到十分明了的把握，以至于我们起先根本就不能理解它，更何况它不是一个任意的事件，而是我们的最本己的历史——我们置

① 海德格尔:《形而上学是什么？》，第五版，克劳斯特曼出版社，法兰克福 1949 年，第 39 页。——原注

身于其中，而又没有理解它。甚至这种无理解状态也在《地洞》中得到了描绘。这只动物其实也不知道，他身上发生了什么，正如我们对于我们历史的本真事情始终是生疏的。

但所有这一切难道不是一种矫揉造作的解释吗？卡夫卡明确地说，他这篇小说讲的是一只动物。不过，正如我们已经看到的，这只动物却是进行推理活动的动物，因此，我们把它视为“理性的动物”，其实就是对小说内容的完全字面的理解了。

且让我们再来看看小说原文。在第一个句子中——如果我们要解读它的话——已经道出，究竟谁是《地洞》的主角：“我造了一个地洞，似乎很成功”。这个“我”(Ich)，没有被理解为人的一个任意的特征或者心理学上的规定，而是在我(ego)意义上的我，就像笛卡尔首次规定的那样，是作为思维实体(res cogitans)。“我”作为“确定的和不可动摇的东西”(quod certum est et inconcussum)，是不能怀疑的，因而是绝对的确定之物。但它之所以是绝对确定之物，不仅仅是因为它本身是无可怀疑的，而更是因为它已成为一般主体(subiectum)了，也即成为基础之物，成为一切其他存在者都植根于其上的那个存在者了。“这时，存在者整体便以下述方式被看待，即：唯就存在者被具有表象和制造作用的人摆置而言，存在者才是存在着的”。[①]前面已经指明，存在者如何在表象中并且通过表象而达乎持立，亦即成为对象。在人成为一般主体之际，存在者才成为对象；或者，正如海德格尔所说的，当人成为“一个场景(Szene)，在其中，存在者从此必然摆出自身，必然呈现出自身，亦即必然成为图像”[②]，这时候，存在者才成为对象。

存在者变成为对象，人变成为主体，这个转变过程是从笛卡尔开始的，规定了一直到尼采为止的现代哲学。这个转变过程在《地洞》中得到了描绘——其中所叙述的不是随便哪一种人的历史，而是现代人的

① 《林中路》，第82页。——原注

② 同上书，第84页。——原注

历史，这种人是由那种真理之本质的转变来决定的，亦即那种从作为符合(adaequatio)的真理(veritas)(在这里符合的根据被认为是在神性的创造过程之中)到作为确定性(certitudo)的真理(veritas)的转变。如果说确定性(certitudo)是真理的本质，而“确定的存在者”(ens certum)乃是我(ego)，那么，卡夫卡这篇小说必定是在讨论这个我(Ich)。我(ego)是在精神(mens)中找到其确定性的——精神之为精神(mens)不仅是对自身显示者的表象，而恰恰也是对作为精神的它自身的表象。这种反向关联性恰好构成精神的自我性，即它的反思的特性；我们已经在第一个句子中见到了这种特性，在那里，我自言自语，说自己处于何种情况，为自己辩护。不过，这篇小说超出了笛卡尔，因为它恰恰表明笛卡尔的出发点的可疑性；它表明，我如何总是隐藏自身，尽管我总是自为地要求那种自明性，以至于笛卡尔能够说，我根本上是最自明的东西；它表明一种对主体地位的扬弃——的确，整篇小说就描写了对这种地位的动摇。在每一个翻转过程中都准备着这种扬弃，直到它最后在绝对的危险状态中完全扬弃了安全观点。主体的自我异化和自我威胁其实是对笛卡尔主义把确定性建立在主体身上的做法的最极端的翻转。不过，让我们还继续来谈谈笛卡尔。

我(ego)作为主体乃是最确定之物，同时也是最清楚明白的可知之物，这其实并不是两个不同的东西，如果确定性包含着那种在清楚明白的认识中发生的自我确定的可能性的话。作为最确定之物，我乃是上面所讲的意义上的基础，也即是完成和提供确定性的那个东西。因此，早在笛卡尔那里，我就开始具有某种确定的意志特征，这种意志特征进而在现代形而上学中，特别是通过莱布尼茨、康德和费希特，直至尼采，愈来愈显突出来。关于事物的认识的真理植根于精神(mens)的自我认识中，精神本身就具有它的真理，因为它是集认识者与被认识者于一体的。所以，精神就是第一性的认识(prima cognitio)。因为我乃是最确定的、从而最真实的存在者，它就有权把其他存在者纳入它的支配力量中，而这正如小说中所讲的，是通过它把自身设置于存在者之中。这件事情在现代是这样发生出来的，即：对自然存在者的真正规定被精神(mens)预先表象出来，而精神在其中不必指向被给予之物。对归属于自然本身的东西的先行确定，其实根本上就是自然科学的数学特征。自然科学的严格性就在于它维系于这些预先确定的规定性。于是，与希腊的态度相比较，现代的设置活动(Einrichten)的特性恰恰就是：把一切都对准自我。一切指向(Richten)和树立(Errichten)活动的尺度不是相关于存在者的适当性，而始终是精神(mens)的行为的正确性(Richtigkeit)；在这里，正确性的意思说到底就是对安全的保证。这一现代行为在《地洞》中得到了描绘，而且通过它的前后一贯的彻底贯彻而受到了置疑。

"我造了一个地洞，似乎很成功"。我们已经尝试刻画出这里所谈的"我"(Ich)的特性，表明它就是作为自我意识的现代主体意义上的自我性。于是，我们现在就要更清晰地把握一点：这种设置活动在《地洞》中是如何实现的。这种设置活动在现代自然科学中并且通过现代自然科学如何历史性地实现出来，这一点已经略有提及。

如果说随着真理之本质的转变，存在者整体也在其显现过程中发生了转变——这种转变被勾画为对于存在者的对象化——那么，我们就可以假定，就连筑造本身也经受了一种转变，因为它变成为现代的"设置活动"了。所以，我们首先需要追问：什么是筑造(Bauen)的本质？然后才能看清楚，现代的筑造是由什么规定的：假如卡夫卡这篇小说的确对于筑造有所表达的话。

海德格尔1951年在达姆斯达特作过一个演讲，标题定为《筑造·栖居·思想》。在此演讲中，海德格尔探讨了与栖居相联系的筑造的本质。海德格尔的出发点是这样一个思想：筑造本身就是栖居。①我们应该如何理解这种说法呢？这样一个断言可以从哪里得到证明呢？从语言中。古高地德语的"buan"意思是"栖居"，是"持留"意义上的"栖居"，不是单纯的"坚持"，而是"逗留"。"buan"的这种"栖居"含义后来失落了，只还保留在"邻居"(Nachbar)这个词上。"邻居"(Nachgebur,

① 海德格尔：《演讲与论文集》，纳斯克出版社，弗林根1954年，第146页。——原注

Nachgebauer)乃是居住在近处者。但我们从语言中还经验到更多的东西。海德格尔说："在筑造(bauen)一词还原始地言说之处，它同时也道出了栖居的本质所及的范围。筑造，即buan，bhu，beo，也就是我们德语中的'是'(bin)，如在下列说法中：我是(ich bin)，你是(du bist)和命令式bis，sei。"①我们从一种对语言的沉思中经验到的人的存在，是在其栖居中实现自己的。"你是和我是的方式，即我们人据以在大地上存在的方式，乃是Buan，即居住"。②但筑造的意义同时也包括着原始地属于栖居的东西，亦即保养(colere)意义上的筑造。真正说来，在这种筑造中并没有生产出什么东西，不如说，从自身中显露出来的东西在其显露中受到保护和保养。最后，筑造也意味着建筑物的建立(aedeficare)意义上的人类的生产和设立活动，或者一般而言就是某种归属于栖居的东西，诸如一条街、一座桥，甚至一只船或者一座教堂。在时代进程中，恰恰是筑造的这种集中含义失落了，这种集中含义真正奠立和保持了保养和设立——也就是作为栖居的筑造。"筑造的真正意义，即栖居，陷于被遗忘状态中了"。③

可是，这种原始含义的失落并不是简单的词语史上的事件，而毋宁说，从中倒可明见："栖居并没有被经验为人的存在；栖居尤其没有被思考为人的基本特征"。④思想必须追踪这种遗忘。这一番追踪显示出以下三点：筑造就是栖居；栖居并不是什么任意的东西，而是人在大地上栖居的方式；作为栖居的筑造展开为作为保养和设立的筑造。

我们从语言中得知，人们原本是如何思考栖居的。哥特语中的"栖居"(wunion)意味着持留意义上的逗留，而这里的持留(Bleiben)则被理解为满足、和平——这种和平中的自由(das Freie)又被看作保存和保护存在者的东西。围墙提供出作为自由之保护的和平，而同时，在这种保护中也必定见出那种照看。"栖居，即带来和平，意味着：始终处于自由之中，

① 同上书，第147页。——原注
② 同上。——原注
③ 同上书，第148页。——原注
④ 同上。——原注

这种自由把一切都保护在其本质之中”。①

这种保护(Schonen)表明自身为栖居的本质。但在栖居中受到保护的，是存在者整体，即海德格尔以四重整体(Geviert)所思和所说的东西。海氏所谓“四重整体”，就是大地与天空，诸神与人类。②海德格尔把“保护”理解为：对大地的拯救——通过把大地释放到它的本质之中，对天空的接受——通过它对天空的隶属，对诸神的期待，以及对终有一死的人的护送，即把人护送到死亡之本质中去。保护性的栖居把四重整体保存于物中——在此保存中，栖居就是一种筑造。在这里我们不拟进一步探讨，海德格尔是怎样借助于对桥的本质的解释，表明如何有物让一个位置产生出来，以至于从这个位置而来空间被设置起来，因为这种物为四重整体允诺了一个场所。③海德格尔以此来表明，这种空间设置(einräumen)如何首先使人们有可能在一种抽象中把空间把握为单纯的广袤，而这种广袤进而又成为靠计量在数学上可测量的。诸空间自行开启出来，因为它们已经嵌入到人之栖居中了。从这里又可清楚地看出，为什么在栖居之转变中空间本身必须经受一种转变。

但卡夫卡小说中的地洞的情形又如何呢？在何种意义上讲这个地洞是一个物，一个保护四重整体的物？在何种意义上讲这个地洞源出于一种本质性的栖居或者透露出这种栖居？

如果上面关于现代主体意义上的“我”所说出的话是合乎实际的，那么，我们就可以假定，地洞是一种与作为四重整体之保护的原始栖居没有多大关系的“栖居”。这一点还有待我们作更准确的考查。

小说一开头使地洞看起来似乎很成功的标志是何种标志呢？这个标志就是：地洞是隐蔽的，是任何人都进不去的。对于通往地洞的入口，小说写道：“它搞得这样万无一失，世界上所能做到的安全措施莫过于此

① 同上书，第159页。——原注

② 这里的“大地与天空，诸神（神性者）与人类（终有一死的人）”实可简作“天、地、神、人”。所谓“天、地、神、人”之“四重整体”(Geviert)，为后期海德格尔“世界”观中的基本思想。——译注

③ 海德格尔：《演讲与论文集》，第159页。——原注

了。”(第五卷，第172页)为什么任何人都进不了地洞，是对地洞的最高赞扬呢？如果这种隔绝状态、封锁状态是地洞的关键特征，那么，栖居本身又是如何被理解的呢？这难道不是一种完全的颠倒，对那种被视为对栖居具有构成性意义的东西的颠倒，亦即对带来和平以及保持和平意义上的保护的颠倒么？确实如此。根据这一最初的描绘，我们差不多就可以看出，对于原始的栖居，何种转变已经得到完成。地洞不再是海德格尔的四重整体之聚集意义上的物，也即说，地洞乃是这样一个物，它已经进入对物之存在的最极端的外化中了，它唯一地只与四重整体的一个环节联系在一起，亦即只与已经成为主体的人相联系。地洞仅仅对主体来说才存在，为的是尽可能完满地确保这个主体的安全。这种安全也包含着主体(作为个体)的完全的孤立，为的是不至于成为另一个主体的牺牲品。但它也包含着对作为自然的存在者的完全征服。

卡夫卡以无可仿效的方式向我们表明，自然如何消失在这种安全立场中。根本上不再有什么自然，而只有某种必须被控制、被统治、被利用、被榨取的东西。事情已进展到这样一步——让我们举一个十分具体的例子——例如，在整篇小说中竟丝毫没有提到色彩。色彩乃是无法归入这种有规划的安全中的东西。与色彩一样，一切自然的在场者都径直消失了。在这种态度中，不可能有看护性的筑造意义上的保养，因为一切自发地涌现出来的事物作为这种事物都已然是危险的，这是由于它们也许会逃脱视野，没有从主体出发来保持它们的存在，也即有可能摆脱主体或者总是已经摆脱了主体。唯一必要的乃是作为制造的筑造。但现在我们要注意，这种制造本身如何已经改变了它的本性。在真正的制造中，总是已经有四重整体被引入在场状态之中了。按海德格尔的说法，“筑造建立位置，位置为四重整体设置一个场地。从天、地、神、人相互共属的纯一性中，筑造获得它对位置的建立的指令。从四重整体中，筑造接受一切对一向由被创设的位置所设置的诸空间的测度和测量的标准”。[①]

① 同上书，第159页。——原注

与之相反，《地洞》中的制造是何种制造呢？这只动物从何处获得对位置的建立的指令呢？它在筑造时从何处接受尺度呢？惟从它自身那里。制造不再是为四重整体建立位置——完全顺理成章地来看，制造是这只动物或者说现代主体在存在者中的自我建立。因此，唯一决定性的是自我建立者的最大可能的安全。由于这种尺度的采取和确立并不植根于那个本质上归属于栖居的东西之中(即便这种栖居被解释为切近之运作)，因此，一切所作所为都是徒劳的。虽然存在者整体一贯地是从安全角度得到考查的，人本身是作为谋求安全并且通过其劳作来实现安全的人被收入眼帘的，但所有这些努力都失败了，因为人是不可能取代四重整体的，也就是说，人是不可能作为主体发挥他的作用的。与这一过程完全一致地，还有以下情况：在地洞中根本不再有空间被开启出来，没有任何位置被建立起来，相反地，空间径直地收缩、拉紧了，直至这只动物根本就不再知道，它应当朝向哪里，它能在哪里找到安宁。因为随着位置的消失，其实同时也实现了那归属于栖居之本质的可能的熟悉的逗留之所的消失。这只动物没有在它的安全的地洞里宁静地生活，而是不断地忍受痛苦，担心着地洞入口有可能被发现，即便在睡眠中它也不得安宁，因为这时它梦见有敌人发现了入口处。

在这里我们也还要简短地回忆一下我们在开头时探讨过的那种与寂静的关联。①在地洞中，止息状态的寂静转变为虚假的寂静。正是某种诸如寂静这样的毫不显著的东西才逃脱制造，是不可制造的。每一种制造都是对寂静的扬弃和破坏。虽然地洞旨在赠予寂静，但却无能赠予寂静，因为寂静对于这只动物来说变成了听不见的嘈杂声，以至于这只动物也不知道究竟发生了什么事情，因为敌人并没有露面。

在卡夫卡的这篇小说中，我们了解到，对作为栖居的筑造的遗忘如何同时也就是对作为保养的筑造的遗忘，以及作为建立的筑造如何也颠倒了。在这种遗忘中，决不是某个确定的存在者被遗忘了，而是关联本身反

① 本书第93页以下。——原注

常化了，而这同时也即说，自我遗忘自己，恰恰是由于它把自己当作主体。没有比这篇小说的结尾更清晰的对这种自我遗忘的描绘了，那是这只害怕自己并且为自己所追逐的动物的自我遗忘。这个把自己设定为其他所有存在者之主体的存在者，由于畏惧自己而走向毁灭了。这就是自我异化事件，这篇小说以此事件为终点，而且借此事件对安全立场产生了彻底怀疑。卡夫卡以令人难以置信的说服力向我们表明：当现代人固执于安全立场，而没有搞清楚，通过这种安全立场人的根本性关联如何变得反常，从而与这些关联相应的理解(概念)也变得反常了，以至于人最后根本不再知道他身上发生了什么事情，是怎样对他发生出来的，在这个时候，现代人面临着什么。通过对自然的变本加厉的剥夺而造成的持续的自我保障使人变得盲目无知，看不到他是如何脱落、疏异于自身的，直到有一天，畏惧使他惊吓，使他漂泊不定。

对现代形而上学的本质，海德格尔一度作过如下刻画："现代形而上学的本质就在于，真理(veritas)之本质转变为确定性(certitudo)。人们要求一种保障……。人追问存在者方面的可靠性。他意求人类态度和人类行为的可靠性和持存保障……。真实之物变成为被保障之物和确定之物，对真理的追问变成为人如何能对存在者确定和确信的问题"。[①]卡夫卡在他的小说中描绘和追问了现代形而上学的这一本质。

作为自我辩护过程，这篇小说的形式植根于现代的真理本质之中。由于对现代人来说，真理成了表象主体的自我确定，所以，人必须不断地为他的存在进行辩解，不断地确证他自己，因为只有当他已经确证自己时他才真正地存在，因为他在存在者中间的地位取决于这种自我确证。的确，我们已经看到，存在者并没被肯定为独立的东西，而只是被肯定为唯一现实之物(即主体)的自我保障的工具。人越是感到自己不安全，他就越

① 引自海德格尔讲座笔记:《巴门尼德与赫拉克利特》, 1942 / 43 冬季学期讲座。——原注(海德格尔 1942 / 43 年冬季学期讲座《巴门尼德》现被辑为《海德格尔全集》第 54 卷；1943 年夏季学期和 1944 年夏季学期讲座《赫拉克利特》现被辑为《全集》第 55 卷。——译者)

是需要不断的自我保障。我们先前已经说过，这篇小说只能始于这样一个时刻，即这只动物已经达到了他的生命的顶峰的时候——这一点还吻合于一种心理学的和人类学的辩护——眼下我们就可以理解，这篇小说始于这样一个时刻，即：真理向确定性的发展已经达到了它的极点。

五、试从《地洞》角度刻画现代人的关联状态

现在，我们要粗粗尝试对当代人的某些基本关联做一种纲要式的概括。由此来表明，是否存在着某种与我们前面端出的解说尝试的联系。而且，我们要按照三个中心点来探讨现代人的关联状态，这三个中心点就是：人与作为自然的存在者的关联，人与作为他人的存在者的关联，人与上帝的关联。

我们在《地洞》中已经见到的那种对存在者的征服，符合于现代人与作为自然的存在者的关联，这种关联是由技术的自然控制来规定的。技术的持续进步和扩展，每一种新的“进步”恰恰使继续行进的必然性、不能停滞的必然性变得清晰起来，这样一种情况在《地洞》中得到了十分清楚的描写，并且可以同样清楚地在当代重新找到。即便这种进步变为摧毁力的进步，以至于连科学家们自己也对此感到害怕，要为他们的行为的危害性以及从成果中产生出来的威胁作出辩解，即便这样，这种进步也是刹不住的。随着这种进步，情势不是变得更简单和更清楚了，而是变得更复杂和难以明见了；因为，如果说已经做成的事是难以取消的，那么，纯粹技术上的可能之物对人类之生存的当下后果，绝对不是可以直接预见到的(长期以来人们根本没有注意到这一点)，往往要在多年以后才能显突出来。这一点在今天已毋庸置疑了。正如这只动物为地洞受尽折磨，当代人在技术中并且为了技术而受尽折磨。

地洞里的动物总是不满于已做成了的地洞，相应地，当代人总是怀疑进步信仰意义上的技术进步；这种进步信仰认为，为了达到一种普遍满

足和幸福的状态，只要充分发展技术就足矣。在这方面，技术专家们本身根本不会比技术的使用者做得更好。其实，《地洞》中的这只动物的态度与现代人对技术的态度之间的决定性的类似恰恰在于，两者的存在都是为了保护人，保证人在存在者中间的安全，而且说到底，两者都揭露出各自的危险特征，在技术方面，就是可能的滥用危险或者关于环境转变的目光短浅的危险，这种危险也许是人不再对付得了的，[①]而在《地洞》中，就是那种普遍的威胁。在今天，一个世界大国的总统(或者他的国防部长)一发疯，就足以发动一场危及整个地球的战争了。

这一关系中的一个矛盾特征也值得我们强调。通过技术所节省的时间越多，生活就变得越是忙碌，特别是在高度技术化的大城市里。情形决不是像乌托邦主义者所梦想的那样，人通过技术就可以从劳动中解放出来。相反地，当代人完完全全是通过他的劳动成果而得到估价的，他因而转变为劳动动物，就像《地洞》所描写出来的那样。

只要人并没有在劳动中重新认识自己，从而实现自己，那么，他特别要重视的事情，就是在劳动成果中重新找到自己，在他通过劳动所分得的报酬中，也即在财产中重新找到自己。在这里，我们碰到一个在《地洞》中已经得到分析的事件，也即财产的反常化。财产对人来说完全是外在的，与原初的占有物毫无关系，也即与他在存在者中间的定居，与安居生活和安全感毫无关系。它只是一个单纯的价值客体，其价值取决于可获得的东西的量。财产(作为黄金、纸币)是人们孜孜以求的，因为它提供了一种对存在者的支配可能性，因为通过这种支配可能性，相关的人就保住了他作为人的存在状态，保持了他在其他人中间的地位。这一步可能走得很远，就连艺术作品和艺术家的创造，也是按照这样一个尺度来衡量的，要看它们为艺术家带来什么利益，它们使艺术家置于什么样的社会地位上。

---

① 参看拙文：“论技术的模糊性”，载《技术与决疑术国际会议论文汇编》(L’ambiguite de la technique in Atti del colloquio internationle su tecnicae casistica)，罗马 1964 年，第 319—328 页。——原注

财产应为一般人提供安全。因此，如果说财产在某些高度技术化的国家里具有这样一种意义，那是完全顺理成章的。在财产中，当代人想为自己谋求安全，那也是动物通过建造地洞所寻求的。因为财产所带来的存在者的可支配性决不是持久的，更不是绝对的——人恰恰多半缺乏的那些重要联系，是买不到的——因此，着了魔的人群不得不掩饰他们的欠缺。现代人是资本家，并不是因为他事实上占有许多，而是因为资本，即财产的积累，被视为最后尚有可能的自我保障形式，人们不得不动用一切手段来谋求这种自我保障形式，方能安心地生活(即便在共产主义国家里，情形亦然)。

现在，如果人确实成功地积累了一定的资本，那么，他所感受到的不是安全和放心，而是不断的骚动，不得不亲自去保卫资本，因为资本总是有失去价值的危险。于是，资本就要求一种十分特殊的和持续不断的劳动来保护它。资本家真正的忧虑乃是资本规划、资本分布，这是与那只动物在地洞里的储藏品的分布情况相合的。如果把一切财产都投在一家企业里，就有一个优点，相对而言，人们容易对财产作出估计，容易支配财产——但这样做也会引起另一种危险，即：企业一旦由于无法预计的行情变化而破产，整个资本就会出问题。因此就有必要研究总体经济形势，有必要开展其他种种与此相联系的工作。无论如何，谨慎的态度都要求对资本进行分布，从而也要求作出一种特殊的劳动消耗，因为人们必须不断进行检验，看看资本的分布是否合理，是否及时地对资本做了合理的重新配置。

当然还有一种可能性，是把财产本身储藏和保存起来。这样做也有长处，人们可以时时支配财产，财产近在身边，人们就获得了某种安慰；但只有当贬值的危险没有出现之际，才会有这种好处。不过，贬值的危险却总是要出现的。再说，这样一种储藏也是无意义的，因为这样储藏起来的财产并不带来什么，并没有增值——而资本主义的财产占有的本质恰恰要求，财产本身必须是有利润的，必须是有所赢利的。最后，这种直接支配财产的办法也是一种危险，因为它可能诱使人们去动用资本。而这却是最恶劣的做法，因为它是与资本的本质相违背的，从而也是与资本家的本质相违背的。

在现代的安全立场中，与存在者(自然)的关联是由对存在者的掌握来规定的。初眼看来，好像这种掌握只涉及存在者(自然)，而并不涉及人本身。但是，人本身本质上必然要受到那种求力量(强力)的意志的控制，才能与存在者发生某种关联，这种关联就是对存在者的征服。这种求力量的意志是在劳动中实现的。这里我们就经验到这样一个奇特的事情：一方面，劳动对人来说固然是本质性的，但另一方面，劳动恰恰又是人力求摆脱的。真正说来，人是为财产的缘故而劳动。与存在者的关联最后就集中在财产中了。但财产本身却是一件极其脆弱和敏感的东西，它永远必须通过新的劳动过程来保障——情形就像那只动物的地洞。

如果我们想表明现代人与存在者的关联，那么，我们就可以说，这个人进入与存在者的关联，并不是由于他参与到存在者中，让存在者如此这般地显露出来，而是由于他凭借对自然的精打细算的筹划以及利用技术对自然的自私自利的剥夺而把存在者表象出来，从而为主体自身确保存在者，借此获得其自我保障。但是，随着这种总是考虑到主体而把存在者回收到主体身上的做法，同时也就完成了存在者的退却(Rückzug)，即存在者从人那里隐失了——尽管表面看来，人已经获得了对存在者的绝对的支配力。存在者的隐失(Entzug)导致了置身于存在者中间的人对存在者的疏异。对人而言，存在者所剩无几，只不过是财产而已。但恰恰这种财产又不断受到威胁。因此，随着对存在者的不断提高的控制，威胁性也同时增强了。这种威胁性最为清晰地显露在存在者之异化中，存在者之异化最终又导致了自我之异化。

现在我们要来看看，现代人与他人的关联是如何展开出来的，这种展开与地洞中的事件又处于哪一种关系中。

反思性(Reflexivität)，其形式为强力意志所规定的反思性，不仅导致了现代人对非人的存在者的征服，而且也致使现代人与他人的关联变成为强力关联(Machtbezug)。这意思是说：惟就我通过他人而能够维护或者提高我的强力而言，他人才算得上他人。这种关联的最直接的形式乃是通过索取他人的劳动成果来剥削他人。这一点我们前面已经有所说明。这种剥削并不起于某种恶意，而是起于那种普遍的安全追求；而且正如我们已经指出的，这种普遍的安全追求也促使人们去谋求只有通过劳动成果才能获得的财产。但在这里，我们应当指明与他人的关联的另一种形态，此种形态看起来是与强力观点毫无关系的。为了理解这种形态，我们必须指出现代人所具有的那种想在公共状态中生活的需要。让他靠自己独自生活，他就感到无聊——他既不能由自己去评判事物，也不能创造性地去创作什么。这种内在的不满促使他在他人身上并且借助于他人去寻求在他自己身上找不到的东西——那恰恰就是他的自我。他依靠他人，但并不是为了与他人发生一种真正的关联(因为这已经包含着一个自我)，而是为了借助于他人的承认而获得自己。必须由他人来告诉他并且向他证明他是谁。通过他人他才能确定他的自我。他必须炫耀他所有的才能和能力，要“有意引人注意”(se donner en spectacle)，目的是为赢得他人的称赞。结果，他就只能在他人的眼里生活，他只有按照他人对他的评价来认识和评价自己。他并不是按照他的良心的要求来行动，而是按照他人的公共意见对于他的期望来行动。他人成了良心的替代品。他乞灵于他人。反思，那种为了能控制存在者而把存在者(客体)引回到意识(主体)的反思，在人与人的关联中就变成为自我遗弃(Sich-entäußern)，目的是为自己赢获他人，并且基于这种赢获而确保他的自我意识。

他人只不过是自我反映的一个手段而已。我必须为争取他人而斗争，目的是为了在他人身上找到一面有利的镜子，因为我只有在这面镜子里才能挽救我的自我，或者说，才能确证我的自我。与他人的关联因而就成了纯粹的强力关联。一旦我失去了对他人的控制，他人就会在我面前隐失，再也不能像我所愿望的那样把我反映出来。如果我终究还想生存下去的话，我就只能去征服他人，此外没有办法。这乃是可能的自我保障的唯一方式。不过，即便在这里，我也可以经验到，恰恰这种自我保障如何转变为它的反面了。因为我愈是投身于这样一种自我关联中，我就愈加脆弱，我就愈加乞灵于他人，就愈加委身于他人了。

这种作为强力关联的与他人的关联方式，在萨特的共在观中已昭然可睹。对萨特来说——正如对《地洞》中的那只动物一样——爱情、友谊、信赖，只不过是自欺的方式，即那种关于与他人的真实关联的自欺的方式，而这里所谓与他人的真实关联，实际上就是一种强力关联。只有“在同时监视着他(他人)，或至少能够监视他的情况下”(第五卷，第188页)，人才能以这种态度信赖他人——这种态度也正是《地洞》里的那只动物的态度。

在萨特关于共在(Mit-sein)的分析中，他对他人的出现做了如下理解：“因此，我把一个人在我的世界里的出现，称为我的世界的对象之间的一个消解成分的出现。他人首先被经验为事物向某个东西的不断逃逸，我同时把这个东西把握为与我有一定距离的对象，又把它把握为由于在它周围展开了它自己的距离而脱离了我的对象”。①

这话究竟是何意思呢？我通过我的存在而展开与存在者的种种关联。在这些关联中，存在者就在我眼前在场，我的世界得以构造自身。于是，一旦出现另一个“我”，亦即一个存在者，它也展开与存在者的关联并且在其中构造一个世界，则我的世界的对象就岌岌可危了。因为我的世界的对象有可能被整合到他人的世界中；而且，由于我并不认识他人的这个世界，并不能获得这个世界，所以这就意味着，我的世界的对象对我异化了。我的世界是以我为中心的，所有事物都是通过这种中心化才获得它们独特的意义的。他人的出现动摇了这一点。所以萨特说：“可见，他人在世界中的出现相当于整个宇宙的被凝固的滑离，相当于世界的一种中心偏移，这种中心偏移在暗中危害了我同时完成的集中”。②这种说法与《地洞》十分合拍，以致我们可以认为，萨特是利用了卡夫卡关于那些在地洞下面暗中搞破坏的悄悄接近的动物的形象说法。

① 萨特：《存在与虚无》，伽利玛出版社，巴黎1943年，第312页。——原注

② 同上书，第313页。——原注

萨特已经十分清晰地道出，随着他人的出现我的世界如何陷于危险之中，他人如何成为必然的敌人。[①]萨特使用了比喻说法，我的世界仿佛被他人刺破了(被开了一个口子)，并且通过被他人刺破的洞孔不断地流失。我只有通过抢在他人之先，使他人成为我的世界的客体，也就是说，按照我的愿望把他人固定下来，使之“凝固下来”，才能阻止这种流失，或者使这种流失停下来。但是，一个主体是不能立即就变成客体的。我同时也需要它，才能认识作为主体的我自己。萨特根据这种境况阐发了一种细致的辩证法；对于这种辩证法，我们这里不拟进一步深究了。[②]其要义其实就是想表明，与他人的关联如何从一开始就是作为强力关联而被思考和阐明的。(参看萨特:《存在与虚无》第三卷第一章第四节:“注视”，第319页以下)

如果说我们已经考虑了萨特的共在观，那决不是为了反驳它，审查它的错误，而恰恰是因为在他的这种观点中，明确地道出了那种越来越占上风的关于与他人的关系的观点。认识到这一点，乃是萨特的功劳。不过，萨特并没有搞清楚，这种关联方式未必就是每一种与他人的关联形式所具有的，而恰恰只属于在现代所特有的安全观中展开出来的关联形式。他以为自己揭示了现代人的本质必然具有的结构。他本人也受缚于这种结构，使得他不能真正对此结构进行怀疑。因此，恰如在《地洞》中，每一只出现的动物都是一个可能的敌人，因为它可能闯入地洞并且摧毁地洞，同样地，在萨特看来，每一个出现的他人都是我的世界的敌人，因为它可能使我的世界“流失”。另一方面，我恰恰又需要它，从它身上取得一面镜子，一面把我反映出来并且使我看见自己的镜子。

但是，对于这种分析以及卡夫卡关于那只在孤寂状态中的动物的描绘，我们也可以提出以下异议：现代人通过参加团体、加入党派、选择世

① 在小说《女客》(L’invitée)中，西蒙娜·德·波伏娃描绘了这种辩证法。她指出，两个人如何为这个第三者而争斗，目的是为了把他吞并到各自的世界里，使他像当事人那样去看待一切事物，也即去评价一切事物。——原注

② 参看作者论文:《黑格尔和萨特的辩证法的本质》，载《哲学杂志》(Tijdschrift voor Philosophie)，第二十年度，第2期，1958年6月。——原注

界观，是可以克服他的孤独的个体性的。实际情形又如何呢？这当真是与《地洞》里的那只动物的态度相矛盾的吗？——对于那只动物的态度，我们曾试图从安全立场出发来加以揭示。

现代人之所以参加特定的团体，恰恰是因为他在自己的个体生存中找不到他所渴求和追逐的安全，是因为他的生活不给他这种安全。社会——以党派信条和意识形态为形式——为个人提供了某种世界观，以此来迎合他对安全的追求。这种世界观的本质性的东西——尽管我们不愿承认——恰恰就在于：它卸掉了个人的责任，它为个人提供了绝对确定的真理，如果他表示愿意接受这种世界观的话。现代的世界观根本上是总体性的。它们企图对存在者以及人与存在者的关联作出一种总体的解释，这种解释无所不包，其基础却是未经廓清的，也根本不允许人们怀疑的。今天人们一再呼吁，要以一种非马克思主义的世界观来对抗马克思主义的世界观，这时候，人们根本上并不知道自己要做什么。因为，并不是有了另一种世界观，就能帮助我们摆脱我们处身于其中的困境；若要摆脱困境，唯一的办法，只有去怀疑所有这些在世界观方面的努力，去揭示那种愿望，即那种作为全部世界之基础并且遏制着每一种原始追问的愿望。最后就必定会达到这样一个地步：那种软弱和昏聩，作为任何一种对世界观或意识形态的渴求的基础，被揭示出来了，而又没有试图消除这样一种渴求。作为确定性的真理要求无可动摇的世界观——但这种真理其实本身并不是无可动摇的——人们有朝一日必定会认识到这一点。

但人与上帝的关联的情形又如何呢？如果这种关联属于人的本质，而卡夫卡在《地洞》里对现代人做了一种描绘，那么，对于这个问题，我们也必须有一个答复。到现在为止，我们已经走在前面了，以致我们可以把一种对当前流行的关系的分析的尝试与我们在解说中所强调的关系加以对照，但在这一点上，我们却要满足于认识《地洞》本身关于人与上帝的关系的描绘。

不过，到这个地方，解说工作似乎进行不下去了。在《地洞》中我们找不到任何关于上帝的说法。这个缺失本身或许是有启发意义的。它或许可以向我们表明，在自力更生的主体的绝对安全观中，上帝根本就作废了。在绝对可制作状态和可控制状态的时代里，上帝观念变成多余的了。如果没有上帝也可以解释一切，干吗还要呼求上帝呢？始终不渝地求助于上帝，这恰恰变成了以往陈旧时代的一个标志。强力观愈是一以贯之地得到贯彻，这个"万能的上帝"必定愈加断然被消灭掉了，因为再也没有为上帝留下任何作用领域，而且在可制作状态的时代里，上帝之存在是必须在作用方面证明自己的。如果证明不了自己，那么它就变成多余的了。

按照我们的观点，《地洞》其实揭示了现代的无神状态。这话并不是说再也没有个人以及社团信仰上帝了，而是说在彻底化了的现代人对于存在者的态度中，上帝再也没有什么地盘了。我们不可忘记，对作为确定性的真理的现代规定中，恰恰也包含着明晰性(清楚明白)。如果在认识中存在者事实上不仅应当被接近，而且应当变成绝对可支配的，以至于可以说，切近本身乃是以可支配性来衡量的，那么，明晰性，即被认识事物的完全洞见，就是不可或缺的了。但这里有两种可能性：或者我们断言，与上帝的关联就是这样一种明晰的和明见的认识，而且，我们已经了解了所有关于上帝的观点和观念，能够把它们一并纳入普遍的利用过程之中；或者，上帝却被视为一个陈旧的观念，这个观念在那种利用观中只能被理解为一个利用手段而已，也即被理解为"人民的鸦片"。

从根本上讲，这两种情形都是无神状态的明证。就第一种情形而言，或许我们还应该提一下把上帝纳入确定性观点之中的做法，在此做法中，对上帝的信仰被视为灵魂获救的确定性的一个保证，相应地，信仰生活的结果无非是要为永恒的拯救赢获尽可能多的凭据。因此决不可断言，再也没有或者再也不可能有任何原初的信仰生活了，而只可指明一点：随着安全态度的坚定不移的蔓延，与上帝的关联反常化了。在这里我们不拟深究这样一种可能性，即：一种新的与真理之本质的关联可能包含着一种全新的上帝关联。

可是，从《地洞》这篇小说中我们却体会到比这种无神状态更多的东西。对人来说，一种关于神性之物的经验方式乃是天意(Vorsehung)。所谓天意，我们理解就是一个富有意义的事件在发生那一刻，其意义根本就不能为人们所认识，因而也不能被人们当作目标，而毋宁说是处于任何一种人类有效活动的领域之外的。恰恰因为天意的作用决不是人能强制或者决定的，所以，与天意相适应的态度乃是希望情绪。希望也含着信赖。希望乃是一种对某个任何确定的并且具有先行确定作用的知识都把握不了的东西的信赖。在希望中总是一并包含着这样一种可能性，即：所盼望的东西并不出现。那是人们所期望和渴望的——但人们清楚地知道，对实际的事件过程来说，一切愿望和渴望都不是什么保证。希望也含着谦恭——那就是把自己交付给恩典。但由此我们也就可以看到，希望一出现，就有一个异物闯入绝对确定性领域之中了。确定性是排斥希望的。

不过，我们已经显明，在《地洞》中，每当这只动物意识到地洞的某个无法改进的缺陷时，总会出现新的希望。恰恰就是在这只动物为了能继续生存而被逼放弃安全立场的时际，也就是发生一种突变的时际，总会出现新的希望。

所以，差不多一开头，小说谈到传说中的动物，地洞其实根本就不能抵御这些动物，因而是毫无用处的；接着，小说写道："在它们(指传说中的动物)面前，甚至那条通往出口的通道也救不了我，可以说，那根本就不是救我的东西，而是毁我的东西。但它是一种希望，没有它我就活不下去"。(第五卷，第172页)这只动物乞灵于希望的必要性明确地揭示了安全立场的内在脆弱性。如果一切保障生命的设施都只达到这一步，即最后让人们认识到它们并没有给出什么安全，而且只还有希望才能为它们辩护，那么，它们的彻底的可疑性就显而易见了。

在小说的稍后一段文字中，[①]我们也能找到这同一种辩证法。这只动

① "而且我也承认，在建设整个地洞期间，我对于拥有几个城郭的要求在自己的意识中是模糊不清的，如果说我有过这一良好愿望，那就清清楚楚了。我没有按照那种要求去做，对于这项巨大的工作，我感到自己太弱了，甚至，我就是想象一下这项工作的必要性也感到自己太弱了。我以同样模糊的感觉聊以自慰，这在平常是难以做到的，但在这一场合我却做到了，这是一种例外，也可能是一种神的恩赐，因为保留我的前额以代替铁锤正是天意使然。"(第五卷，第178页)——原注

物认识到，它不仅不能完成对于绝对安全必不可少的工作，而且就连对这项工作的想象也是不可能的；为了不至于绝望，它求助于天意，求助于恩典——所有这些概念，真正说来都是与安全立场不相容的。当卡夫卡面对掌握一切的意识的神圣性而在这里谈到一种完全“模糊的”感觉时，那是十分恰当的。这种模糊性直接对神圣性要求进行了置疑。

乞灵于天意，诉诸希望的作用，这绝对没有揭示出一种真正的上帝关系，但却揭示了一种排除掉了神性之物的态度的不足。因此，安全立场就变得可疑了，对动物本身来说是可疑的，对我们来说更是可疑的了。对动物本身来说，希望已经被破灭了。这只动物尽管做了全部推论活动，但其实它知道，各种安全努力都是不足的，在可把握、可控制的存在者领域里的一切确证，最终都植根于某个不可把握的、无法制服的东西，而我们总是已经委身于这个东西了。这一点可以从上面已经多有引用的一个说法中清楚地看出：“这时候，与其说你在自己的家中，毋宁说你在它们(指传说中的动物)的家中”。(第五卷，第 174 页)

因此，如果说我们已经明见，人与存在者(自然)、他人、神性之物的三重关联，恰恰由于那种受安全考虑决定的反向联系而变得可疑；另一方面，如果我们也承认，正是在这三重关联的展开过程中，存在者才向人显示出来，人才成为一个自我，那么，我们便可理解这篇小说的出发点，即：自我异化。人并没有确定所征服的存在者，并且因而达到绝对的安全，而是经验到，存在者从人那里逃逸了，变成陌生的东西，结果，人本身在存在者中间得不到真正的在家之感。建立在强力基础上的自我意识证明自己是没有能力达到存在者之切近处的。人不能参与到存在者中间，是因为存在者作为有待掌握的东西预先已经被征服了，而且只有从强制力的角度尚可理解。但是，这乃是那种由强力所规定的意志的昏聩无能。当自己的气息竟显现为极其危险的敌对之物时，我(ego)的确定性(certitudo)就已经被消除掉了。

六、作为阴森状态的切近

卡夫卡的这篇小说与切近(die Nähe)有什么相干呢？的确，在这篇小说中，卡夫卡全然没有谈到切近。但是，通过解说，我们恰恰已经可以表明，我们的思考的结果——艺术的本质乃是对切近的揭示——如何得到了具体的实现。同时，我们也应能了解到，究竟如何才能理解切近的本质。如果这种尝试并没有失败，那么，它不是表明了与我们所期待的、因而使我们进行这种尝试的那个东西相反的东西么？

这种异议是完全可想而知的——但它同时也表明，在“切近”名下得到思考的东西并没有真正被人们理解。因为人们在此设想的是某种存在者，人们能遇见这种存在者，作家进而能诗意地记录这种存在者。卡夫卡这位作家在《地洞》中没有做从切近而来的谈论和关于切近的谈论，不过，这一点决不意味着，切近没有得到描绘，或者说，切近没有把自身表现出来。但在这种自身表现中，决定性的事情恰恰是：没有做关于切近的谈论，而是从切近而来说话，切近本身是在场着的，只有当我们为这种在场状态所触动时，我们才能理解一切；而另一方面，也正是通过切近，我们才能领悟各种关系的意义，如在《地洞》中，就是小说的节奏、构思、结构的意义，因而小说的叙述内容的意蕴才能为我们所理解。只要我们还没有了解贯穿着这篇小说的独特的“切近”，这篇小说就不得不被视为一种怪诞的、无端浮想的、与我们毫不相关的幻想的畸形产物。这样，我们也就无权对小说说三道四了。

然而，并非自明地，在文学创作中，能使我们感动的东西恰恰是根本就没有直接描绘出来的东西。误解在于，人们以为，在文学创作中得到真实描绘的只不过是被表说出来的东西意义上的被道说的东西。真正得到描绘的恰恰是这样一个东西，这个东西使这种确定的言说成为可能，并且为这种言说开启出维度。尽管没有得到专门的命名，但这个东西先行于任何言说和描绘，而且是任何言说和描绘的根据，以至于我们可以说，它就是自身表现者。这个东西因而就比一切仅仅现存的制成品更具当前特性——因为呈现方式是由这个东西决定的。这个东西，我们称之为切近。

根据切近起支配作用的方式，也即承荷基本特征的方式，就决定了存在者在文学创作中如何显现出来，存在者如何自行显示出来，也即它如何存在。而且反过来讲，对读者来说，在被描绘出来的东西的当前中，已经给定了对不可直接描绘的东西的指引，这个不可描绘的东西必定与读者相关涉。作家的特色乃是，他能理解切近在某个确定的时间里如何起支配作用，而且能够把这一点描绘出来，而又没有专门去命名这种切近。因为重要的并不是命名，而是切近的当前存在。许多东西可能得到命名，而并不因此真正实存。诗意创作的言说与其他言说的区别就在于，它通过它的言说而让某物在场。

人们或许已经试过一种想法，以为是作家蓄意隐瞒了切近。这是不合实际的看法。对作家来说，切近不是一个可命名或者不可命名的“对象”。切近对作家来说不是可客观化的，而必定是要间接地达到的，通过在其中发生的事情间接地达到的，而这正是决定性的特征的可能的展开方式。如果我们理解了这一点，那么，我们所谓的作家不做关于切近的谈论，而是从切近而来谈论，就不是什么空洞的说法了。

相反地，思想却处于困境和危险中，必须努力专门去把握切近之发生，也即必须从被描绘的东西出发去追问它的主要根据。关于这种关系的原则性辨析属于艺术哲学，后者负有接替传统美学的使命；具体的分析必须指明，在所分析的作品中何种切近方式是决定性的，而且具有艰难的探究任务，即要探明如何才能够达到这种切近，这种切近包含着人的何种基本态度。这样一种尝试依然充满危险，有可能误入歧途，这是无可争辩的。但哪里有定论，说哲学只能在可靠的、惯常的轨道上活动呢？

作家从切近而来说话——而尝试思想的人应当使切近本身变得可理解，又不损害切近的独特的不可客观化的特征。为了能够做到这一点，尝试思想的人必须拥有某种奇特的与切近的辩证关联，也即与切近既分裂又统一，既保持在切近中同时又回过头来追问切近之本源。与在作家那里的情形一样，以切近为发端并且通过描绘而让切近当前存在，这对尝试思想的人来说是不够的，相反地，他是要了解作为切近的切近。他想知道在切近中发生的事件，并且探寻这种事件的根据。这一根据究竟在何种程度上是可探究的，这是谁也不能预言的。

假如上面关于文学创作和切近所说的话已经得到承认——哪怕只是一种暂时的承认——那么，就会出现一个问题：关于贯穿并支配着小说的切近，我们从小说中了解到什么？

初眼看来，小说的基调——它也已经在上面的解说中得到了明确的强调——似乎与切近毫无干系。的确，我们已经确认，决定性的事件乃是自我异化过程，我们已经指明了这个过程的双重性——作为人对存在者的

异化和作为人对自身的疏离化。倘若这个过程竟与切近毫无关系，那么，这只动物与其他存在者之间的任何关联自始就被排除掉了。但情形决非如此。相反，这只动物不断地在与存在者打交道。这种关联被表明为以绝对的自我保障为目的的征服性控制。一切存在者都被掌握起来，被当作自我保障的可能手段——以此来防止任何危险。眼里总是看到可能的危险，总有可能的敌人。正是这种一贯的对视野的限制属于小说的技巧。无可置疑的是，这只动物想把一切存在者都置入某种与它自身的关联之中。如果这种占有意图的最终成果乃是它的努力的反面，那么，事情就关系到在这里显现出来的一种独特的切近之本质。通过对作为最高需要的安全要求的筹划，一切关联都得到了贯彻，正如上面刚刚表明的那样。这种筹划的成果——它开创了现代形而上学——乃是一种对作为现代形而上学之来源的立场的颠倒。绝对的自我保障变成了绝对的自我威胁。自我确定的安全倒转为绝望的畏惧。意图对它自身有确定的把握的我经历了最极端的自我异化——它周围的存在者转变成敌意的环境，所有同类都变成了潜在的敌人，也就是说，它不得不努力去控制它们，诸如神性之物之类的东西，只有在最高危险出现的时刻才允许成为一种最后的希望——由强力所决定的我(ego)本身不再能理解自己，而且逃避自己。它紧紧抓住它的占有物，而它的占有物总是岌岌可危。切近本身反常化了——它在异化的媒介中显现出来。在此媒介中，人毁灭于自身。如此这般显现出来的**切近**乃是**阴森状态**(Unheimlichkeit)。

阴森状态是可怕的，它撤除了人的所有位置，人因而就变成无家者(der Unheimische)。[①]无论人做什么，他都达不到亲熟状态(Vertrautheit)。所以，我们在《地洞》中始终找不到这样的关联，按说，动物与地洞的关系应使这种亲熟状态成为可能——我们已经表明，这种尝试是如何失败的。

---

① 注意此句中形容词“可怕的”(entsetzlich)与动词“撤除”(entsetzen)之间的词根联系。——译注

解说工作应把我们置入作为阴森状态的切近的事件之中。在卡夫卡的这篇小说中，作为阴森状态的切近起着支配作用，这一点几乎是无可争议的了。其实，阴森状态恰恰也包括着不可思议状态，包括一切可能的依靠的隐失。作为阴森状态，切近拒绝自己。由于切近采取阴森状态的形态，它不仅禁阻自己，而且，它所允诺的东西也只有作为隐失(Entzug)才得允诺。所以，意愿自我保障的主体就陷入完全的不安全状态中，因为它不再能够抓住什么东西，因为存在者整体对它疏异化了，它所做的一切都倒转为反面了。在解释的开头，我们已经指明了这种倒转的节奏，即对所说的内容的不断扬弃，而没有真正理解它的内在必然性。这种理解到眼下才有可能。由于切近作为阴森状态而起着支配作用，而且由于阴森状态包含着拒绝，所以，在这里就不再可能有任何依靠，所以，也就没有什么持存的东西，提供立足点的东西(Stand-gewährendes)——只还剩下那种一贯地导致自我扬弃的不断的倒转的旋涡。

或许，我们对小说的解释采取了粗线条，而没有理解第二个步骤——也即把小说中的动物与现代人等同起来，此所谓现代，我们必须说，是我们还面临着的自行完成着的现代。可以预料，人们会奋起反抗之——的确，这种反抗本身是能够根据阴森状态来说明的。因为在阴森状态中，我们十分疏离于存在者，以至于我们根本不再能把握这种异化本身，更遑论与之交战了。而毋宁说，我们倒是试图以其他某种方式解释这种异化过程，也即使之走出阴森状态而进入一个已知的、亲熟的领域中，并因此把它消除掉。这样一种做法是完全可以理解的。倘若能够逃离阴森状态，谁会愿意坚守在其中呢？问题只是，这种逃遁是否真的逃避了阴森状态，这种不断的在逃遁中是不是恰好透露出阴森状态的在场；这是一种十分深不可测的支配作用，以至于我们根本看不见我们真正要逃避的东西。我们精疲力尽地关注不断更新的敌人和斗争，总是在为骚动和轰动事件寻找新的原因，而没有去思索真正危险的东西是什么。因为我们还远离于那只动物的绝望状态。那只在绝望状态中的动物说：

我以前轻狂得像个小孩，我以孩子般的游戏度过了我的成年岁月，甚至在设想危险的时候，也当作儿戏，对于真正的危险，我也没有确实地想过。我把事情耽误了，虽然这期间不断有情况向我发出警告。（第五卷，第 210 页）

附　录

我想着手探讨两种在我看来最为重要的对《地洞》的解说，一是埃姆里希在其对卡夫卡作品的全面描绘中的解说，[①]二是索克尔的解说，[②]那是最近一个给人深刻印象的总体描绘。在有关卡夫卡的论著中，这两部著作无疑是最为重要的；如果说我们在这里要对一个十分有限的片段提出批评，那也并没有贬低它们的解说工作整体的价值。

对埃姆里希来说，我们首先必须强调，他认识到了这篇小说的意义。“在后期小说《地洞》中，卡夫卡的有关所有动物生存的主题，即人的真实‘自我’问题，得到了最彻底的深入反思和生动刻画”。[③]卡夫卡的动物小说是以人的本质为主题的。但紧接着，埃姆里希就提出了一个不明智的、也没有经过充分证明的论点。“处于探究焦点的，不再是不可认识的自我与可认识的理性—经验的此在之间的对抗，而仅仅是不可理性地认识的自我”。[④]在这里，他使用了一些没有得到进一步解释的概念。让我们抓住埃姆里希的论点，因为他的整个解说都是以此论点为基础的，他的整个解说“是要寻找各种可能性，去揭示这个自我，规定它的结构，尽

① 威廉姆·埃姆里希：《弗兰茨·卡夫卡》，阿特瑙姆出版社，波恩 1958 年。——有关《地洞》的讨论，特别见第 172—186 页。——原注

② 瓦尔特·H. 索克尔：《弗兰茨·卡夫卡——悲剧与讽刺》，阿尔伯特·兰根—格奥尔格·穆勒出版社，慕尼黑、维也纳 1964 年，特别见第 371—387 页。——原注

③ 埃姆里希：同上书，第 172 页。——原注

④ 同上书，第 172—173 页。——原注

管这似乎超越了人的能力”。[①]

也就是说，这篇小说是一种对自我的分析——在其中，自我大概是被理解为某个非理性的根据之类的东西。进一步，地洞被解释为那只动物的自我。“但在地洞中，关键问题并不在于一个从外部包裹起来的内在世界……这只动物完全知道，随时都可能有敌人闯进来，把地洞和它自己消灭掉”。[②]如果地洞是这只动物的自我，那么根本就不能说“地洞和它自己”，的确，值得置疑的是，一种外部的力量在何种意义上能够消灭这个“不可理性地认识的自我”——而不是“理性—经验的此在”。

当埃姆里希在第二章中试图把醒与睡的对立描绘成思想与存在的对立时，事情变得更为困难，甚至可以说变得更可反驳了。难道思想的或者我们所谓“反思的”动物并不存在吗?——莫非只有对于睡着的动物，即并不清醒的动物，我们才可以说它存在?这里不是浮现着一种危险的、根本站不住脚的“两实体”学说么?

埃姆里希所碰到的困境可以从他的表述中清楚地看出。他先是说：“由此无可置疑地表明，地洞就是这只动物的‘自我’”，[③]接着又说：“这只动物靠地洞来创造它的自我”，(进而又有所限制)“或者更确切地讲——因为这只动物其实并不能把自身生产出来，也就是说，自我与这只动物一道，是已经被给定了的——这只动物在劳动和反思之际已经探究和钻研了它的自我，已经按照它自身面前的表象世界的可能性把它的自我构造起来了，以至于这个自我现在就像它自己的一个客观的地洞站在它的意识面前”。[④]

这时取代创造的是探究，也即对那个其实恰恰会逃避反思的东西的

---

① 瓦尔特·H.索克尔:《弗兰茨·卡夫卡——悲剧与讽刺》，阿尔伯特·兰根—格奥尔格·穆勒出版社，慕尼黑、维也纳1964年，第173页。——原注

② 同上书，第174页。——原注

③ 如果这里设定的自我乃是借助于所经历的生命而进行的自我实现，即在获得自身意义上的有待完成的东西，而自然不是在一种无意识的状态(睡眠)、一种昏暗的根基意义上的有待完成的东西，那么，埃姆里希这个论点或许就是完全有道理的，而且是与我们的解说的第一阶段相合的。——原注

④ 同上书，第175页。——原注

反思性探究。在小说中，这只动物创造地洞。倘若地洞就是自我，那么，这个自我也必须被创造出来；由于自我被理解为捉摸不透的存在根据，而这个存在根据是已经被给定的，不是被创造的，所以，这样一种创造也就是不可能的——埃姆里希以对自我的探究和钻研来取代它。但如果存在等于睡眠，那么，这种活动就必然是无望的，实则不可能的。于是就可以说——地洞其实显示出某种不可能的东西。但有一点是我们不可忽视的。倘若地洞的建造被当作自我的探究，而自我就像埃姆里希所设定的那样，被理解为捉摸不透的存在，那么，卡夫卡就必定已经表明，地洞如何会自行倒塌，根本就不能被建造起来。但这篇小说恰恰就始于这样一个时刻，这时，地洞已经被建造好了，全部完工了，而自我的客观化(埃姆里希意义上)已经绝对不可能了。倘若地洞无非是一种对自我的挖掘，那么，人们就看不清外来的动物应当意味着什么。

按照埃姆里希的理解，这只动物到野外去与返回到地洞里，乃是它的分裂状态。这种理解在我看来是装模作样的。[①]当这只动物在野外之际，为什么自我就毫无防备地委身于敌人了呢(原书第176页)?顶多是它的肉身存在，但埃姆里希指的却不是这个。实际上，这只动物在“内心”中绝对没有停止过反思。动物在野外的整个逗留是不能在这个解说角度得到理解的，特别不能理解的是这样一个矛盾：这只动物渴望去野外，而同时它又被束缚在地洞里，对它来说不可能再有什么自由。

在第三段“通向自身的道路”中，埃姆里希把这只动物向地洞的返回解释为它向自身的返回。但如果自我被理解为“存在”，则自我可能被放弃吗?在原书第177页上，第一段讲到“这只动物终于逐渐有了认识”，第二段讲到“这只动物于是预感到”，第三段讲到“这只动物甚至认识到”，这样一种描述语气的加强虽然令人难忘，在形式上吻合于卡夫卡小说的节奏，但在解释上是站不住脚的。

---

① 这个动物的分裂性原因何在，我在前面的解说中试图予以显明，试比较以推理方式被表象出来的东西与直接被经历的东西的对立。——原注

重要的并不是拯救和安全，这是这只动物的说法，是这只动物为了克服进洞时的畏惧而安慰自己的话。“如果把地洞仅仅看作一个想尽可能安全地爬进去的洞穴，那么，像眼下这样神经质似的恐惧，岂不是意味着大大贬低了地洞的价值？”（第五卷，第190页）但在紧接着的下一个句子中，这只动物就承认：“的确，它也是一个安全的洞穴，或者应该是那样的洞穴，而当我设想我是处于危险之中时，那么我就要咬紧牙关，用尽意志的全部力量来证明这地洞不是别的，而仅仅是为拯救我的生命而存在的一个窟窿，它必须尽可能完美地完成这个明确地赋予它的任务，而别的一切任务我都给豁免了”。（同上）

而且，另外有一处，埃姆里希做了引用，也是布罗德探讨过的：“这时候，我心目中关于安全的观念就淡漠了”——这段文字我们在上面已经做了分析（见本书第107页），我们在那里已经表明，这个断言是如何扬弃自己的。

下一个层次，按埃姆里希的说法：“这只动物现在预感到，‘自我’根本上只有通过放弃自我才能获得，而恰恰是在这样一种对自我的放弃中自我才达到自身……”。[①]可见这个层次就是一个断言，它能在某个道德角度得到辩护，但与卡夫卡的这篇小说没有什么关系。这只动物决没有预感到，为了获得平安就需要放弃自我，因为其实它直到最后都没有放弃地洞，也没有找到所盼望的平安。倘若这只动物预感到这一点，却依然这样行动，那么，人们或许就完全可以称之为自杀行为。这位解释者可能会说，这只动物必定看清了这一点，然后可能如何如何……但这只动物自己根本没有看到什么，也没有预感到什么。

埃姆里希对这段文字的解说的第三个层次，在我看来就更为错误了：“这只动物甚至认识到，它压根儿就用不着做什么”。[②]文中所指的原文是：“我和地洞这样相依为命，不管我遇到多大恐惧，我都能泰然自若地

① 埃姆里希：同上书，第177页。——原注

② 同上。——原注

留在这里……”。(第五卷，第191页)这话指出了一种不可能的可能性，我们在解说中已经对此做了详细的讨论。这话仅仅表明，这只动物没有地洞就活不了——这其实并不奇怪，因为它是在地洞里实现它的生活的。促使动物返回到地洞里的，不是认识，而是它的无精打采、精疲力尽、完全失去了决断力，简直就是一种机械的行动——这一点从原文中可以清楚地看到。“好了，我已经累得想都不能想了，耷拉着脑袋，步履踉跄，似醒非睡，与其说在走路，不如说在摸索，这样才渐渐接近入口处，缓缓掀开苔盖，慢慢往下挪动身子，因为神思恍惚，竟让入口无故敞开了很久……”。(第五卷，第192页)认为这种“行动”是一种“认识”的结果，那完全是错误的。

值得注意的是，埃姆里希经常采纳一些已经被取消掉的说法，仿佛它们最终是有效的，例如这只动物的这样一个说法：它在地洞里有无限的时间。其实小说恰恰表明，情形并非如此。这只动物在地洞里决没有逃脱那种斤斤计较的时间意识(参看埃姆里希，第178页)，它只是自以为逃脱了，以之欺骗自己。

埃姆里希充分认识到的，是这只动物受到它自身的威胁，它自己的呼吸把它置入极度的恐惧之中。但怎样来说明这件事情，却又引起了批评：“因为这只动物在这样一种睡眠中完全无意识地安于自身，这种自我就变成了它的致命的敌人”。[①]如果事先已经把睡眠等同于存在，那么，这就是一个令人费解的句子。在睡眠中，这只动物其实恰恰必定会与它自身保持一致。但睡眠在这里对埃姆里希来说乃是自我失去规律的过程，因而是可规定性的扬弃过程。倘若这是合乎实际的，那么，一旦这只动物从睡眠中醒来，那种失去规定性和可规定性的状态必定就立即终止了。实际情况决非如此。相反地，唯由苏醒才开始了真正的不安和忙乱。由于埃姆里希已经拟订了一种关于经验的我(Ich)和非经验的、具有定向作用的自我(Selbst)的理论，所以，他就试图把“曲曲”声解释为自我的声音，是这

① 埃姆里希：同上书，第178页。——原注

种声音把沉睡者唤醒的。但是这里我们看不到，为什么这只动物一旦被唤醒后没有倾听自我。

或许完全可以做一试验，把这种几乎听不到的“曲曲”声解释为良心的无声的呼唤，但这样一来，就势必表明，为什么这只动物不能倾听这种呼声，换言之，势必揭示出自我异化及其根据——很遗憾，这是埃姆里希没有完成的。

对于这个基本论题，我们还要注意到：倘若地洞是这只动物的自我，那就表明，这个自我就像地洞一样，可以任意地改变、扩大、改造、加固等等，但这恰恰不是实际情况，埃姆里希也必定会否认这一点的。埃姆里希本人在稍后的一段文字中说：“它(这只动物)把这个……地洞与它自身视为同一东西，而没有预感到，它所创造的东西不再是它的自我了”。①我们必须问：把地洞与自我相提并论的，是埃姆里希呢还是这只动物？在稍前的一段文字中(第175页)，埃姆里希讲：“由此无可置疑地表明，地洞就是这只动物的自我”。这是埃姆里希的解说，而不是这只动物的自我解释，而刚刚引用过的第185页上的那段文字，却以此指责这只动物有这种把地洞与自我等同起来的企图。在我们看来大可置疑的，也是埃姆里希经常搞的把“外部”与“内部”对立起来的做法。由于所有这些原因，特别是由于自我异化的基本过程没有真正得到澄清，所以，埃姆里希的这种解说就使我们感到不满；而另一方面，我们同意埃姆里希的地方在于：在这篇小说中，人的自我威胁这个主题以及相应的自我辩护的问题处于焦点上。同样地，我们也同意埃姆里希的以下说法：“因为这种在我们这个年代无与伦比的写法，深入到我们时代的真理之中”——尽管在对这篇小说的解说中，我们为揭示这一点所做的努力走的是另一条道路。

再来说说索克尔的解说。按我们的观点来看，像索克尔这样一位细致认真、富有才智的卡夫卡研究专家，竟然在解说《地洞》时彻底犯了错

① 埃姆里希：同上书，第185页。——原注

误，这是令人吃惊的事。他的误解的起点在于对卡夫卡致马克斯·布罗德的一封信中的一段话的说明，这段话就是："生活所必需的只是放弃自我享受；径直进入家中，而不是去赞叹和修饰这个家"。①更确切地讲，他的误解就在于，他过于拘泥于字面地把这段话转用到《地洞》事件上了。索克尔反复讲，这只动物的过失是：它没有充分照料好地洞，而是沉溺于一种自恋的自我享受了。这种指责更为令人吃惊，因为这只动物以它迄今为止的整个生命所做的，其实无非是为地洞效力。这时它表达出某种对收获的自豪，委实是并不令人惊异的事情——这种自豪不久就会被消除掉的。但是，说地洞的悲剧是自我享受的自恋和虚荣，这在我看来，实在是放过了本质性的东西。索克尔在一处说："在其中显示出作为自我之保护的地洞的难题"。②这是我完全赞同的。但紧接着索克尔又断言："这个难题在于，地洞并不为自我保存服务，而是把自我享受和自我吹嘘推进到某个程度，以至于对自我的生命构成了致命的危害"。③对此，我们就不再能苟同了。一个完完全全投身于某件作品并且为之而献身的动物的生存，如何能够被称为轻浮的、轻视防卫工作的呢！把这个"劳动动物"(Arbeits-Tier)颠倒为一只轻浮的、一味追求享受的得过且过的动物，这样做是与小说的整个过程直接矛盾的。如果说这只动物依恋着它的作品，那是因为这件作品是它的生命之作品，是因为它从这件作品上才能衡量出生活是否有意义。因此，在这里，作品之功能的失效也就导致了这只动物的一种失败。

在我看来，要在这里谈论一种英雄主义，也是大成问题的。④《地洞》并不是一篇描写英雄事件的小说，它的主角也根本不是什么"英雄"——对一种泛灵论的思想的提示，或许也会受到一种批评，但由于这种提示只是附带出现的，所以是可以放弃的。

---

① 《卡夫卡书信集》，第384—385页，引自索克尔，第371页。——原注

② 同上书，第372页。——原注

③ 同上。——原注

④ 同上书，第373页。——原注

索克尔说："卡夫卡的这部后期作品的反讽意味在于，自我保存的本能必须为其反面服务，即必须为自我瓦解的本能服务"。[①]这就要求对这种反讽的根据、引起这种反讽的东西作一说明。因为直接这样讲来，就还没有消除掉纯粹假定的印象。索克尔立即补充说："这只动物活不下去，是因为它不能放弃自我享受"。[②]这个说法在我看来是一个任意的断言，因为地洞根本上使这只动物付出了生命的代价，而地洞的整个规划和实施实际上表明这只动物不断地在为地洞服务。但这种态度依然导致了一种颠倒，这一点是我们前面的解说想予以解释的。

另外一个例子："地洞的目标应是我的安全"(这一点是我们能够完全赞成的)。"取而代之，目标其实是我的奢侈欲，即自我享受"。[③]《地洞》中确有一些段落，其中这只动物表达了它对自己的成果的快乐，但对原文的阅读决没有使我们有权谈论奢侈欲和自我享受。其实，在这样一些"自我吹嘘"的段落之后，往往也出现一些批评性的异议，以及本来还必须做的事情。说实在的，几乎没有一篇小说像《地洞》这样，渗透着(实即包含着)种种痛苦和自责。但如果人们看错了这篇小说的布局的辩证结构，那么，人们就会把某个实际上还只是运动过程中的一个环节的句子当作最后定论。

必须说明的是：尽管这只动物毕生为地洞辛苦劳动，仅仅为地洞而活着，但为什么它恰恰又毁灭于地洞呢？很遗憾，索克尔没有对此作出说明。索克尔说，"孤独(是)最高的欲望源泉"[④]，仿佛这只动物是从欲望的追求中寻找孤独，而且它之所以注定要孤独，并不是因为它不能信赖其他任何动物，也即说，并不是因为对安全的要求使它承受这种压力。索克尔的这种说法，在我看来也是一种错误。对这只动物来说，其实除了孤独就没有其他的办法——而且它是毁灭于孤独，而没有对之感

① 《卡夫卡书信集》，第374页。——原注
② 同上。——原注
③ 同上。——原注
④ 同上书，第375页。——原注

到愉快。因此，索克尔所谓的“可见地洞的反讽就是孤独的反讽，自我享受的反讽”①，这个断言也是很可反驳的，从而所谓《地洞》的要义在反讽的论点，也是很成问题的——除非一种自我扬弃在其中得到实现的每一个过程，都可以被叫做反讽。在这里被扬弃的，乃是这只动物毕生为其效力的安全。

这篇小说主要报道了一只动物通过它在地洞里的劳作、为保卫自己的安全所采取的措施。令人感到离奇的是，如何能够把这样一篇小说说成是“为某种自恋的缘故而对实际的自我保存法则的非理性的忽视”。②索克尔在同一个句子中说：“它(指自恋)使那个被规定为自我保护之手段的东西，即地洞，变成了自我目标”。③在特定限度内，这一点是可以肯定下来的，但他为此给出的理由，即所谓“为自我感牺牲生命”④，在我看来却是完全没有着落的。在此联系中，甚至以下断言也必须受到批评：“因为这只动物把感性的东西(das Aesthetische)——在感觉和情感之物的原始的和最广大的意义上——也即享受、美、它的地洞的寂静，看得比实践和伦理方面的东西更重，看得比生命的保存更重，所以，它就为悲剧开了方便之门”。⑤

以这种传统的等级划分，我们是否就能在卡夫卡研究方面有所进

① 《卡夫卡书信集》。——原注

② 同上书，第377页。也可比较以下说法：“这只动物继续有那种忽视基本安全规则的倾向。”(第378页)——而其实它是在过度的安全设置中折磨自己，毁灭自己；还有：“它投机取巧，并没有非常认真地去对待它的自我保存。它感到对不住自己，因为它耽搁了自我保卫工作。”(第382页)——而实际上它所做的，无非就是为它的自我保存辛勤劳动。或者：“在地洞中受到惩罚的行为，并不是自我维护，而是自我满足。这只动物之所以受到惩罚，是因为它力求在自享其乐地沉湎于梦想的同时呵护着它的自我。”(第384页)在这里，这只动物为地洞所做的不断劳动被曲解为一种自我享受的行为。最后还说：“这乃是一个自恋的爱空想的孤独小孩的轻率，它隐藏在表面上看来十分稳重、严格、有条理的地洞背后。”(第383页)为实现原先的计划而做的坚定不渝的规划和劳动——在此只要回想一下城郭的建造，这只动物为了使土层坚固，不得不用流血的前额去磕碰硬土——如何能与小孩的游戏联系在一起呢？这是我不能理解的，除非这只动物关于安宁的生活(在其中它也可以游戏)的幻想在这里已经变成了现实。诚然，这只动物偶尔会给人这样一个印象：它对已完成的工作感到开心——但这种开心往往都很短暂，很快就颠倒为它的反面了。——原注

③ 同上书，第377页。——原注

④ 同上。——原注

⑤ 同上书，第379页。——原注

展，这一点是成问题的，但对这只动物来说，有一点无论如何是不容置疑的，那就是它的注重实践。或许我们简直可以说，这只动物就毁于它对实践的过于注重。

最后，我们还要评论一下索克尔对噪声的解说。在索克尔看来，噪声实际上来自一只外来的动物。“那种曲曲声，它一方面令人想到早期作品中的父亲形象，它也暗示着神性的东西，作为不能与创造物相比较的东西，即绝对的他者(das Schlechthin-Andere)”。①这就错失了这篇小说的本意：这只动物恰恰毁于它自身，用不着任何外部的或者“超越的”敌人。索克尔在这一论述的结尾处说“好斗的态度并不限定那无形的敌人，而是限定了地洞里的我”。②这是我完全赞同的论点，但与索克尔的解说相抵触。索克尔最后断言：“与此相反，在卡夫卡的其他后期作品中，‘我’这个主要角色企图斗争，但斗争却拒绝了它”。③对此我想说，这个论点是十分正确的，它甚至也符合于《地洞》这篇小说本身。也就是说，我们不能把这篇小说与作者在 1912 年和 1914 年的惩罚幻想联系起来，而必须把它看作一部名副其实的后期作品。

① 《卡夫卡书信集》，第 380 页。——原注
② 同上书，第 386 页。——原注
③ 同上。——原注

第二部分

论马塞尔·普鲁斯特

时间之为主角

卡夫卡有一个著名的寓言故事——《在法的门前》，它描写了一个乡下男人在法的大门前等待的一生。这个门向他敞开着，他却因守门人的威吓而不敢进去。最后他就死在门前；而直到临死前不久，他才得知，这个门正是为他而设的。法国作家普鲁斯特也写过一个相似的寓言故事。在他的故事中，人们寻找的不是法，而是寻求通过艺术创造去实现人生。大多数人半途而废，放弃了寻找，因为他们敲了许许多多扇门却一无所获。

> 然而，有时候，就在我们感到万念俱灰的一刹那间，我们听到一个能够拯救我们的声音。我们敲了一扇扇不通往任何地方的门，而唯一可以进去的那扇门，我们可能找上一百年都徒劳无功，却被我们无意间撞上，门自行开启了。(法文版，第3卷，第866页；德译本，第7卷，第282页)[①]

这正是这位作家的境况，他偶然地发现了自己的使命，不过，这种偶然发现的先决条件却是：他没有放弃过寻找。

卡夫卡和普鲁斯特的写作时代大体相同。稍稍年长的普鲁斯特(1871—1922年)在上个世纪末就着手创作，但他的主要著作[②]是在1908年至1922年之间完成的。据我们所知，卡夫卡(1883—1924年)于世纪之交发表了他的处女作，而其重要的作品则是在1910年至1924年间先后问世的。两位作家在创作时间上的一致性，使得两者在叙述方式上的差异更加

① 法文版引自皮埃尔·克拉尔克和安德烈·费雷编的普鲁斯特著作校勘本，七星丛书，伽利玛出版社，巴黎1954年版。德译文引自艾娃·雷歇尔—梅登斯的优秀译本，有稍许改动，法兰克福苏尔克姆夫出版社，苏黎世拉舍出版社，1957年版。——原注

② 指普鲁斯特的七卷本名著《追忆似水年华》。——译注

突出。如果说卡夫卡是主要在第二次世界大战前后得以发展的所谓荒诞文学的鼻祖的话，那么，普鲁斯特则似乎完全沉浸于过去的传统中，因而可以与福楼拜和巴尔扎克直接联系起来。我们似乎没有必要努力去考问他的作品的意蕴。卡夫卡的作品神秘莫测，似真似幻，要求我们对之作一种哲学分析；与之相反，普鲁斯特的作品十分明白易懂，以至于我们可以不假思索和反思便沉浸于字里行间，思索和反思倒似乎是有害的了。不难承认，普鲁斯特可以成为一个心理分析的宝库，但是试图从哲学上理解他，就似乎只会削弱他的这种叙事方式的魅力。他的这部伟大作品就有被归结为几条枯燥的哲学论点的危险。而只要人们还没有真正搞清楚艺术哲学的意图，这种危险就会一直存在下去。

自 1919 年普鲁斯特的代表作的第二卷《在少女们身旁》[①]获龚古尔奖之后，这位作家以及这部作品的伟大成就在 20 年代引起了世人的瞩目。在 30 年代，人们对他的兴趣减小，第二次世界大战以后就更是如此。以加缪和萨特为代表的一种新的冷静的叙事方式获得了成功，它明显受到了美国小说家的影响，我们可以笼统地称之为存在主义小说；再后来，存在主义小说又被新小说所替代(罗布・格里雷、米歇尔・布托尔、娜塔利・萨罗特和克洛德・西蒙等)。如果我们试图找一找普鲁斯特与新小说之间的距离，我们就会发现，上面提到的小说家中，没有一个能达到普鲁斯特小说的高度。他们的作品作为尝试，可能是十分有趣的和振奋人心的，但与普鲁斯特的作品相比就黯然失色了。

回到普鲁斯特那里，去思索普鲁斯特，这并不是要赶什么时髦，而是他的作品的地位所要求的。为了这种思索，我们试着首先分析一下他这部作品的开头。(法文版，第 1 卷，第 3—9 页；德译本，第 1 卷，第 9—17 页)

如果你像读一本古典小说那样读这部作品，期待着首先认识主人公，希望看到清晰的轮廓，一个揭示主人公性格的典型行为，或者至少是

① 系普鲁斯特小说《追忆似水年华》的第 2 卷，该卷于 1919 年 12 月 10 日获龚古尔奖。——译注

情节发生的时间和地点，那么，你将大失所望。尽管第一句话就提到了主人公，准确地讲，是作家本人在介绍自己，但当时他正处于一种非同寻常的状态，即入睡的瞬间。在这一瞬间，我们想认识的“我”恰好逃逸了。

由此可以产生一种欲擒故纵的效果么？作家是想在好戏出台之前先喘口气，把关键的刻画工作推迟么？“长期以来，我总是早早地就上床了”。(法文版，第1卷，第3页；德译本，第1卷，第9页)这样一部作品以这样的句子开头，不是太乏味了吗？

> 有时，烛光才熄灭，我的眼睛便合上了，甚至没有时间想一想：“我要睡着了”。半小时以后，我才想到是睡觉的时间了，这一想反倒清醒过来了。我以为自己手里还拿着那本书，我想把书放好，吹灭蜡烛。在睡梦中，我一直在思考刚才读的那本书，我的想法特别离奇。我觉得书中讲到的教堂呀，四重奏呀，以及弗朗茨一世和卡尔五世之间的争权夺利，仿佛都与我有关。有时，这种想法一直持续到我醒后数秒钟。(法文版，第1卷，第3页；德译本，第1卷，第9页)

首先我们必须指出一个特征。如果我们把现象学理解为一种艺术的话，则这个特征就可以看作是现象学的——现象学这种艺术，是通过把事情原原本本地带到观察者眼前而使事情呈现出来，而且，观察者的目光本身具有如下特性：它不能偏离，而是立即抓住本质性的东西。这部小说没有去介绍叙述者，而是让叙述者自我独白，但却是在入睡的飘忽状态中，这时他的自我意识行将沉没。担心自己睡着，想把蜡烛吹灭的念头反倒使他从睡梦中醒来，这种矛盾的情形说明了这里所发生的奇特的间离过程。在醒来的一刹那，睡眠者还沉浸于梦中世界——教堂、四重奏以及两位国王的争斗。

当我们想认识的小说主人公醒来时，我们离他更远了，同时却又与他近在咫尺，与他一起经历他所经历的事情。这个醒来的人由于做梦而迷迷糊糊，竟然没有看到他想吹灭的蜡烛早已不再燃烧了。这时他从梦中世界解脱出来并与之疏远，而且令他感到不可思议的是，自己怎么会成为现在这个样子，灵魂似乎飘逸不定，思想似乎归属于另外一个存在。从睡梦中解脱出来后，他的视力得到了恢复，惊奇地发现四周漆黑一片。①

> ……这黑暗使我的眼睛觉得舒服并得到休息，但也许更使我的灵魂受用，它觉得不着边际，不可思议，真的“黑暗”了。(法文版，第1卷，第3页；德译本，第1卷，第9页)

眼睛和灵魂都经历了一种黑暗，而灵魂不能理解黑暗，它期待着找到闪亮的烛光；不可思议的黑暗使它觉得黑暗真的黑暗了。为了适应这种黑暗，他问自己，现在几点钟了？

我们经历了一个双重的过程：疏远与接近，也可以说，间离与认同的过程。我们期待着有关主人公的介绍，希望能认识这个陌生的“我”。但我们读到的是对入睡过程的描写，这个“我”似乎变幻了，而且在做梦伊始，就变幻成了他刚才读过的东西；因为这种东西可能是某种任意的东西，所以我们就更加远离于这个“我”了，它变成了教堂、四重奏、争斗，消解为他所意识到的东西了。不过，与此同时也发生了一种接近。正是由于我们对这个“我”一无所知，我们才有可能与他打成一片，也就是与他一起经历这里所谈论的入睡过程。普鲁斯特直截了当地向我们展示了我们自己在入睡和苏醒时的体验。当小说对入睡过程的这种细致描写引起我们的共鸣时，就成功地完成了一种认同。其实，我们对于入睡过程并不陌生，尽管我们自己没有如此清楚地意识到它。在这里，普鲁斯特叙事艺术的基本特征就得到了淋漓尽致的表现。他描绘的东西是如此个体化，似乎不可重复，但我们正是在这种被细致描写出来的东西中找到了自己，因为在这里，个性与共性重合在一起了。人们最初或许会把叙述的“我”

---

① “我从所读的故事中解脱出来，我可以去想它们，也可以不去理会它们。”(法文版，第1卷，第3页；德译本，第1卷，第9页)——原注

的不确定性当作一个缺憾，但正是这种不确定性使读者有可能认同于这个“我”。我们不知道他是谁，干什么的，住在哪里，他只是一个入睡者和苏醒者——而这是我们所熟悉的。

叙述者对时间的询问引出了苏醒过程中的一段新插曲。

> 我听见了火车的鸣笛声，忽远忽近，像林中小鸟在歌唱。笛声标明了距离，令我想象广袤无边的原野，旅行者想穿过原野抵达下一个车站。他仍铭记着走过的短短的道路：令人激动的陌生环境、做过的不寻常的事情、刚刚进行的谈话、或是在这静谧的夜间萦绕在他的脑海里的异乡灯下的别离，还有即将回家的甜蜜。这一切将在他的心头留下刻骨铭心的记忆。(法文版，第1卷，第3—4页；德译本，第1卷，第9—10页)

现在几点钟了?我们并未得到对这一问题的直接回答。我们只是知道了这个躺在床上的人听到了什么——疾驰而过的火车的汽笛声。作者并未就此打住。细致的描写决不意味着对单纯事实的重复。感官知觉毋宁说是孕育着意义的。叙述者的意识从火车的汽笛声跳跃到林中小鸟的歌唱。这两者的共同性并不在于感官印象(它们其实是很不相同的)，而在于对空间距离的显示。从主人公与唱歌的小鸟之间的距离，我们可以推断出未知的森林的宽广；同样地，从火车的汽笛声中，我们可以想象出原野的广袤。写到这里，普鲁斯特仍未罢休。广袤的原野化为这样一张图画：旅行者急急忙忙地要穿越原野，以便准时赶到车站。原野是火车要穿越的空间，同时也是旅行者为赶上火车不得不跨越的距离。他必须走过的道路得到了回忆，但不再是为了描写风景，而是为了道出一种心情以及在这种心情中发生的一切：激动、出游的狂热和匆忙。接着是一个大跳跃：从匆匆忙忙奔向火车站，到这次旅行给他留下的记忆。他忆起了什么呢?是欣喜的期待，期待着认识一些新地方，期待着从例行的公事中摆脱出来，期待着有一些不寻常的经历。还有，他忆起了最后的一些谈话，忆起了在异乡车站灯光下的离别——这种回忆伴随着他的旅途——进一步，情节展开得如此之远，就连归程也想到了，还有那种独特的感受："即将回家的甜蜜"。(法文版，第1卷，第4页；德译本，第1卷，第10页)

听到了火车的汽笛声——联想到小鸟的歌唱(距离)——旅行者为赶上这趟火车走过这段距离——忆起了旅途中的经历，并且点出了当整个旅途成为往事时回家的安宁。这段插曲可以归结于"离题"这一范畴。我们不禁要问：普鲁斯特式的"离题"具有何种意义？

叙述者又回到他开始时的状态：他躺在床上，侧卧在冰凉清新的枕头上，枕头的清新使他联想到充满朝气的童年。与刚才旅行者经历的时间跳跃相对应，这里又一次出现了时间的回归——回到童年。之后我们终于知道了他醒来时的时间——已是午夜。

接着又出现了一次"离题"，或者更确切地说，作者又开始从很久以前的事情讲起。这看起来似乎偏离了叙述主线，而实际上故事仍是围绕主线展开的。作者描写了一个病人的处境：他不得不去旅行，并在一家陌生的旅馆过夜，当夜半因为疼痛而醒来时，他瞥见了门缝里的一道白光。他很高兴天已破晓，旅馆的服务员就要起床了，他可以摇铃叫他们过来了。

> 因为期待着解脱，他才有勇气受苦。他觉得自己听到了脚步声：声音越来越近，然后又渐渐远去。门缝中的一道白光也随之消失了。正值午夜，汽油灯被熄灭了，旅馆最后一名服务员也走了，他现在必须整夜在痛苦的煎熬中度过了。(法文版，第1卷，第4页；德译本，第1卷，第10页)

这种由简单凝练的情景制造的悬念是不可忽视的——从期待帮助，(每个病人都期待着黎明的到来，似乎这时候，自己的疼痛就会减轻，至少不再是孤苦无助了)到失望之后的听天由命：现在才是午夜，他必须熬过漫漫长夜。黑夜中孤独的人在他回忆童年时正好成了主题。所以，这里并非随意插入了一个陌生的情景，而是为即将进行的童年回忆埋下了伏笔。“正值午夜”使这里铺陈的故事与最初的情景扭结在一起。

接下来继续描写再度入睡的过程，这种描写表现了普鲁斯特特有的风格：他没有专门描述特定的入睡过程，而是描述了入睡过程中有可能发生的事情。他从一种情景过渡到另一种情景，藉此来把握入睡过程的意义。

第一种可能是他又睡着了，间或醒来片刻，听到护墙板喀嚓作响，便睁开双眼。就在他的意识苏醒的瞬间，他享受着弥漫在整个房间中的朦胧睡意，沉浸于其中并与其融为一体。

另一种可能性：

> 或者，我在沉睡中轻而易举地回到永远逝去的我生命之初的童年时代。我重新体验到幼时的恐惧，比如我的姨公拽我的卷发时的感觉。有一天我的头发被剃掉了，为我的生活掀开了新的一页。(法文版，第1卷，第4页；德译本，第1卷，第11页)

在沉睡中他回到生命中一段早已逝去的岁月，那时他有一头长长的卷发，并且害怕他的姨公拽他的卷发。他如此沉浸于自己的童年时代，以至于忘记了那个具有决定意义的日子：在那一天，他的头发被剪去了。他在梦乡中一方面回到逝去的人生岁月，另一方面又重温了令人恐惧的一幕(这就使这一幕与上面对客居旅社的旅行者的描写衔接在一起了)。由于害怕姨公拽头发而醒来，就在醒来时，他才想起自己的头发早已剪掉了。结果再度证明，他对童年往事依然记忆犹新，以至于他再次入睡时用枕头紧紧地护住脑袋。“……但为谨慎起见，我在重回梦中世界前，将脑袋严严实实地裹在枕头里”。(法文版，第1卷，第4页；德译本，第1卷，第11页)虽然他不再处于这段过去的时光，但它仍保留在他的潜意识中。

还有另一种可能性：

> 在睡梦中，由于我大腿摆放的位置不对，我梦见了一个女人。

她是我达到快感的产物，但我却想象自己是因她才得到满足。我在她的怀抱里感到自己的体温，正打算与她肌肤相亲之时，我却醒了。世间所有的人都距我十分遥远，唯独这个女人，几秒钟前还在我身边，我的脸颊上还留有她的唇温，身体因她压在上面而精疲力竭。(法文版，第1卷，第4页；德译本，第1卷，第11页)

不同的主题穿插在这一可能出现的情景中。这一幕是在他成年后发生的。远近景交错出现——不错，一个完全是幻觉中的人可以比任何其他人都近。弦外之音是，这种似乎由一个女人带来的快感事实上不过是自恋的人单方面的臆想罢了。由于梦中女人的脸和表情似曾相识，他下决心重新找到她。这里再次穿插了一个旅行主题，更准确地讲是一无所获的旅行，因为梦中的美丽想象是不能在现实中重新找到的。(这一论题一再成为艺术理论讨论的课题)最后还有遗忘主题。尽管做梦人下定决心要找回梦中人，但这一坚定的决心在醒来后便土崩瓦解了。“渐渐地，她的形象模糊起来，我淡忘了梦中的女孩”。(法文版，第1卷，第5页；德译本，第1卷，第11页)

在叙述了这些个人的感受之后，接着突然出现了一个概括性的句子：“一个人睡着时，周围萦绕着时间的游丝，岁岁年年、日月星辰，有序地排列在他的身边”。(法文版，第1卷，第5页；德译本，第1卷，第11—12页)这是作者第一次对这个小说开端所作的十分含蓄的辩白。睡眠者并没有受一成不变的时间流逝的束缚，他有一种能够打乱时间序列的魔力(正如刚才的例子所表明的那样)；他能主宰时间的运转和周围世界。换句话说，他不像清醒的人那样受时间的摆布，相反，他能够自由地支配时间。由此暗示出叙述者的行为：他不是简单地直接描写他的体验，而是描写内心深处的回忆。做梦人回忆的力量与想象的力量是不可割裂的。梦是一种创造性的回忆。此外，每一次苏醒都是一次回忆，或者，如同这里就睡眠者所说的：

醒来时，他本能地寻找方向，须臾间便得知自己位于地球何处，醒来前已经有多长时间流逝过去了；但这种时空的序列可能发生混乱和冲突。（法文版，第 1 卷，第 5 页；德译本，第 1 卷，第 12 页）

但这决不意味着，这种醒来时的自我发现是如此精确，仿佛能从一个表盘上读出来似的。时间表可能会错乱。可能会出现各种不同的可能性，尤其是一种不太习惯的身体姿势会令他迷失方向。这位睡眠者以为，大概是因为自己经历长时间的失眠之后，才突然在看书时意外地睡着了；或者，在沙发椅上睡着时，这把魔椅带他全速穿越时空隧道，而且醒来时，他以为自己躺在几个月前去过的另外一个地方。

在列举了各种人人都能经验到的可能性之后，叙述者回头来谈他自己的经验。以“一个人睡着时……”这个概括性的句子开头的段落，可以认为是一种远远铺陈开去的渲染手法，目的显然是为了不把读者局限在叙述者的特殊经验中，而是给读者们一个与他们自己相关的空间，可以说，让他们也把自己的经验编入这个故事里去。而从“但这就足够了……”这个句子开始，叙述者讲述他自己的亲身经验：他的精神在沉睡中得到了如此充分的放松，以至于他忘了他

身在何处，甚至连自己是谁都忘了。①

先前描写的情况与眼下的情景截然相反：起初，当入睡者听到外面的异常时，他错误地估计了时间和地点；而现在，他就躺在自己的床上，处于自己熟悉的环境中，只是自己在沉睡中经历了彻底的放松，以至于竟然不知道自己是谁了，而只剩下一种模糊的存在感，这种感觉是连动物都会有的。"我比穴居时代的人类更无依无靠"。(法文版，第1卷，第5页；德译本，第1卷，第12页)这简直就是回到了人类之初。回忆的长卷就在这一瞬间展开了。这是回忆的第二个功能，它的第一个功能我们已经在他的梦中了解到了。回忆必须把主人公从远古蛮荒时代带回现在，回忆使他想起自己睡过觉的地方，从而把他从虚无缥缈中解救出来。"……就在一秒种内我飞越了人类文明的十几个世纪……"(法文版，第1卷，第5页；德译本，第1卷，第13页)

在叙述者继续展开他的情节之前，他以一种可能的假定做了一个概况性的陈述。

> 也许，正是因为我们坚信此物非彼物，正是因为我们用呆板的思维去面对一切，使得我们认为周围的事物都是静止的。(法文版，第1卷，第6页；德译本，第1卷，第13页)

这是一种先验的目光转变。并非事物本身一成不变，而是我们的思维总是把它们视为相同，从而把这一特性强加给它们，我们还可以再补充一句：为的是更好地熟悉事物。这个论题这里还停留在"也许"的阶段，后来它就以更彻底的形式表达出来了。同时，这里也使人联想到普鲁斯特的主题，即：一切都处于变化中，因为一切都为时间所驱使。

---

① "但这就足够了，我只要在自己的床上睡得很踏实，我的精神得以充分松弛；这时，沉睡使我入睡的地方插上了翅膀，当我午夜梦醒时，竟不知自己身处何地，甚至在那最初的瞬间，连自己是谁都弄不清了——我只有最原始的一种存在感，这种感觉是动物都会有的……"(法文版，第1卷，第5页；德译本，第1卷，第12页)——原注

……在黑暗中，事物、地域和岁月，所有的一切都在我周围旋转起来。(法文版，第 1 卷，第 6 页；德译本，第 1 卷，第 13 页)

从“我”的自我发现之前的这一漩涡中，睡眠者应能分辨自己目前的境况。回忆向他展示了可能出现的情况，不过这是一种意识恢复之前的回忆。它的载体是躯体。

身体麻木了，丝毫动弹不得。我试图根据躯体疲劳的状况来确定四肢的位置，从而分辨出墙的方向和家具的地点，最后重新构筑自己的住所并说出它的名称。(法文版，第 1 卷，第 6 页；德译本，第 1 卷，第 13 页)

在意识还未真正清醒之前，睡眠者通过存在于身体中的记忆对经历过的往事进行了筛选。首先，他记起了贡布雷外祖父母家里的华盖床。他自言自语道：“你瞧，我现在还是睡着了，尽管妈妈还没有来同我道晚安……”(法文版，第 1 卷，第 6 页；德译本，第 1 卷，第 13 页)这里提示了对贡布雷生活的最初回忆的中心情节。睡眠者如此全神贯注地沉浸在童年时代，就连对妈妈是否来道晚安的忧虑都记忆犹新。[1]外祖父早已过世了，然而身体触觉比心灵更清晰地保留了对

① 参看第 1 卷，第 9—43 页。奥伊巴赫对此做了精彩的阐释，参看奥伊巴赫：《摹仿论》，A. 弗兰克出版有限公司，伯尔尼 1946 年。——原注

这个周围环境的记忆。波希米亚出产的玻璃吊灯，以及那座用西埃纳大理石砌成的壁炉，它们通过身体的记忆呈现出来。一些久已逝去的往事，平时极少想起它们，今天突然如此真切地再次浮现在脑海中，那情景的特殊氛围萦绕梦中人的心怀。

下一幕：希尔贝特·德·圣卢的乡间住宅。叙述者在散步后吃晚饭前，总是习惯于休息一会儿。午夜梦回时，他以为自己是在圣卢夫人的房子里小憩而睡过了头，耽误了吃饭。这段回忆暗示了他与圣卢夫人的那段感情纠葛。青年马塞尔与圣卢夫人(即希尔贝特·斯万)曾有一段不幸的恋情，她后来嫁给了马塞尔的朋友罗贝尔·德·圣卢。罗贝尔是旧贵族的代表，是由此回忆起来的盖尔芒特那边的人。圣卢夫人的不幸婚姻和马塞尔不可抑制的单相思都是不幸爱情的主题，换句话说，都表明了幸福爱情的不可能性，这一主题贯穿了整个的追忆过程。[①]

普鲁斯特把这种直接由身体触觉激发的记忆称为“旋转的回忆”，它们持续的时间很短，构成向真正的清醒状态的过渡。我们每个人都有过类似的经验。这种经验应归于一种对苏醒过程的现象学分析。在这里，这种经验还预示了即将发生的事情。

接下来是一个崭新的阶段：从这种下意识的回忆，过渡到有意识的重温，重温他曾经生活过的不同地方。

> 但是，我时而看到这一间，时而又看到另一间我曾住过的房间，清醒后，我浮想联翩，依次想遍了所有的房间……(法文版，第1卷，第7页；德译本，第1卷，第15页)

埃里希·克勒对这个包含种种回忆的句子做了示范性的分析，并对

① 指普鲁斯特的整部作品《追忆似水年华》。——译注

它的结构做了透视。①把冬天的房间和夏天的房间加以对照，这样就可以在每一个类别上实现所经历的不同可能性，以及叙述者亲身经历的适应陌生环境的过程。因为作品反复提到如何通过“习惯”去克服陌生和异常这一问题。

“旋转的回忆”之后，接着是回忆的第二阶段(普鲁斯特称之为“在苏醒后进行的长长的回忆”)。这个阶段随叙述者苏醒后重新适应环境而结束。“……好心的信念天使令我周围的一切停止旋转……”(法文版，第1卷，第8页；德译本，第1卷，第17页)现在他陷入有意识的回忆之中。

> ……我通过不断追忆往昔的生活而熬过了大半夜，追忆在贡布雷姨祖母家、在巴尔贝克、在巴黎、在董西埃尔、在威尼斯以及其他地方度过的岁月，我在这些地方结识的人们，我亲眼所见及所闻的有关他们的事情，都在脑海中浮现了出来。(法文版，第1卷，第9页；德译本，第1卷，第17页)

至此，小说序曲结束了。为什么说这部巨著以对入睡和苏醒的描写开篇是再恰当不过的呢？

我们一开始就碰到了故事从不着边际处娓娓道来的叙述方式，这在一些天真的读者看来是令人讨厌的离题，他们只想马上接触正题，却不懂得，正题恰恰就蕴含在这种远远铺陈的渲染中。举例来说：火车的鸣笛声——回家的幸福——原野的宽广——匆忙奔向车站的旅行者——离别——开始旅行——回家的幸福，在这些情节中，惟有火车的汽笛声是真正体验过的，其余全是幻想，可是这种幻想使回忆更加清晰。叙述者首先忆起了小鸟的歌唱，从小鸟的歌唱想起了森林的宽广，再由森林的宽广引

① 埃里希·克勒:《马塞尔·普鲁斯特》，瓦登荷克和鲁布勒希特出版社，哥廷根1958年，第57页以下。问题在于，我们是否应该像克勒那样，把有意识的回忆也算作“旋转的回忆”呢？——原注

出了对旅行的回忆，包括旅行的基本氛围也得到了描写，仿佛是为叙述者亲身经历的。其实，是否确实发生在自己身上并不重要，重要的是挖掘出真正属于旅行的这些要素——而且在这里，是对想象中的过程的描绘所做的发掘，而回忆再度在此发挥了中心作用。旅行者在旅途中忆起自己匆忙奔向车站，并在异乡同他人告别的情景——还有他想认识新的地方和经历不寻常事情的愿望——所有这些都保留在他的记忆之中，伴随着他的旅途直到平安回家。此时，就在火车的鸣笛声中，他忆起了自己踏上旅程、期待着崭新的体验、与友人告别和回家的情景。这种时间上的多层次性正是这一描写的令人激动之处。这些平常的体验就在现在发生并与现在相融。普鲁斯特把读者从这种沉醉于现在的状态中拖出来。他在同一个句子中既写出了当前：火车的鸣笛声——旅行者匆匆地赶往火车站；又描述了过去——忆起了鸟鸣；同时还预示了将来——旅行者对今后的体验的期待，而且，所有这一切都可理解为是逝去了的往事，因为它们全被纳入回忆维度之中了。旅行这个插曲被描写出来，既作为直接体验过的，又是回忆性的。

……他走过的那条短短的道路，深深地铭刻在他的记忆中……（法文版，第 1 卷，第 3 页；德译本，第 1 卷，第 10 页）

作者对事件过程做了描写，同时又把它转换成回忆的形式。这是明显带有普鲁斯特特征的事情，我们下面还将予以讨论——当前、过去和将来交织在一起，三种时间绽出状态(Ekstasen)同样地呈现出来，这是一种无与伦比的手法。

如果我们来思考一下胡塞尔的时间图式，[①]我们会看到，在其中，曾在当前的现在(das gegenwärtig gewesene Jetzt)是不断湮没的。我们能在一段

① 埃德蒙特 · 胡塞尔:《内在时间意识讲座》，马丁 · 海德格尔编，载《哲学和现象学研究年鉴》，第 9 卷，现在由鲁道夫 · 伯姆重新编辑（附补充论文），《胡塞尔全集》，第 9 卷，马丁努斯 · 尼基霍夫出版社，海牙 1966 年。——原注

时间内把握现在，然而它越陷越深，直至从我们清晰的世界中消失而越来越难以回忆。(这里并不是要批评他的这种不考虑具体内容的描述，但实际上，某些尘封多年的往事的确由于其意义承担而近在咫尺。)

普鲁斯特捍卫时间多维性并且试图对之作出总结，这时他就在反抗上面所说的“湮没”。H.R.姚斯在他的一篇令人难忘的论文中，出色地阐述了进行回忆的“我”和被回忆的“我”两者的联系对于这一问题的重要性。[①]这种关系的最终目标是尝试使三种时间绽出状态同时呈现出来，使似乎不可能的同时性变得可能。我们可以认为，整部作品都在追求着这一目标，揭示面临的困难以及克服困难的可能性。就此而言，玛德莱娜点心[②]的插曲成了一个中心情节。

与此相关的，也是我们已经指出过的，是作者期望读者参与到小说的事件之中，同时又对小说的事件作出反思。这种态度上的分裂，这一直接性与间接性、切近与距离的结合，通过回忆的“我”与被回忆的“我”的双重化过程才能描绘出来。不过，回忆的“我”未必就是一个反思的“我”。其实也有一种回忆只不过是重复，即把过去的事情再温习一遍。但如果说在普鲁斯特那里回忆的“我”本质上是反思“我”，那是因为事实上他不愿只是“重复”曾经发生的事情，而是希望做严格意义上的“重温”(wiederholen)，重温体验的意义，也就是重新接受并揭示、理解体验的意义。

我们这个世纪的艺术不可能在一个直接性的层面上活动，艺术家必须反思他的所作所为，并且要求鉴赏者也做这种反思。在我看来，普鲁斯特是最先意识到这一点的人之一。这一现象绝不仅仅局限于小说，它同样

---

① H.R.姚斯:《马塞尔·普鲁斯特〈追忆似水年华〉中的时间和回忆》，载《海德堡研究》，第3卷，卡尔·温特大学出版社，海德堡1955年，特别参看该书第2章第54页以下，对旅行者这一主题的专门论述可见第64页以下。——原注

② 玛德莱娜(Madeleine)是一种用面粉、鸡蛋和牛奶做成的扇贝形小点心。这里是指小说中因“玛德莱娜”引发的故事。——译注

适用于诗歌和戏剧，甚至适用于那些似乎与此现象无关的艺术：绘画[①]、音乐、还有雕刻。普鲁斯特的意图是与他对不同维度的时间同时出现的要求直接相关的，比如，在描写叙述者回忆自己过夜的不同地方时，就要求达到那种总体性。

纵观作品序幕，我们可以得出结论：作者期望通过对入睡和苏醒的描写表达出多层涵义。每次醒来便是一次回忆。人物通过回忆超越无意识的阶段而找到自我。此外，在梦中，回忆还具有创造的作用，并且可以摆

① 也可参看阿诺尔德·盖伦:《时代绘画》，阿特瑙姆出版社，美因河畔法兰克福，波恩1960年，“一切现代艺术都是反思的艺术”(第17页)，以及本书下文论毕加索一章。——原注

脱时间线性流逝的压力。这位睡眠者可以从穴居时代回到当前，同样地，他也可以支配空间中各个不同的地方。

同时，苏醒把我们带到我们生命中一个完全处于苏醒的阶段，即童年。小说最后指出，生命正是在苏醒时找到了它的内涵，即必须被发现、被揭示的使命。整部小说其实可以理解为“看不见的使命”的故事。[①]艺术的塑造乃是回忆之可能性的真正实现。为了理解这一论点，我们必须来探讨一下小说本身提出的艺术理论。因此，我们就要从作品的开头跳到结尾，同时亦可解释作品的反思特征。

在去参加盖尔芒特侯爵府邸午后聚会的路上，以及在书房等候第一支乐曲演奏结束时，叙述者心中反复出现的“下意识回忆”现象使他发生了一个转变：从相信自己没有写作才能[②]，到终于下决心从事创作的转变。在经历了这一转变之后，在最后一幕“时间的化装舞会”出台之前，普鲁斯特端出了对艺术理论的种种思索。

“下意识回忆”的情景具有触发作用，因为它们使叙述者意识到，逝去的和似乎不可挽回的忘却了的往事，竟然还都深藏于他的心中，还有可能通过描述牢牢地抓住它们，挽救它们，使它们不至于永远消失。在小说即将结束时，读者已经熟悉了这部小说。他们的观点已不再会因为空洞的理论思考而被强行纳入某个确定的轨道中，也就是说，不会有什么力量妨碍他们与作品的交流了。我们在对作品开头的分析中就已经看到，直接叙述和间接叙述是同时出现的。尽管如此，在一篇小说本身呈现出来之前，一种关于小说应该是什么的理论，依然会意味着把重心转移到理论方面，这种转移是令人起疑的。与之相反，对于叙述者来说，一种对他想要创作的东西的沉思乃是这种创作本身的前提条件。这一对结尾(就读者和回忆的我而言)和开端(就叙述者和被回忆的我而言)的融合，体现了一种

① 参看姚斯在《马塞尔·普鲁斯特〈追忆似水年华〉中的时间和回忆》中对此所作的恰当论述，第187页以下。——原注

② “……我的遗憾……是我对文学没有天赋”(法文版，第3卷，第723页；德译本，第7卷，第59页)。——原注

独一无二的对整体的衔接。

因此，如果说正是在此背景中，叙述者着手探讨了他对于做梦的兴趣(这是我们在分析作品开头时已经碰到过的)，那决不是偶然的了。梦境之所以能吸引他，是因为他可以在梦境中摆脱时间的束缚，准确地讲，是因为在梦中存在着时间浓缩的可能性。一般需要数年经历的事情，现在以“神话般的速度”发生(法文版，第3卷，第911页；德译本，第7卷，第302页)[①]。其中表达的主题是：“……梦境以它与时间的奇妙游戏令我着迷”。(法文版，第3卷，第912页；德译本，第7卷，第353页)梦和回忆联系在一起，使往事摆脱了似乎永远湮没的命运——这与我们开头做的分析正好一致。不过，梦只是能够在真正的回忆中得到完成的事情的一个预示。它能够在人处于睡眠状态时把往事带到切近处，使我们完完全全地着迷；醒来后一切又逃之夭夭了。因此，普鲁斯特说：“……以至于我们认为——其实是错误地认为——这梦是复得似水年华的途径之一”。(法文版，第3卷，第912页；德译本，第7卷，第353页)

梦中包含的另一个因素对艺术家来说具有重要的意义，那就是这样一种经验：现实并非某种客观现存的东西，而是某种为灵魂所设定的东西。[②](在分析小说开头时，我们称之为普鲁斯特的先验观点。)他在梦中如此清晰和生动地经历的一切，无非是他的创造。(至于这种创造包含多少确实经历的事情，在这里并不重要，但它是如何被改变、改造的，这对他来说却有很大的吸引力)如果在梦中可以像变魔术一样创造“现实”，艺术家们不也可以由此得到启发，在他们的作品中也让“事实”这样出现吗？

于是，他得出了一个对他来说至关重要的基本论点：“我早已十分清

① “……它(指梦)能够起这样的作用：在短短几分钟时间内，我们能马上完成俗称‘谈对象’的行为，甚至我们可以疯狂地爱上一个丑女人；而在现实生活中，要做到这一点，却需要多年的习惯和长期的关系……”(法文版，第3卷，第911页；德译本，第7卷，第352—353页)——原注

② “……使我相信现实的纯粹精神的特征……”(法文版，第3卷，第914页；德译本，第7卷，第357页)——原注

楚地意识到，惟有一种粗糙而错误的知觉方式才把一切都置入客体之中，而事实上，一切毋宁说都在精神中”。(法文版，第3卷，第912页；德译本，第7卷，第354页)这一论断及其对于普鲁斯特艺术的影响，需要我们作简短的解释。

所谓忠实的、现实主义的艺术，即“纪实艺术”，是一种非艺术(Unkunst)。为什么呢？

> 通过我们的记忆保留下来的所有被模糊地表达出来的一系列东西，并未记录下我们确实体验过的事情，却渐渐地变成我们的思想，变成我们的生活，变成现实。但一种谎言只会复制所谓的“经历”艺术，它同生活一样的平淡乏味，没有美感，那是我们亲眼目睹的和我们的理智发现的东西的再版。它是如此的无味和空洞，以至于人们不禁要问，那些沉湎于其中的人是在哪里找到触发喜悦和动力的火花，使胸怀大志的他在成功路上不断进步的呢?(法文版，第3卷，第895页；德译本，第7卷，第327页)

这种艺术通过“忠实地”再现保留在记忆中的印象而达到复制真实经历的效果。为什么普鲁斯特如此强烈地反对这种艺术可能性呢？他以龚古尔兄弟的日记为例，这本日记是他在一次去看望贝尔希特·德·圣卢时借来的，日记描写的是在维尔迪兰夫人处度过的一个晚上。他能够把亲身的经验与日记中的描写加以对照。乍一看，似乎普鲁斯特也正是通过一种尽可能忠实的描写来记录往事。他难道不也力求通过记忆留住往事吗？他对往事的态度与那些“一丝不苟的现实主义者”有什么区别呢？

现实主义者过度拘泥于某些细节。可能有人马上会反对说，普鲁斯特自己也很重视细节，他有一种天赋，能够通过细节让一些东西在场、露面。可是令人费解的是，他为什么要批评细节描写，而且批评得如此激烈，以至于他把这种现实主义的细节描写称为“所有被模糊地表达出来的一系列东西”(法文版，第3卷，第895页；德译本，第7卷，第327页)，并且说，那是要把所谓“体验”再现出来的谎言。

在这里，我们看到一个极富启发性的对立：真正经验到的东西(das Erfahrene)与仅仅体验到的东西(das Erlebte)。这个对立表达出什么呢？在日常经历中，我们总是完全为我们遭遇到的事情、我们必须关心和处理的琐事所充实。所谓的“丰富”印象占有了我们，尽管这种丰富性无非就是对习惯之物的不断重复。习惯是我们活动的领域。习惯之物是我们总是已经熟悉的，我们不必为此耽搁时间，因此它归根结底也不能使我们感到满足。为寻求一种表面上的满足，好奇心驱使我们去追求非同寻常之物，但事实上，这不过是一种假象。好奇心其实并不想要非同寻常之物，为什么呢？因为非同寻常之物向我们要求的，正是我们要极力逃避的。那些看似不寻常、实际并不新鲜的事物占有了我们。不断增强的旅行欲就属于这一现象。人们以为，他们平时懒得追求的东西可以在旅行中轻易获得。而事实上，人们在这种旅行中看到的无非就是他们总是已经熟悉了的东西。因为人们没有能力理解新事物，所以就把这些所谓的新事物简单地视为早已熟知的事物，或者——如果这根本就不可能的话——就把它视为是古怪的东西而弃置一旁。那么，普鲁斯特所批评的“纪实文学”做了什么呢？这种文学想给人一个紧扣真实经验的印象，并且把真实经验到的东西与现实等同起来。他们所描写的种种细节既对又不对。为什么呢？因为这种文学的前提是错误的。这个前提可以表述为：一切皆在客体中。作家只要接近并且尽可能详细地把客体描述出来，那么，他就拥有了真实的体验，或者更简单地说：他就拥有了现实。与此论点相对立，普鲁斯特提出了他的论点(那也是我们的出发点)：“一切皆在精神中”。(法文版，第3卷，第912页；德译本，第7卷，第354页)这话该怎么理解呢？什么叫“精神”？它是某种能够支配一切的神秘力量吗？如果是这样的话，就很难理解，为什么普鲁斯特赋予细致入微的描写、贴切的细节以如此重要的意义。

举一个简单的例子：我初次在一个陌生的城市中穿过一条胡同，去探望一个不久前在旅途中结识的人。我们可以仔细地描写这条街上的建筑、花园等等。但这并不重要。重要的是，我是怀着怎样的心情，带着怎样的期待去寻找这座房子，这样走一圈是否意味着人生新阶段的开始，还有与这次见面相关的全部情感：希望、失望、痛苦、激动、喜悦，直至最后分手。这条小巷对这次见面的意义并不在于它的客观存在，而在于它怎样进入到我的世界中来，成为我的世界的一部分。即使我今后几十年不在这个城市里，也无法把它从记忆中抹去。所有这些实际上能够给出的细节(为的是让第三者身临其境)都有其分量，它们的重要性并不来自客观，而是来自主体的意义视域(Bedeutungshorizont)。这就是普鲁斯特所认为的"精神"：精神乃是构成意义和理解意义的东西。与之相对的概念是"客体"，"客体"自身并不产生意义，而只能借助于精神而成为意义的载体。如果我们从"精神"的角度来观察事物，那就意味着：这个事物属于"我"的经验视域，受到后者的影响。去发现确实属于一个人的生活并且已经深入其世界之中的东西，这乃是"精神"的优先权。惟精神能使作家感兴趣。现在，如果我们仔细阅读普鲁斯特作品中的描写，我们就能非常清楚地看到，这些描写是如何仅仅记录那些对主人公的生活来说举足轻重的要素和细节的。

一种描写的细节，例如，对在某个特定的时间里，一种特殊的灯光下的巴尔贝克餐厅的描写，只

有当与之相随的某个经历过的情景得到回忆，而且这个情景由于与这个地点的经历密切相关而能够从众多往事中脱颖而出时，才是合乎情理的。在丰富的细节中，那些能代表特殊气氛，因而能使经历过的情景栩栩如生的细节，应得到重点描写。正如普鲁斯特对"纪实文学"提出的批评那样，具有决定性作用的并不是细节的多少，而是它们的说服力。那么，怎样才能区分重要的与不重要的或者不太重要的细节呢？普鲁斯特有一个可靠的方法，就是回忆。无关紧要的事情经不起时间的考验，而那些没有被遗忘的主宰着记忆的东西，才是真正得到经历或者经验的东西，它们不同于单纯的体验。把这种经历或者经验牢牢抓住，形成文学，是艺术家的本职工作。只要他能做到这一点，他就能说："真正的生活，最终得以揭露和重见天日的生活，因而是我们唯一确实经历的生活，就是文学"。(法文版，第3卷，第895页；德译本，第7卷，第328页)

普鲁斯特否定了通常的生活之上论以及关于纯粹描摹性文学的观点(后者认定文学只能费尽心计地臆造生活假象)。他认为，艺术并不是生活的拓片，相反，艺术中的生活才是真实的生活。如果没有艺术，人们就无法理解他们的生活。人们就会沉湎于自己单纯的经历，即一时片刻的东西，无法把持续的"现在"序列统一起来。人们受习惯驱使，不断地重复总是相同的东西，从而达到一种假想的统一。因此，普鲁斯特把合乎习惯的东西视为必须避免的东西。作家必须与习惯作斗争，恰恰就是反对习惯的虚假特性。①这种斗争的形式之一，是要捍卫所经历的印象的原始性，不让它们渐渐褪色。对此，普鲁斯特说：

> 然而，在我们对自然、社会、爱情甚至艺术本身做最无动于衷的观察时，由于每一种印象都是双重的，一半潜藏在对象事物中，

① "首先我将摒弃那些未经思考便脱口而出的话语，摒弃那些插科打诨，如我们在交谈中使用的，并且在与别人长谈后继续矫揉造作地对自己说下去的话语，以及那些充斥我们灵魂的谎言……"(法文版，第3卷，第897页；德译本，第7卷，第331页)——原注

另外一半进入到我们身体中，只有我们自己能够了解，所以我们急急忙忙地恰恰把这后者忽略了，忽略了我们应该挖掘的唯一的东西，而只考虑前者，因为前者是浅显的，从而是不能深挖的，用不着我们费吹灰之力。(法文版，第3卷，第891页；德译本，第7卷，第322页)

可以看出，接下来要讲的是如何理解我们内心发生的事情。仅仅把获得的印象尽可能纯粹地保留下来，这是不够的，尽管这也很重要，并且是人们必须追求的。我们还应该去理解在经验者身上发生的事情，而这一点，是我们永远无法通过对客体方面的说明做到的，我们只能返回经验者(即我们自身)。这种返回不能在直接的经验中完成，而只能之后以回忆作媒介来完成。

巴尔贝克沙滩的美丽，与阿尔贝蒂娜恋爱的幸福，这些不是在直接的经历中揭示出来的，而只是在重复的回忆中得以揭示的。这种回忆使我们获得某种距离感，我们得以了解概貌，并且有可能进行普鲁斯特认为极其重要的理解性分析。如果我们仅仅注意到普鲁斯特的透彻描写中似乎直截了当的那些因素，那我们就没有理解他和他的意图。尽管这些描写属于他的艺术的独创性，但按照他的意图，我们不应该局限于这些描写，而是应该藉此去理解所发生的事情，不是简单地接受它们，也不是仅仅对所接受的东西感到赏心悦目。对久已逝去的往事以及首先往往显得无关紧要的东西的再回忆，应能使我们在重温中理解一度经历过的东西。因此就明确地表明了马塞尔的一个观点：想通过去威尼斯旅行，来了解这一城市给自己留下的第一印象，那是毫无意义的。他在那里能够得到的，只不过是一些直接的印象；他并不寓于自身，而是依附于客体；他的目光应当回到他的内心世界，同时把自己的内心世界作为曾经经验过的东西回忆起来。因此，普鲁斯特提到了一种必须克服的黑暗。

我试图紧紧抓住的那些印象，一接触到某种不能激发其活力的直接享受，就只能烟消云散了。唯一可以事后品味它们的方法，是尝试着在它曾在的地方，即自己内心中比较完整地认识它们，尽量使它们的深层都清晰可见。(法文版，第3卷，第877页；德译本，第7卷，第300页)

或者有另一种说法：

……我必须努力去思索，也就是让我感觉到的东西走出晦暗，把它变换成一种等值的精神，从而将种种感觉解释为众多规则和思想的记号。(法文版，第3卷，第878页；德译本，第7卷，第302页)

回到主体，准确地说就是回到主体的深处。"我现在很清楚了，需要表达的现实并不存在于客体的外表，而在于某个深处，在其中，外表是没有什么意义的……"。(法文版，第3卷，第882页；德译本，第7卷，第307页)汤匙碰击碟子发出声响的例子便证实了这一点。对叙述者来说，这种重温体验远比所有不计其数的讨论有意义得多。也就是说，人们所追求的智力表现领域属于表面(apparence)。艺术与这一表面没有什么关系，不如说，艺术是"对内心现实的服从"。(法文版，第3卷，第882页；德译本，第7卷，第308页)

人人都有经验，但却不去思考它们。这些经验必须得到阐述、澄清和解说，而且必须用理智去做。普鲁斯特以"照相底片"为喻。照相底片如果不对着能让我们看清底片的灯光，就只不过是一张黑色的片子。按照西方的传统哲学去解释，我们的理智——自然之光(lumen naturale)——就发挥着"光"的作用。不过，在这里，理智的作用首先在于理解、廓清自己的体验。"底片"这个比喻显然也是与"底片"必须反过来看这一特性相联系的。“反过来”在这里意味着，过去的事情是可以倒回来的。[①]极少数的人能够回过头去理解自己的生活。[②]大多数人虽然不断地经验，但却不知道自己在经验中发生的事情。

于是，艺术与生活的联系重新得到了辩护。

> 那些我们不必亲自费力便可辨清的东西，那些在我们去做之前便已明了的东西，其实并不属于我们。惟有那些我们独自一人从我们不为人知的内心世界的阴暗处提取出来的东西，才来自我们自身。(法文版，第3卷，第880页；德译本，第7卷，第304—305页)

生命只有在不断重温中才日臻完善。大多数人热衷于追求直接的体验，这就偏离了我们所担负的任务。只有在重温中，我们才能够真正理解。普鲁斯特认为这可以与破译古埃及象形文字的任务相提并论。因此，普鲁斯特说(这也是我们的出发点)：

> 真正的生活，最终得以揭露和重见天日的生活，因而是我们唯一确实经历的生活，就是文学。(法文版，第3卷，第895页；德译本，第7卷，第328页)

通常人们认为，生活是中心，文学至多作为附属物而存在。普鲁斯

---

① “我们感受到一些事情，但我们感受到的东西，却如同一些底片，如果不把它们凑近灯光便只是一片漆黑，而且我们还必须反过来看；只要不把我们感受到的东西凑近理智之光，我们就不知道它们是什么。所以，只有当理智把它们照亮，把它们推入智力世界之中，我们才能认识我们以前感受到的事物的面貌——这要费多少功夫呵！”(法文版，第3卷，第896页；德译本，第7卷，第330页)——原注

② “至于我内心书本上的那些不认识的符号(似乎是一些被强调的符号，我的注意力在努力研究下意识时，会像潜入深水的潜水员那样去寻找、接触这些符号，并围着它们转)，没有人能用什么规则来帮助我去阅读它们，这种阅读就是一次创作行为，没有人能越俎代庖，甚至没有人能与我们共同完成。”(法文版，第3卷，第879页；德译本，第7卷，第303页)——原注

特的观点却与这种通常的见解相反。他同时也揭露了“纪实文学”的弱点，这种文学力求加强、重复一度体验过的东西。这样一种加强、重复是多余的、无意义的。体验内容不应该在艺术描写中得到重复，而应当通过理解而经历一种转变。我们因此接触到普鲁斯特的一个重要观点：个人的经历只有成为清晰可见的共性，才变得重要起来。其实，我们在小说的开头就已经碰到过的这种个性与共性的协调，在此被专门提升为一个论题了。作家要处理的并不是个别的东西，而是要从个别的东西中提炼出共性。

> 然而，艺术能够帮我们发现的，不正是对我们来说最珍贵的东西吗？这种东西通常永远不为我们知晓，那是我们真实的生活……（法文版，第3卷，第881页；德译本，第7卷，第305页）

如果艺术家们恰好完成了这种发现，那么，他的目的便是鼓舞每一个人，清楚地了解自己的生活。在这里，对那个通常的观点的颠倒达到了顶峰——在通常的观点看来，艺术只能是真实生活的折射。情形并不是：一边是现实之物(真实之物)，即体验内容；另一边是试图模仿体验内容的艺术；而毋宁说，艺术乃是回忆和理解的行为，通过这种行为，经验的意义才能向那个取得经验的人启示出来。惟有通过这种意义阐明，生活经历才能成就自身。没有尝试这样做的人就没有真正地生活过。艺术与生活是紧密相连，不可分割的；能够分割开来的，只是一种没有成就自身的生活与一种在自我理解中实现自己的生活。因此，普鲁斯特能够说：

> 事实上，每个读者在读书时都只是自我的读者。作品不过是作家交给读者的一种光学仪器。读者藉此可以看到他本来无法看清的内心世界。读者在内心中找到了书上的东西，证实了这本书的真实性，反之亦然，至少从某种程度上来说是这样。因为两者的差别往往不能归咎于作者，而应归咎于读者。（法文版，第3卷，第911

页；德译本，第 7 卷，第 352 页）

当读者理解所描写的东西，仔细阅读不可多得的细节并沉醉于它的魅力的时候，叙述者就促使读者把眼光同时投向共性的东西，这就是说，要求读者同时处身于小说和他自己的生活中，并从共性的角度来观察自己的生活。因此，正像叙述者要回忆并且解说他的往事一样，读者也不应该忘却他自己的往事，而是应该去消化理解它。人们不应把生活经历当作盲目的事实来接受，而应该对它的意义作出解说。

如果人们仅仅看到读者被带回到他自己的生活中，人们就可以认为，这种文学是个别化的。在普鲁斯特看来，情形是相反的。他认为，读者通过对自己生活的理解，就有可能同时去理解他人的生活并且达到与他人的交流。只有通过这一见识，我们才能解释“看法”(vision)——即一个人对世界的观察方式——的意义。“因为风格之于作家犹如色彩之于画家，不是一个技术问题，而是他的观察方式”。(法文版，第 3 卷，第 895 页；德译本，第 7 卷，第 328 页)只有当我们理解了世界如何在意识中构建起来之后，我们才能明白世界之可能显现的多样性。这个问题是胡塞尔哲学的核心，而同时，普鲁斯特也受这一问题所支配。两者的不谋而合实在不同寻常，就连普鲁斯特对理想主义的看法也与胡塞尔相似。两者的见解又都是以康德为背景的。

因此，我们可以通过艺术去理解不同的观察方式，而不至于幼稚地认为唯有我们自己的观察方式才是可能的。

> 只有艺术能够使我们走出自我的圈子，并且使我们了解他人眼中的世界，世界在他人眼中与在我们眼中是不尽相同的。倘若没有艺术，他人眼中的世界对我们就如同月球一样陌生。幸亏有了艺术，我们才不至于只知道自己这方世界，而是看到了千姿百态的世界，有多少艺术家就有多少个世界，它们之间的区别胜过无限的宇宙中的那些世界之间的区别。(法文版，第3卷，第895—896页；德译本，第7卷，第328页)

可见，艺术不仅介绍了我们自己和我们的生活，还在我们与他人之间架起了桥梁，并且使不同世界之间的交流成为可能。

我们说过，回忆对于这种艺术观具有特殊的意义，其实，回忆是艺术创造的前提条件。这一点现在需要作更进一步的阐述。普鲁斯特关于艺术(文学创作)之本质的论述，出现在一系列下意识的回忆的段落中，这一点并非偶然。因此，我们必须对此作简短的探讨，以便澄清在作品中起作用的特定的回忆方式。

第一种对贡布雷的回忆方式，再现了在他临睡前没有得到晚安吻这一情节，以及父母看到孩子的不安后作出的让步。我们不妨引用一下作者对这一情节的思考。孩子对遭到严厉的父亲处罚的担心转化为对他的感激，但这一感激没有表达出来。

> 感谢我的父亲是绝对不可能的，他对这种他称之为“装腔作势”的行为只会恼怒。于是我就站在那里，一动不动。他还站在我

们面前，高大的身影，穿着白色的睡袍，头上缠着那条粉红和紫罗兰两色的羊绒头巾，自从他患了头痛病之后，他总是习惯以此缠头。他的行为好似是斯万先生送给我的那幅版画中的亚伯拉罕，版画是根据伯诺索·戈索里[①]的原作复制的，画中的亚伯拉罕要萨拉狠心地舍弃伊萨克。[②]所有这一切都过去很多年了，我在楼梯旁的墙壁上看到他的蜡烛的光影一点一点移动，这堵墙早已不复存在了。在我心中有许多我认为应该永存的东西遭到了破坏，而另外一些新出现的，让我欢喜让我忧的事情是当时无从知道的。同样，今天的我已难以理解当年的事情了。我的父亲早就不会再对母亲说："去小家伙那里吧"。这样的时候对我来说已一去不复返了。但是，最近当

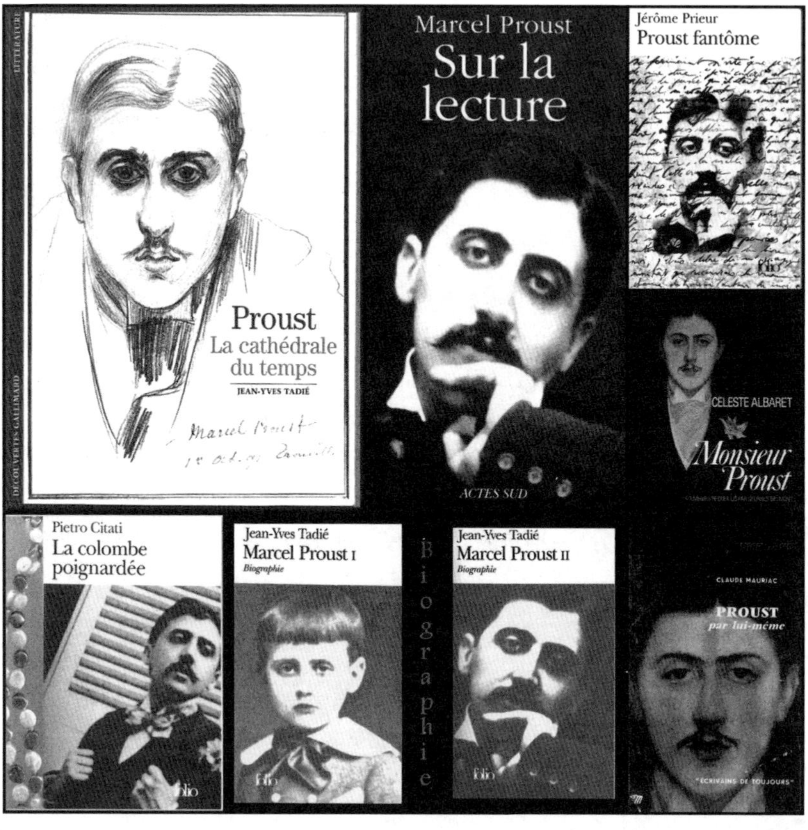

我侧耳倾听时，居然还能听到当年的啜泣声：在父亲面前我总是极力掩饰，只有当和母亲单独在一起时才会爆发出来。事实上，我从没有停止过啜泣，只是因为我现在的生活比较安静，我才又听到了它，就像白天被城市喧闹声盖住的修道院的钟声，人们误以为它只有在夜深人静时才敲响。(法文版，第1卷，第36—37页；德译本，第1卷，第58—59页)

只有一点值得一提：普鲁斯特在这里如何又把不同的时间层面统一起来了。时间从这一情节发生的童年时代(孩子的不安，担心被父亲逮住，受到惩罚；当父亲要求母亲晚上留在男孩身边时，男孩由担忧变为欢喜和感激)——回溯到圣经时代，通过伯诺索·戈索里的版画，描述伊萨克成为父亲亚伯拉罕的祭品的情景(这里正好相反，母亲和儿子并未分离，但这可能暗指父亲曾威胁将儿子送到寄宿学校)——这是历史时代；版画是斯万送的礼物，于是又与童年时代相联系。但同时，所有的这一切都是在叙述者已经长大成人时得到叙述的，这时，父亲已不在人世，故事发生的地点也不复存在了。不过，这一次对往事的回忆又与当前相结合，几十年前孩子压抑的啜泣声至今仍萦绕在耳畔，它既已过去而又在当前。这一幕是一个例子，说明人们可以把久已逝去的往事从它所寄身的阴暗的“内心世界”中提取出来。回忆贡布雷生活的这个第一阶段，由于回忆起晚上道别时的恐惧而显得真实而生动。

回忆的天地通过一种新的回忆方式而开阔起来，“玛德莱娜”点心的情节便是一例。

很多年后，除了同我上床睡觉有关的情节和环境以外，贡布雷的其他往事对我来说早已化为乌有。可是当我在一个冬日回到家中，几乎冻僵，母亲建议我喝杯茶暖暖身子，而我不习惯喝茶，所以不肯，可不知道为什么又改变了主意。母亲于是叫人拿来一块厚厚的椭圆形的小沙糕，人们称之为“玛德莱娜”，看起来就像是人们拿圣雅各的一种贝壳形用具中的扇形模具做成的。那天天色阴沉，而且第二天也没有转晴的希望，因此我心情忧郁，无意中舀了一勺茶和着一小块泡软了的玛德莱娜蛋糕送到嘴里，就在和着蛋糕味的茶水碰到我的上颚时，我浑身一颤，身上似乎发生了什么特别的变化，一种从未体验过的快感传遍全身，我感到舒畅，却不知为什么。我突然看淡了人生的变迁和沉浮，背时遭劫无甚大碍，人生苦短不过是一时的幻觉。它好比是恋爱的力量，以一种可贵的精神充实着我的内心，或者更确切地说，这感觉不是在我身体里，它本来就是我自己。我不再感到平庸、猥琐和凡俗。这股强烈的快感是从何涌来的呢?(法文版，第 1 卷，第 44—45 页；德译本，第 1 卷，第 70—71 页)

这是第一个下意识的回忆的例子。普鲁斯特把它与有意识的回忆对立起来。他也把有意识的回忆称为是理智的回忆，并且说:“……用这种方式得到的有关过去的消息并未保存过去”。(法文版，第 1 卷，第 44 页；德译本，第 1 卷，第 69 页)为什么呢?这里包含着一种没有特别表述出来的在单纯被意识的东西与被经历的东西之间的区分，即：在我们知道的东西与我们本身所是的东西之间的区分。诚然，从前文已经可以明见，普鲁斯特赋予理智的“照明”作用以决定性的意义，但是，下意识的回忆与仅仅知道某种生活经历是两码事。只要我们仅仅知道往事的发生，我们就并不拥有往事，因为这种知道(Wissen)乃是一种简单化的表面认识。如果我只是知道我爱过一个人，并且为了回忆而轻轻地念叨这件事，那么，在这种状态中就没有什么令人激动的，而且这也说明，我对此已经陌生了。相反地，如果我是下意识地回忆起这段爱情，那么，就在回忆的这一刻，我又因之而着魔了。我于是又回到过去的状态，重温过去的状态——按海德格尔的看法，这种过去的状态并未消逝，而是曾在着(gewesen)，亦即现在还现身在场着(wesend)。①

对于这种“下意识的回忆”，我们必须作更深入的探讨，因为它构成了整部著作的核心环节。在初次体验了幸福感之后，这位年轻人开始寻找它的来源。“精神”必须为他作出回答。

> 它(指精神——译者)必须发现事实真相。可是如何发现呢?精神毫无把握，总感到力不从心；精神既是探索者，同时又是它应该探索的黑暗的领域，在那里，它费力拖拉的东西对它来说一文不值。探索么?还不止是探索，还要创造。它站在某个还不存在的东西面前，实际上只有它才能使这个东西成为现实并且使之进入光明之中。(法文版，第1卷，第45页；德译本，第1卷，第71—72页)

在这里，探索的能力处于一种艰难的境况中，本应该带来光明的精神本身完全陷入了黑暗中。它迷失了自己，丧失了它所有的探索方式。那么，它还能做什么呢?不是去发现某个预先确定的东西，而是要去创造。

他多次重温导致这种幸福感的过程，却找不到蛛丝马迹来说明这种突然从天而降的快乐。他只好死了心，听任自己无法理解在他内心发生的事情。这种回溯到无意识层面的做法，令人想起了弗洛伊德的方法；不过，在这里，关键并不是导致压抑的障碍因素，而只是有待回忆的东西的遥远，这种东西已经与许多后来发生的事，叠加在一起了。回忆的产物是

① 比梅尔在本文中可以说全盘采纳了前期海德格尔的时间学说及其术语系统。海德格尔在《存在与时间》等前期著作中，批判了自亚里士多德以来的传统形而上学的“现在时间”观，并在生存论层面上提出了自己的时间(性)学说，认为时间不是一种线性发展的“现在”(Jetzt)之河，而是“曾在”、“当前”与“将来”三维不断循环涌现的生成过程。比梅尔在本文中使用的基本词语均源自海德格尔，例如:“重温”(Wiederholen)、“绽出”(Ekstasen)、“曾在”(Gewesenheit)、“当前”(Gegenwart)、“将来”(Zukunft)、“时间之到时”(Zeitigen, Zeitigung)等等。因此，读者若要充分理解本文，首先需对前期海德格尔的哲学有基本的了解。——译注

不能强求的，它只会借助于某种口味与气味的共同性而突然地出现——诸如“玛德莱娜”点心。仅仅看着这块糕点是不会使人获得什么联想的，而是与其他情景联系在一起了，而同样的味道和气味却使他联想到久远的往事——那是一个星期天，他在贡布雷向他的莱奥妮姨妈请安时，姨妈给他吃了一块曾在茶水里浸泡过的“玛德莱娜”点心。

> 但即使人亡物毁，先前的往事都杳无形踪，唯有气味和味道虽说更脆弱却更有生命力，虽说更虚幻却更经久不散，更忠贞不渝，还像迷路的灵魂那样长久地引导着他们的生活，还对依稀往事寄托着回忆、期待和希望。它们几乎不可思议地一点一滴地，在一片废墟上牢固地支撑起整座记忆的摩天大厦。（法文版，第 1 卷，第 47 页；德译本，第 1 卷，第 74 页）

一种经历过的感官印象引发了一连串的回忆。唯对这种感官印象的重温才给出了答案。这种感官印象绝不是一个孤立的因素，相反，我们所谓的感官印象乃是对某个整体情景的把握。在感官印象中，我所经历过的世界的某个状态呈现在眼前。只因为这样，通过对印象的重温，整个消失了的世界的重新出现才是可能的。①至于这种印象属于哪一类，那是无关紧要的，但它必须使曾在的往事与当前的事物达到和谐的统一，这乃是前提条件。由此，在这种特定情境下的幸福感的起源问题就得到了回答，但是，为什么先前的经历与现在的经验的这种吻合会具有这样一种作用，这个根本性的问题要到作品结束时才提出来并得到回答。因此，由“玛德莱娜”点心引发的对贡布雷往事的追忆，就过渡到在盖尔芒特府邸举行的午后聚会。直到最后，叙述者才弄明白这种体验的意义，从而也弄明白了他要阐明的东西。

---

① 在小说结尾部分，普鲁斯特明确地指出在对这样一种印象的重温中存在的区别，区别于对这种印象的单纯表象。因为那是一种重新生活 (Wieder-leben)。(法文版，第 3 卷，第 869 页；德译本，第 7 卷，第 287 页)——原注

通过重新提问，得到的第一个结果是：

……这些不同的令人喜悦的印象……有一个共同点，便是我既在当前的这一刻，也在某个久远的时刻都经历过它们，直到最后，过去的往事蔓延到当前中来，连我自己也搞不清楚我是在过去还是在当前了。（法文版，第3卷，第871页；德译本，第7卷，第290页）

关键在于，不同生命时期的两种印象完全重合在一起，就连经受这两种印象的人本身，起初也不知道他究竟处于哪一个阶段中了。这种重合中如此激动人心的是什么呢？普鲁斯特在他的作品中表明，“我”如何处于一种持续的变化之中。在普鲁斯特看来，一个人并不拥有一个唯一的、一成不变的自我，而是有着一系列不计其数的相互交替的自我。

因此，《在斯万家那边》①有如下说法：

因为我们的爱情和嫉妒都不是一种持续的、不可分的激情。它们其实是由无限的一个接一个的爱的状态和嫉妒的状态组成的，它们虽然短暂，但由于接连不断地产生，使得我们产生连续的印象和整体的幻觉。斯万的坚贞不屈的爱情、坚韧不拔的嫉妒是由无数消亡的欲念和猜疑构成的……（法文版，第1卷，第372页；德译本，第1卷，第546—547页）

在《女囚》②中，我们看到有一个相对的有关马塞尔的段落：

不光阿尔贝蒂娜是一个由瞬间组成的相继序列，我自己也是。

① 为《追忆似水年华》的第1卷。——译注
② 为《追忆似水年华》的第6卷。——译注

我对她的爱很艰难：对未知事物的好奇，夹杂着肉欲，还有温柔的内在感情，几乎就像兄弟姐妹间的感情，偶尔冷漠，偶尔伴有疯狂的嫉妒。我不是一个单一的人，而是一群人，一支由热恋者、冷漠者和嫉妒者组成的大军，——而这些嫉妒者并不为同一个女人而嫉妒。（法文版，第3卷，第489页；德译本，第6卷，第117页）

他以这种方式说明，原先被认为持久的热情也有可能终止。

在一个群体里，各个组成部分可能不知不觉地一个接一个被代替，代替者又会重新被代替，最终就发生了一种变化。倘若人们是一个单一的人，那他就理解不了这一变化。（法文版，第3卷，第489页；德译本，第6卷，第117页）

若我们想到这一点，我们就能理解，经验到下面这回事情该是多么令人兴奋：这些消失了的“自我”并没有彻底死掉，相反，当一种过去曾在的体验与一种当前的体验相吻合时，他们就有可能复苏过来。可以断定，重获逝去的年华和往昔的生活，同时也就克服了对死亡的畏惧。这是如何可能的呢？

……那个曾经在我心中感受到那种印象的生命，现在又在过去的一天与现在的一天之间的共同点上，在时间之外的东西之中，重新找到了这种印象……（法文版，第3卷，第871页；德译本，第7卷，第290页）

在这个句子中，“extra-temporel”一词的意思是什么呢？我们不得不把它译为：在时间之外的(ausser-zeitlich)，也即挣脱了时间的束缚，不存在于时间中。如果可以这样理解，那么，说这种挣脱了时间束缚的状态应该是在当前与过去恰好重合时发生的，就是很奇怪的说法了。其实，一个在

时间之外的位置必定是这样一个位置，在其中根本就不再有什么当前与过去。但在这里，小说却明确地指出，当前与过去(当前之物和过去之物)是同一的；进一步还指出，叙述者在当前与过去重合的这个瞬间能够从事物的本质中获得快乐，[①]然而接下来，又出现了“在时间之外”(en dehors du temps)这个说法。普鲁斯特在此真的是想彻底撇开时间，跳出时间，跳到一个无时间的固定的现在(nunc stans)的视角中去吗？倘若这样，幸福感不就成了一个神性的幻象，一次顿悟，一种超凡的灵感么？然而在这里，普鲁斯特根本就没有谈到一种神性的体验，或者一种宗教上的顿悟状态。

是否有可能在时间维度本身之内超越时间，以至于这种超越简直就可以被称为对时间的跳越——尽管它依然在时间之中？那被超越的到底是什么呢？是时间的何种特性呢？那是作为变化力量的时间，它把一切都卷进它的漩涡而席卷而去。遭受了这种力量的一切都成了消逝的往事。在不

① “享受事物的本质”(法文版，第3卷，第871页；德译本，第7卷，第290页)，或译为“从事物的本质中获得快乐”。——原注

断的消逝中，不再有任何持留的东西。

唯一起作用的只有现在。但按其本性来看，就是这个现在也是一个不断变化的东西。每一个“现在”(Jetzt)，当我们说“现在”时，就不再是它本身了，由另一个“现在”取而代之了。这个使每个“现在”成为一个“现在”的现在性(Jetztheit)，只有当我们使时间之河静止下来，把“现在”的同一性突现出来时，才能得到认识。这样，我们似乎就从时间中跳了出来；倘若我们真的从时间中跳了出来，也就根本不再有什么“现在”了。从根本上讲，静止的“现在”也不再算是“现在”了。只有当瞬间被抓住，时间从这一瞬间的不断更新中脱颖而出，我们才能有意义地谈论“现在”。

因此，我们已经认识到了这样一种可能性：当我们待在时间里面，但不让自己被任何一个现在拖走，而是去观看构成时间之为时间的东西，这时候，我们才能把握时间之为时间。换一种说法，为了观看时间之为时间的构成，我们不可跳出时间之外，因为如果我们这样做，我们就再也看不到时间的本质了；相反，我们必须尝试去理解时间本身，以及构成作为变化的时间的基础的东西(即永恒)，从而保持在时间之中。如果我们成功地做到了这一点，那么，我们就找到了一个基点，在那里，我们既在时间之中，而同时又在时间之外——这儿，这个“在……之外”的意思只能是：摆脱了时间的吞噬。

普鲁斯特说：所谓经验的令人喜悦之处就是那种摆脱了时间束缚的状态。上述简短的思考是否能使我们进一步理解他的这句话呢？普鲁斯特并没有讨论对时间之为时间的认识，而只是说，过去的一刻和当前的一刻被表明为同一的。为什么这种同一性具有如此重大的意义呢？

普鲁斯特所讲的“同一性”，不是指逻辑的同一性，而是指事情的始终如一，坚持到底。这种坚持到底针对什么呢？针对吞噬一切、把一切都卷入生成变化之中、卷入短暂性之中的时间。的确，我们必须作进一步的详细说明；关键在于体验。每一种体验都是处于时间中的过程，没有在时间之外的体验，因为否则就意味着，存在着某种没有前后联系的、没有流变的过程。那么，人们在体验中能够使时间停滞么？当体验得到重温时，确实是可以使时间停滞的。因此，小说中列举的所有说明心灵的喜悦状态的例子都是重温意义上的例子，诸如："玛德莱娜"点心的插曲，两块高低不同的铺路石板，汤匙撞击碟子发出的响声，浆硬的餐巾——每次都涉及两件事情，这两件事情虽然发生在迥然不同的时间内，但彼此完全吻合。

我们在我们的体验中无法逃离时间，但是，当我们生命中不同时期的两个事件相互重合在一起，使我们再也弄不清楚自己生活在过去还是在当前，这时候，我们就完全能够使这条湍急的时间之河停下来。当普鲁斯特说(正如上文所引的)，过去的声音盖过了当前的声音，[①]他是想借此记下某种非同寻常的东西，即：当前不再是我们生活于其中的唯一熟悉的东西，相反，当前与过去达到了重叠。这是一种令人难以置信的对时间的战胜，时间之河在刹那间静止了。

……获得、挑选并且确定某种它从未感受过的东西：一份短短的纯粹时光。(法文版，第3卷，第872页；德译本，第7卷，第292页)

按普鲁斯特看来，在这一静止的刹那间，我们得以看到时间本身，即在纯粹状态中的时间。我们所面临的困难是：在时间的作用似乎已经被消除的那一瞬间，我们就能看到时间本身，也就是说，我们不仅能看到在时间中存在的东西，而且能看到时间本身。而另一方面又说，在对这种同一性的体验中，我们觉得事物摆脱了时间的束缚。[②]

如何能够把这两种说法联系在一起：对时间本身的经验与对摆脱了

① "直到过去的往事蔓延到当前中来。"(法文版，第3卷，第871页；德译本，第7卷，第290页)——原注

② "摆脱了时间制约的存在之片断"(法文版，第3卷，第875页；德译本，第7卷，第297页)以及"从事物的本质中获得快乐，也就是在时间之外"。(法文版，第3卷，第871页；德译本，第7卷，第290页)——原注

时间束缚的事物的经验？在这里，时间经验方面的佯谬恰恰就是：时间在停止作用的瞬间如何可能存在？

首先，我们可以指出关于作为持存者的本质的形而上学观点，这种观点在西方传统的开端处，就已经由柏拉图和亚里士多德表述出来了。但这种观点消除不了我们道路上的困难。的确，我们可以说：在时间中坚持到底的东西，也即在过去和当前中坚持下来的东西，就是某个事情的本质。可是，在这种情况下，我们在多大程度上能看清在纯粹状态中的时间呢？——它其实恰恰是被消除了的。

事情的症结何在呢？在于叙述者的经验、生活经历以及他与给定事物的联系方式。关于这一点，我们找到了一段富有启发性的话：

> 在我的一生中，现实无数次地令我失望，因为在我感受现实的那一刻，我的想象力，这个唯一令我享受美的器官，便不听使唤了，其原因在于，唯有不在场之物才能成为想象的对象，这乃是一条不可改变的规律。（法文版，第3卷，第872页；德译本，第7卷，第291页）

普鲁斯特指出，对给定事物的经验有两种可能性：或者是通过直接的感官接触，或者是通过想象力。直接的经验把我们直接交给给定的事物，以至于我们无法与事物保持恰当的距离——当然，这里我们还必须考虑到，说到底关键在于把这种经验表达出来。与之相反，想象力则使我们在给定事物近旁存在，同时又使我们超脱出来，让我们有可能去关注自身，关注在我们身上发生的事情。要确切地描写体验，这种双重性是不可或缺的。

让我们来回忆一下康德所作的重要区分。他认为，美不可能直接存在于感性中，因为在直接经验中我们会完全沉湎于事物；但另一方面，美也不会完全间接地通过概念而存在，因为在概念中，事物如何激发我们，以及我们的能力如何得以协调，这些问题都将无迹可循。在我看来，康德所谓无利害的审美快感就标志着这种在主体行为方面的中间立场。①

对普鲁斯特来说，事实是这样的：在直接的关涉状态中，我们会沉浸于给定事物，以至于根本就注意不到美的瞬间。在想象中，我们有了恰当的距离，但此时又缺乏对象的具体在场。要么是直接的感官印象，要么是想象力的成果——这种冲突能够通过曾在的往事与当前事物的重合现象而得到解决。曾在的往事通过想象力进入当前之中，而当前事物则通过直接的感官印象而呈现在我们眼前。的确，我们能够以一种特有的闲情逸致去享受曾在的往事，这在往事完全占据了我们的时间的情况下是不可能的。曾在的往事近在当前，但它的当前并不具有充斥我们心灵的直接经验的压迫特征。

但问题还是：为什么普鲁斯特能够把这种体验称为对在纯粹状态中的时间的经验呢？何以他同时还提到与这种体验相适应的那种摆脱了时间束缚的状态呢？不过，上面这段插入的说明已经使我们明白：在这里，关键并不在于诸如一种自在的时间或者一种自在现实之类的东西，而倒是在于人们如何能够经验时间和现实。我们曾设一问：如何能够把处于纯粹状态的时间与摆脱了时间束缚的事物的本质联系起来？

如果我们不把时间理解为众多对象中的一个对象，而是把它理解为对象性的前提条件，也即与主体相对立的某个东西的前提条件，或者换句话说，把时间理解为使某种对象性之类的东西成为可能的条件，那么，我们就可以取得进展了。因为这样的话，在体验到曾在之物与当前之物的同一性时，恰恰有一个突出的对象性因素变得清晰起来了——那就是作为对象化过程的神奇力量的时间。人能够达到的一切都只有借助于时间维度才能实现——在过去与当前重叠的瞬间里，时间的这种使对象成为可能的功能即刻变得清晰可见。我们觉得这非同寻常，因为一般来说，我们不是在

① 参看拙文《康德对美学的奠建及其对于艺术哲学的意义》，载《康德研究》，增补第 77 卷。——原注

此角度来看时间的。其非同寻常之处在于：纯粹的时间并不是对象性的东西，而且我们是在时间似乎被消除掉的时候，才把握到时间的功能的。但是，这种暂时的消除使我们抓住那个使时间本身成为可能的东西(对时间本身产生作用的东西)，亦即使我们抓住对象的本质。因此，普鲁斯特能够说：在这一瞬间里，一段纯粹的时间变得清晰可见了(作为对象之维度的时间)；同时他也可以说：我对事物之本质有所经验了。

在曾在之物与当前之物吻合的一刹那间，时间似乎停滞下来了，但时间并没有因之而消亡，倒是在时间中发生的事情变得清晰了。受时间作用的东西(效应)向我们指明了作用者是什么(力量)，而且，就受时间之作用摆布的事物而言，我们同时可以说：我们经验的是事物的一成不变的部分。因为我们不可忽视，时间一体地是对象性之维度和绝对吞噬一切的东西。人类和事物都受到它的支配。

这个人(即作者)能够在曾在与当前吻合的这一时刻，也就是经受住时间的消灭作用的这一时刻，抓住事物；他由于洞察到这一持续的东西而欣喜若狂，这一持续的东西——至少在刹那间——表明自己是并不消逝的(没有消失的)。

我们还必须意识到，人与物的关联可以从两个方面来观察，既可以从物的方面来考察，也可以从人的方面来考察。在这里，当普鲁斯特谈到事物的永恒本质时，初眼看来仿佛他仅仅考虑到事物。但我们前面已经强调指出，所谓的现实只有在人(意识)与物(存在)的协调一致中才成为现实。

在这里，我们要回想一下普鲁斯特提到的种种不同的关联可能性。其中一种可能性是认为，人们可以把自己局限于瞬间的事实上，局限于感官所经验的东西上，由此来获得事物。但这是不能令人满意的。相对于这种完全禁锢于当前的尝试，他指出另外一种尝试，即按照事物在过去呈现出来的样子来把握事物，也就是通过知识(Wissen)来把握事物。这种知识必然是模式化的，必然把事物还原为对它来说似乎是重要的几个特性。但在这里，那种直接得到经历的联系的唯一性恰恰也荡然无存了。即便我们不再能在直接体验的唯一的刺激中回想起事物，它们依然通过知识而被给予我们。

第三种可能性是与将来相联系的。普鲁斯特认为，将来是一个为意志保留的领域。将来是期望之领域。期望是由意志引发的，意志抽去当前和过去的残片的现实性，也就是说，意志只还保留有利于某个人类目的的东西，由此来利用当前和过去的残片。在这一观点中，事物不是因为它们自身的缘故而受到尊重，而总是仅仅被视为有用的或者无用的。在这里我们不拟对这种观点作出批判，因为上述三种可能性其实都是否定地得到描写的。我们这里只想关注一下普鲁斯特对此提出的反驳意见。在上述三种可能性中，其一完全指向现实之物(消解于纯粹的感觉)，其二拘泥于过去之物，把过去之物的水分挤干后储存起来(消解于纯粹的知识)，其三是面向未来的(通过意志而仅仅从有用性角度去把握一切)。与这三种可能性相对立，普鲁斯特提出了他的另一种可能性，即：把当前和过去一起抓住。

> 但一旦重新感受到一种已经听到过的声响，一种早已熟悉的气味，而且这声响和气味既是当前的同时又是过去的，是现实的但又不在眼下，是观念性的但又不是抽象的，这时候，那持久地存在着而通常隐而不显的事物的本质就立即会获得释放，我们的真实的自我，有时似乎久已死亡但实际上并没有全然死亡的自我，就会苏醒过来，从供奉给它的神性佳肴中获得新生。(法文版，第3卷，第872页；德译本，第7卷，第292—293页)

在这里，在普鲁斯特看来，就实现了一种对现实的把握，这种把握并不依赖于纯然转瞬即逝的实际印象，也并非仅仅以一种抽象的知识去代替事情，而是使事情的绝非显而易见的持久规定性变得可理解了。一个事情本身是什么，这既不是直接的印象能达到的，也不是抽象的知识能理解的，但也许那种把当前和过去一起抓住的经验能达到事情本身。这种经验，按普鲁斯特的说法，就是真实的生活了。

在这一瞬间，人已经摆脱了严格的时间法则的束缚——这不仅使人能够观察到事情的持久本质，而且也对体验者本身及其存在产生了影响。

> 从时间序列中实现出来的一刻，为了使人体验它，就在我们身上重新创造了一个摆脱了时间序列的人。（法文版，第3卷，第873页；德译本，第7卷，第293页）

在这一瞬间，叙述者说他自己已经克服了折磨着他的对死亡的恐惧，那是顺理成章的了。持续的变化总是令我们想起死亡，我们曾指出，这种变化是如何作为不同的自我的序列而被经历的。在那些时间上十分不同的瞬间达到同一性的时候，对死亡的想法不再有什么力量了。

我们曾经试图指明，为什么一种奇特的幸福感与对同一性的体验维

系在一起，因为这种体验使人们有可能得到一种双重的洞见——对时间之本质的洞见和对事物之本质的洞见，而同时又必定把自我本身与被给予自我的东西区分开来。

这里马上就出现这样一个问题：普鲁斯特为什么要这样不遗余力地探讨这一难题呢？其实，他并不想研究什么时间的哲学。只是因为在获得这一洞见之后，他的生活发生了一个决定性的变化：他将必须为艺术事业献身。而且，因为在普鲁斯特看来，艺术乃是一个唯一的手段，可以使我们在时间中看清那个能够抵抗时间湍流的东西。

人们可能会提出异议：普鲁斯特这样做，是反他的“时代”(在历史学认识意义上)而动，因为这个时代恰恰已经开始了对时间性和历史性的分析，无论是在法国(亨利·柏格森)还是在德国(威廉·狄尔泰)，都是如此。但这只不过是肤浅的第一印象而已。普鲁斯特作品最出色的地方，也是奠定他在本世纪文坛上无与伦比的地位的东西，乃是这部小说的主角。因为这部小说真正的主角不是进行回忆的“我”或者被回忆的“我”，而是时间(ZEIT)。小说并没有以真正复合方式去描写众多人物及其生活，而是把重心放在那个看不见的而又无所不在的“人物”——时间上。这一点我们在下面还要进一步探究。

作者首先强调，摆脱时间的束缚乃是艺术创造的可能性的前提条件，继而突然笔锋一转，指出所有的人都深受时间作用的摆布，渐渐变老。这种转折让人始料不及。如果说在此之前，时间主要是通过席卷一切、通过遗忘而变得显明了，使人在克服遗忘时直接体验到摆脱了时间束缚的状态，产生出一种奇特的幸福感，那么现在，时间就成了一个伟大的魔术师，它为所有人物戴上面具，以至于在盖尔芒特府邸举行的午后聚会同时就是一次盛大的化装舞会——当然这次化装舞会带有变化了的征兆，这是从重新认出某人这一现象中可以看出的。下面这段话可以作为一条格言来说明整个情景：

“重新认出”某人，而且更多地是去辨认不能重新认出的某人，这意思是说，在同一个名称下设想两个矛盾的事物，或者承认，原先曾在这里的东西——人们回忆起来的那个人——不再存在了；相反，在我们面前的，是一个我们至今还不认识的人；这就意味着，我们必须去思考那个几乎与死亡之谜同样令人心烦意乱的奥秘，此外，它仿佛还是死亡的序曲和预示。(法文版，第3卷，第939页；德译本，第7卷，第394—395页)

叙述者有十多年时间因病而远离社会，他生命中的裂缝恰恰通过这一跳跃而使我们平时没有注意到的东西显露出来；因为这些东西持续不断地发生着作用，以至于我们根本没有注意到它们的变化。相反地，在一次如此巨大的跳跃中，时间的改变力量极其阴森可怕地显露出来。这是从叙述者没有重新认出聚会主人这样一件事情开始的。

他的小胡子同样也花白了，好像是悬挂着小拇指故事中的森林里的白霜，而且看来似乎妨碍了它下面那张僵硬的嘴巴。既然产生了这样的效果，他该把胡子刮掉算了。(法文版，第3卷，第920页；德译本，第7卷，第366页)

叙述者费了半天劲认出他碰到的第一个人后，他马上想祝贺那人成功地装扮了自己——这效果就好像一个演员在舞台上演一个全新的角色时，人们认不出他，于是就会为他喝彩，因为他十分成功地变成了另外一个人。他勉强为自己辩解，说这些变化并非自愿的，问题并不在于随意的装扮——人们越是认不出角色，这种装扮就越是成功；而在这里，这样一种对有关人物的陌生感必定会被理解为一种侮辱。

装扮——出色的效果——祝贺——变化(人们并不想要这种变化，甚至努力反抗这种变化，因而不允许提起这种变化了)，这四者的协调构成了小说这一部分的序曲。

在剧院后台或者化妆舞会上，人们总是喜欢出于礼貌而夸大自己辨认乔装打扮者的难度，甚至把它说成简直是不可能的。这儿正相反，我的本能告诉我要尽可能地把这种感情冲动掩饰起来。我感到这种冲动绝不是奉承，因为这种变化其实并非出于自愿……。(法文版，第 3 卷，第 923 页；德译本，第 7 卷，第 370 页)

作者首先戏谑般地举出一种对比：在愉快的化装舞会上，人们因为不被重新认出而感到骄傲；而某人因为衰老得让人再也认不出来，就会因此感到受了伤害。这种对比在描写过程中获得了一个越来越可怕的面目。因为人们在不知不觉中无可奈何地被时间装扮成老人之后，面临着的便是死亡。死亡从每一个面具后面露出脸来。游戏色彩渐渐褪去——想认出和看错了之后的轻松效果，最终认出某人的喜悦，变得平静而伤感。这种再见同时就已经是告别。与阿巴雄夫人的见面，可以说是形形色色的重新认出情景中的一个例子。

在另一些人身上，衰老更多地表现在身体方面，甚至完全变了样，……使我感到既陌生又熟悉。之所以陌生，是因为我不可能猜出她是哪一位，结果在答礼时脸上无法不流露一种神情，让人看出我是在三四个人中努力辨认(其中并没有阿巴雄夫人)，不能决定自己该向哪一位答礼……她的样子与我认识她时迥然不同，我甚至认为，她像是童话故事中的人物，早已被判定首先以一个少女的形象出现，继而以发福的胖女人形象出现，无疑很快将变成一个颤颤巍巍的驼背老太婆再次走上舞台。她仿佛就像一个笨拙的游泳者，只是远远地看到了河岸，奋力地劈开翻卷而来的时间的波浪。(法文版，第 3 卷，第 937 页；德译本，第 7 卷，第 391—392 页)

因为外表的变化一目了然，普鲁斯特马上便抓住了它们，但他决不满足于对外表变化的描写，他想抓住的是作为整体的人的变化，而且不只是人现在的状态，也包括导致这一状态的过程。在这里，他出色地把对直接所见的描写与反思性的解释结合在一起了。反思并没有使我们脱离他的描写，而倒是使我们更好地理解了他的描写，也就是说，使我们看得更清楚了。

同时在过去和当前两个键盘上弹琴，这种做法在重新认出这个过程中得到了出色的体现。为了重新认出某人，我们一方面要回忆早先的情况；另一方面必须把当前的情况与早先的情况相对比，并且找出两者之间的联系。而在衰老过程中，当前与过去已经紧紧地结成为一个整体了。这体现在那次午后聚会上的具有多重意义的重新认出中。首先，叙述者重新认出了一些他许久未见的人。其次，他重新认出了从一开始就影响了他，但没有充分看清的一个现象，即作为摆布一切的力量的时间。再次，他重新认出了自己的使命，因为我们看到，他在这里作出了决定，从此把他毕生全部贡献给艺术。最后，他重新认出，艺术是可以抓住时间并且与之抗争的唯一力量。

上述各种含义上的重新认出也使他看到了自己的日渐衰老，使他担心剩下的时间还够不够让他完成已经决定下来的写作事业。这是一个对立：他一方面意识到生命逝去；另一方面却又看到，生命现在才真正开始，因为他至今尚未成就什么。姚斯正确地看出，这种对立不仅产生出一种效果，表明这里的关键并不在于一个“时间之谜”，而且也造成一个特殊的悬念——作品能完成吗？还有足够的时间吗？小说并没有对衰老表示感伤和听天由命，而是向我们表明，他先前的整个生活都是对他的使命的错误认识，现在是最后一个弥补的机会了。这个悬念也意味着，在时间揭开一副新面貌——时间的毁灭性的面貌——的那一刻，他的意在揭示超时间的东西的创作活动才开始。

但是，我之所以忧愁还有一个更为重要的原因：就在我准备在艺术作品中阐明超时间的现实事物，并且想把它们合乎理智地表述出来的时候，我发现了时间的这种毁灭作用。（法文版，第3卷，第

930 页；德译本，第 7 卷，第 381 页）

因此很显然，时间本身也是一个有待描写的东西，的确，整部作品就是围绕时间问题构造起来的。

我们处于这部作品如何完成的悬念中，同时这部作品已经放在我们的眼前，因为，只是由于我们通过这部作品想起了叙述者的生活，我们才能理解这一决心的产生。这个决心虽然是最后才下的，但为了能够理解它，就必须先了解从前发生的一切。我们在作品之中和作品之前占据了一个双重的位置。小说有一个开放性的结尾，是向未来开放的，而这个未来对我们来说已然过去。小说没有结束，但又结束了，静止下来但又在生成中。但这无非是说：小说本身也采取了时间的特性。

在最后一卷即将结束时，儿时的记忆被唤醒：男孩因为没有得到妈妈的亲吻而睡不着，于是他决定索性不睡了。

> 从我母亲没有吻我的那个晚上开始，随着我的外祖母渐渐死去，我的健康和意志力也开始衰退了。要我等到第二天早晨才能将嘴唇贴在妈妈的脸上，我做不到。就在这时，我下定决心，从床上爬起来，穿着睡衣坐在月光下的窗前，我就坐在那里，直到听见斯万先生起身告辞。我父母陪他走出去，我听到院子的门打开了，门铃响起来，然后门又关上了……（法文版，第 3 卷，第 1044 页；德译本，第 7 卷，第 558 页）

我们已经提到过这一情景，它通常被当作是父母失去威严以及孩子意志薄弱的标志，文中也是这样说的。但同时，这也是第一次意志的表达，因为男孩已经知道(或者他认为自己知道)他有被送到寄宿学校的危险。以这个熬夜的决定，他恰恰完成了他最早的意志行为中的一个行为。这一情景在小说开头得到描绘，小说结束时又被回忆起来，从而构成了一个循环，但这不是一个静止的循环，而是处于不断运动中的。小说开头就已指出，时间是在父亲已过世之后，情节发生的地点已不复存在——但孩子的啜泣，在父亲在场时极力地克制的啜泣声，却始终还是活生生的；小说结束时又回忆了这一情景：孩子穿着睡衣倚在窗前，月光透过窗户洒向房间，他等着斯万离开，父母陪斯万到大门口，他听到门开了，铃响起来，继而门又锁上了。这一情节连续两次得到回忆——与小说的基本主题联系在一起。

> 此时我突然意识到，如果我还有力量完成我的作品的话，这场午后聚会——如同以前在贡布雷曾影响过我的某些日子——就在今天，既赋予我作品的构思，又让我担忧完成不了作品，这场聚会也许首先将在这部作品中刻画一个形象，这个形象我曾在贡布雷的教堂里隐约预感到，通常是不为我们所见的，那就是时间的形象。（法文版，第 3 卷，第 1044—1045 页；德译本，第 7 卷，第 558 页）

这个结尾的伟大之处在于，它贯彻了典型的普鲁斯特的写作风格，即思考与描写，间距化的反思与回复性的呈现交替进行的写作风格。因此，在对时间的维度的种种思考之后，接着又从午后聚会转向童年情景。

借助于回忆，我们现在不是简单地被置回到某个早先的时间点上，相反，对往事的回忆使我们面对当前；当前的人们被称为戴假面具的人，他们比这一许久以前体验过的，并且一直栩栩如生地保留在回忆者脑海中的情景更不现实。通过从过去到当前、从当前到过去的跳跃，同一性体验得以重现，但这种体验现在不再是下意识的、草草出场的事件了，相反，在同一性体验中发生的东西显现为对将来的预言，预示着必须成就的事情，即弥补、追回流逝的时光。

斯万的来访是在半个世纪之前，而盖尔芒特家的午后聚会则是在当前发生的，这一时间跨度也表明，弥补流逝的时光这一任务是如何的不寻常和艰难。叙述者感到疲劳和恐惧，因为他解释说，这段漫长的时间已经被他毫不间断地经历、思考和分离过了，这就是他的生活。

……而且，我必须把它(指时间——译者)留在我身旁，每分每秒，它几乎支撑着我，而我蜷伏在它的令人眩晕的巅峰之上不能动弹，又不能让它滑动。(法文版，第3卷，第1047页；德译本，第7卷，第562页)

贡布雷插曲成了这个巨大的时间跨度的基准点和标志，而他自己也不知道心里蕴含着这个时间跨度。

当我看到自己脚下，其实是在自己身上，有那么多年年岁岁，我感到天旋地转，好像飞到了成千上万米的高空中。(法文版，第3卷，第1047页；德译本，第7卷，第562页)

空间画面的出现绝不意味着时间变成了空间，而是意味着，通过空间性的比喻来显明在时间领域中也存在着的距离。这种距离不是表面的东西，而是存在于我们内心中的。年年岁岁的时间高高累积起来，把我们带到离我们自己的过去越来越远的地方，从那高处我们几乎无法感受到过去，的确，过去似乎已经消失了，直到突然发生的一个转变使我们明了：所有经历过的事情并不容易被剔除和失落，而是“有形地”保存在我们的心中。我们必须做的，只是努力使它复活，或者就像作品中另一处所说的：我们只能竖耳倾听之，因为它一直都活跃在我们的心中，只不过是被实际事务的嘈杂盖过了，而那是由于我们把实际事务看作唯一现实的东西了。

叙述者这时突然获得一种启示：人的高度不在于身体的长短，而在于他的年龄，人随着年龄的增长在长高，而这增长的高度变成了日益沉重的负担。因此出现了关于沉重如铅的时间脚步的比喻，以及关于时间的高跷的比喻，这种时间高跷有时比教堂钟楼还要高，它使得步履越来越艰难和危险——直到有一天，他[①]从那么高的地方栽了下来。叙述者害怕自己的高跷或许也有那么高了，恐怕已经无法把自己的遥远的过去哪怕只是暂时地连结在自己身上了。

小说以这样一段评语结束：他不会错过对那些人的描写，空间提供给他们的位置有限，相比之下，他们占据了时间给予他们的那么巨大的地盘，他们在时间中同时能触及遥远的几个时代，就像巨人那样潜入似水年华。这里需要说明的是，普鲁斯特的想让时间作为主角显现出来的意图是如何得以实现的；对此，我们只能考虑几个主要方面。

在前面引用过的思考中，关于他这部作品的形式有这样的说法：那就是他曾在贡布雷的教堂里隐约预感到的形式，是我们通常看不到的，那就是时间的形式。在这里，普鲁斯特自己明确地强调了他的作品(作品的形式)与时间的联系。在致凯米·维塔[②]的信中，普鲁斯特写道：

> 我的书完全起源于对某种特殊感觉的运用……，这种特殊感觉类似于一台望远镜，是以时间为目标的；因为望远镜使肉眼看不清楚的星星变得清晰，而且我还尝试去清楚地认识那些下意识的现象，这些现象完全被遗忘了，有时在时间上已经变得十分遥远了。

这种以时间为目标的感觉应能把十分遥远的东西带到我们近处(以望远镜为比喻)，但这个所谓十分遥远的东西不是在空间上离我们很远，而是深深地湮没在我们内心之中，因而指的是无意识的东西。它就在我们心中，只是还难以抓住它，因为它已经被遗忘了。遗忘乃是时间对我们的经历所产生的作用。如果把充满时间的体验内容本身称为时间，那就意味

---

① 此处的“他”指84岁高龄的德·盖尔芒特公爵。——译注

② 致凯米·维塔的公开求爱信，巴聂赫·德·比戈出版社1926年，第73页。——原注

着要以回忆方式去透视时间，这种透视把先前的经历重又拉回到当前。当然，时间的意义决不以此为限，我们还必须问一问，为什么恰恰通过时间的影响，当前之物不再当前存在呢？在这里，我们看到时间的一个绽出(ekstatisch)特征，即：时间处于不断的出离过程中，现在总是被一个新的现在挤走，而这个新的现在又被更新的代替。我们必须看到时间的这一到时。[①]但同时，我们不能把时间之到时与时间内容混为一谈，时间内容处于时间之中，落入时间之中。另一方面，如果没有时间内容，我们也就不能捕获时间之到时过程(Zeitigung)。关于时间内容，我们必须去注意那个本质上与之无关的东西——神秘的时间现象。普鲁斯特如何能在艺术作品中体现这一点呢？通过重温。下面我们要试着对他的这个手段的多样性作一番揭示。为了让人一目了然，我们要作一种划分，分出重温的几个种类，当然，并非每一类都具有同样的重要性。

一、变化的重温(Variierende Wiederholung)。就是根据不同时间间距把内容相同的体验描述出来。每一次描述都涉及回忆，而没有把体验与回忆加以对比，尽管这在原则上也是完全可行的。但即使在回忆维度内，也存在着变化的可能性，即通过有关回忆内容的重心转移而引起的变化。母亲拒绝在他入睡前吻他就是一个例子。小说是以这一情景开始的(在序曲之后)，也是以这一情景结束的。相同的情景其实不是在一种纯粹重复或者一种纯粹的主题引证意义上被摆出来的，这一点是我们现在必须指明的。

第一次出现时(开头)，这个情景有一个戏剧化的结构。院子大门的铃声表明有客来访。所有人都纳闷：会是谁呢？但其实都已经知道，这时候的不速之客只可能是斯万。

接下来插入了一段斯万和大人们的谈话，与阿姨们、父母及外祖父

① “到时”(Zeitigen)也译作“时间之到时”。这是本书作者比梅尔从海德格尔那里引来的一个词。在日常德语中，zeitigen这个动词含有“产生、导致、成熟”等意思；海德格尔(以及比梅尔)以此词意指时间的不断“涌现”、不断“到时”(可谓“到其时机”)，亦称之为时间的“绽出”(ekstatisch)性质。——译注

母的谈话。(法文版，第1卷，第24—27页；德译本，第1卷，第39—44页)(在这场谈话过程中，有一次偷偷的对话：母亲打听斯万女儿的情况，因为斯万太太不为斯万家庭所接受，所以她要偷偷地打听，不让别人听到。)这时，男孩越来越害怕离开母亲。但正是这种恐惧更加速了分离的到来，因为他的父亲以为孩子很累了。(法文版，第1卷，第27页；德译本，第1卷，第45页)通往二楼卧室的路加剧了男孩的痛苦和绝望。(法文版，第1卷，第28页；德译本，第1卷，第45—46页)孩子突然萌生念头：写一封信给母亲，让她过来与他告别。(法文版，第1卷，第29—32页；德译本，第1卷，第46—52页)当仆人弗朗索瓦丝第一次告诉他，她还没有把信转交给他母亲，这时，孩子还心存幻想。后来他的请求最终遭到拒绝。他心烦意乱，决定不睡觉，同时又害怕此事造成的后果。(法文版，第1卷，第32—34页；德译本，第1卷，第52—54页)然后是斯万告别离去(这里也可以注意到某种节奏，一个在孩子的心情与大人的行为之间摆动的钟摆)。

但这时，作者并没有马上解除悬念，而是又插入了一段：大人们开始谈论斯万的模样；他的太太的行为举止；他与太太的关系；然后外祖父又责怪阿姨没有听他先前的叮嘱，对斯万送来的酒表示感谢。(法文版，第1卷，第34—35页；德译本，第1卷，第55—56页)还有一个不长的情景：父亲和母亲单独坐了一会儿，然后母亲上楼来了，孩子扑上前去，害怕被父亲看到，他并没有受到他害怕的惩罚，父亲倒是允许母亲留下陪孩子睡觉，孩子激动得对父亲心怀感激。(法文版，第1卷，第35—36页；德译本，第1卷，第56—58页)然后就跳到了将来，跳到了父亲去世后的时光和叙述者的当前，从而达到高潮(法文版，第1卷，第37页；德译本，第1卷，第59页)，对于这一点，我们前面已经作过深入的探讨。最后描写了那个晚上后来发生的事情，妈妈给孩子读乔治·桑的《弃儿弗朗沙》。(法文版，第1卷，第37—43页；德译本，第1卷，第59—67页)

在小说结尾部分，我们看到对上述情景的两处提示：一处是关于小说《弃儿弗朗沙》，另一处是在思考时间以及人们在时间中占据的地盘时。在午后聚会中间，马塞尔听到了父母陪斯万走向院子大门时的脚步声：

……父母送斯万先生出门的脚步声，小铃铛丁丁当当的尖厉而清脆的响声，告诉我斯万先生终于告辞了，而妈妈马上就能上楼，来到我的房间。直到今天我还能听到这些声音，尽管它们已经在那么遥远的过去。所有那些事件肯定都挤在我当初听到那些声音的那一刻与今天的盖尔芒特家的午后聚会之间，想到这些事件我就惊恐不安，因为这小铃铛的丁当声至今依然萦绕在我的耳畔；由于我已经记不起来当时铃声是怎样逐渐消失的，我竟丝毫不能改变那刺耳的声音。为了重新认识这铃声，为了清楚地倾听这铃声，我不得不努力做到不去听我身边戴着面具的人们的交谈。为了尽量地把这种声音听得真切，我不得不深入反省。(法文版，第 3 卷，第 1046 页；德译本，第 7 卷，第 561 页)

让我们来比较一下第一处描写与上面刚刚引用的这段描写。我们可以说，第一处描写是从一个孩子的角度，而第二处描写则是从一个老人的角度做的。害怕没有得到母亲的吻就与她告别，下决心熬夜不睡，所有这一切事实上都只是在孩子的视角中留下他的不安。但接下来所做的叙述：父亲的辞世，所有事情发生的地点——走廊——已不复存在，等等，这些就不再是一个孩子眼里看到的了。(参看上文，第 200 页)我们在此看到一种多维性——孩子的视角(在成年后的回忆中)，向成年的跳跃，为的是进而又跳回到孩提时代，描写出母亲为他朗读故事的情景。正如我们在刚开始分析时就指出的，普鲁斯特追求一种时间上多层次的描写。过去、当前与将来应当尽可能同时得到呈现。在作者对上述情景的第一次描写中，我们被带到了孩子世界的近处，使得我们能够理解他的每一种感情，并且体验到孩子的境况。这种回忆还包括了这一情景发生时还根本无法知道的事情，即：一种预言未来的回忆。其实，只有在回忆时并不把重心放在孩提时代的情景上，而是放在时间的作用上，这时候，这种回忆才是富有意义的。在此语境中，当短暂性与经受着这种短暂性的回忆同时被引发时，①就已经明确地显明了这一点。时间的毁灭性作用与人反抗时间所做的努力之间的对立，在下面这段话中十分清楚地表达出来了：

> 这些时辰永远不会重新回到我的身边。但是近来，当我侧耳倾听，我又完全能听到那种啜泣声，那是我在父亲面前竭力压制的哭泣……事实上它从来就没有停止过……（法文版，第1卷，第37页；德译本，第1卷，第59页）

一方面，不可能让往事重演；另一方面，曾在的往事一直延续到当前，只要人们能够专心倾听。

第二处描写集中在几个句子上，其中发生了什么呢？整个情景只剩下了斯万的离去和院子大门上门铃的响声。这位老人体验到一次回忆，这次回忆是如此生动，以至于除此之外，眼前的人们都是无关紧要的了。这是一种对往事的重温。但门铃丁当作响，不再意味着母亲即将到来，它仿佛成了警铃，警告叙述者马上放弃所有其他事情而开始写作。它不再表示客人的到来和离去，而是预示着现在是开始创作的时间了。在这里，从借用的意义上讲，也有一种离去和到来——那是对以往生活的告别，和对新的开端的预告。即便这一情景也只有求助于时间才能得到理解——当然，对于叙述者来说，这个情景的意义要比第一个情景更大，因为在第一个情景中只是给出一个提示，表示曾在的往事依然生动，还在继续回响。叙述者

① “在我的心中，也有许多东西消亡了，而我曾以为，它们会永存下去的……”（法文版，第1卷，第37页；德译本，第1卷，第59页）——原注

在这里听到了这种回响，但现在，它被视为诗意创造的前提了。①

这种重温的回忆明确地被纳入关于时间的思考之中了。

> 此外，我们在时间中占据的位置越来越大，这是每个人都知道的，而且，这种普遍性只能使我感到庆幸，因为这一人人都猜测到的真理，正是我要努力阐明的真理。（法文版，第3卷，第1046页；德译本，第7卷，第560页）

而且，包含这种重温的回忆的这段文字，始于下面这个对时间的说明：

> 如果说这个关于有形的时间的概念，这个关于与我们紧密相连的过去岁月的概念，正是我现在想清楚地塑造的概念……②（法文版，第3卷，第1046页；德译本，第7卷，第560页）

可见，在这次回忆中，第一次回忆时以一种预见形式给出的东西进入中心位置了。重心发生了转移，即从被描写的事实转移到起初不可见的时间作用上了。这种变化同时也是一种澄清。孩提时代的忧虑和恐惧转化成一种新的忧虑：担心是否还有时间去创作。因为现在进行回忆的人已经濒临死亡的边缘：

> 这一死亡观念最终盘踞在我的心头，就像爱情一般。并不是我喜欢死亡，相反，我憎恨死亡。但是，既然我毫无疑问整日整夜地

① “而一种通过记忆来完成的再创造，即对那些需要我今后来深化、阐明并且转换为合乎理智的等价物的印象所作的再创造，难道不是这个艺术作品的前提条件之一，甚至不就是这个艺术作品的本质要素吗？……”（法文版，第3卷，第1044页；德译本，第7卷，第557页）。——原注

② 这里我们采纳姚斯的修改意见，把原文的“烟消云散的时间”改为“有形的时间”，因为在此讨论的时间是具体表现出来的、因而能够重新找到的时间。——原注

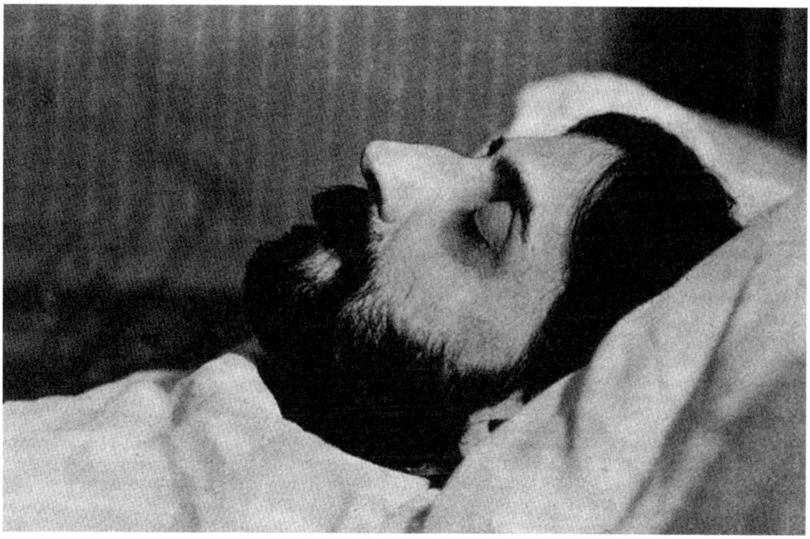

> 想到它，就像想一个我还没有爱上的女人，这一对死亡的想法现在就完全粘在我的大脑的最深层了，以至于任何事情如果不先穿透死亡观念就无法让我去关心；而且，即使我什么也不关心，完全地安静下来，死亡观念也会像关于自我的想法一样，一刻不停地伴随着我。（法文版，第3卷，第1042页；德译本，第7卷，第555页）

总之，两次回忆都是为了描写时间，而第二次回忆把这种描写视为有待完成的艺术作品。铃声的回响表明，描写这种生活经历的前提条件依然存在。在不同年龄阶段重温一种回忆，也展现了这个人的变化过程，但并不是由于指出了年龄的不同，而是通过不同的体验方式来展现的。因此，在第二处描写中，父母的让步才被看作他们权威的丧失，而孩子的意志行为被看作他意志衰退的开始。

二、揭示性的重温(Aufdeckende Wiederholung)。普鲁斯特希望通过重温来实现的另一个特殊的任务，是对一个过去的事件的揭示。这种揭示或者是通过与另一个也参与此事的人的交谈——不过，因为已经过去了这么长时间，这个人现在就可以像一个与此事无关的旁观者那样来叙述此事了；另一种可能性，是通过那些了解这个事件，或作为第三者也参与过此事的人的叙述，来揭示这个事件。

《在斯万家那边》有一个情节就属于第一种情况。有一次，男孩与父亲和外祖父在贡布雷散步，遇到了一个姑娘，她的头发红得发黄，脸上长满雀斑，他被她迷住了。

> 起先，我瞥了她一眼，我的目光不仅代替我的眼睛说话，还为我惶恐而近乎呆滞的感官打开了一扇窗。我的目光在看她的躯体和灵魂，想抚摸它，抓住它并把它带走……（法文版，第 1 卷，第 141 页；德译本，第 1 卷，第 211 页）

他多么想让她注意到自己，可她似乎轻视他，显出冷漠的表情。而且，父亲和外祖父刚刚走过去：

> ……她久久地朝我望来，没有任何表情，好像根本不在看我，但两眼紧盯着我，眉宇间有一种含而不露的微笑。根据别人教我的有关良好教养的知识，我只能把她那种表情理解为是极度的蔑视；同时，她还很快地做了一个不太体面的手势，按照我记忆中的那些礼貌细则，公然向不认识的人做出这种手势，只有一个含义，那就是完全故意的污辱。（法文版，第 1 卷，第 141 页；德译本，第 1 卷，第 221 页）

在《重现的时光》中，[①]马塞尔在一次与希尔贝特的谈话时承认，当时在贡布雷还是孩子的他爱上了她。现在，我们从希尔贝特那里得知，她其实是想对这个金发少年好，并想让他一起去鲁森维尔的塔楼废墟，在那里孩子们可以玩一些不体面的游戏。这个乖女孩做出的不体面手势绝不是

① 为《追忆似水年华》的第 7 卷。——译注

想侮辱他，相反，却是一个请求。[1]

她的表白使马塞尔不得不随后对这个诱人的姑娘形象进行修改。

> 时隔这么多年之后，我不得不对我脑海中清晰可见的一个形象进行修改。这件事使我感到十分幸福，因为它告诉我，我当时认为在我与某种金发小姑娘之间存在的不可逾越的鸿沟，与帕斯卡尔的“鸿沟”一样，是“想象”出来的。我还认为这件事很有诗意，因为完成它需要漫长的岁月。（法文版，第3卷，第696页；德译本，第7卷，第17页）

人们或许会认为，上面这种重温只是为了更正一个被误解了的手势。但是，即便在这段重温中，时间也起到了一个关键性的作用。时间在这里表现为媒介，是它允许做这样一种修改——因为时间创造了距离。而倘若没有这个距离，也就不可能有希尔贝特的表白，她让自己的激情和忧伤随这种表白逐渐消失。[2]此外，这一修正形象的行为明显地是与时间联系在一起的。在这个重温的例子中，我们也看到，事件与对事件的理解被尽可能地拉开了。这与我们在男孩睡前没有得到母亲的吻的那个情景中认识到的正好相反，在那里，重温是对未来的预示。而在这里，经过四十多年以后，重温是为了消除对一个手势的误会。解释来得太晚，留下的只是对已经错过的事情的遗憾。

这样一种揭示性重温的第二个例子是茉莉花情节。盖尔芒特夫人从南部得到一束茉莉花枝，把它送给了马塞尔。在楼梯上，马塞尔碰到了阿尔贝蒂娜的女友安德烈，后者告诉他，她们刚刚到家，阿尔贝蒂娜要给一

---

① “总之，希尔贝特体现了我在散步中渴望的一切，以及我迟迟不想回家的原因，因为我那时以为自己看到了那些树林半开半启，活了起来。我当时那么热切地希望得到的东西，要是我能想到把握和重获的话，她差点使我在少年时代就享受到了。”（法文版，第3卷，第697页；德译本，第7卷，第18页）——原注

② “因为在这个一切都会耗尽、毁灭的世界上，与美相比，有一样东西会更彻底地沉没，更持久地被毁坏，并且留下更少的痕迹，那就是忧伤。”（法文版，第3卷，第695页；德译本，第7卷，第15页）——原注

个姨妈写信，因此叫她马上离开。同时，安德烈还警告马塞尔，阿尔贝蒂娜不喜欢浓烈的气味。他于是把茉莉花枝放在厨房里，阿尔贝蒂娜叫他去他的房间，她正在那里等他。在楼梯上，马塞尔问安德烈，阿尔贝蒂娜是不是居心不良——安德烈矢口否认。

阿尔贝蒂娜死后，对这一情节的描述完全两样了。阿尔贝蒂娜与安德烈趁仆人弗朗索瓦丝不在时，搞起了同性恋。马塞尔突然回家，两人佯装讨厌茉莉花香，而实际上她们都非常喜欢这种香味。后来几天，阿尔贝蒂娜一直提心吊胆，害怕马塞尔起疑心。要是在从前，马塞尔了解真相之后一定会极度伤心；而现在，他经历了内心的变化后，他对此的反应相当平静。

> 但一段时间以来，有关阿尔贝蒂娜的话就像已经挥发的毒药一样，失去了毒性。毕竟我们之间的距离已经太遥远了。（法文版，第3卷，第602页；德译本，第6卷，第292页）

稍后还说：

> ……因为当人们与一个他不再爱的女人重逢，她把一切都告诉了他，这时候，她就不再是原来的她，或者，我们自己也变成了另一个人：从前的爱人不复存在了。就连死亡对此也不予理会，它把一切变得轻松而没有意义了。（法文版，第3卷，第602—603页；德译本，第6卷，第293页）

这些重温的独特之处在于：它们停留在知识范围内，而不再深入到生活经历的领域之中——在热恋时曾多么渴望得到解释，而当恋情结束时，这些解释却显得如此苍白——那是因为时间的作用，或者如上面的引文所说的，是因为死亡的作用。另外，马塞尔弄不清楚，安德烈是否向他吐露了真情，或者是否还在欺骗他。这次重温没有带来确信，而只能结束于更加不确定的状态。这两种变化情况应当通过两个例子来说明。不管解释是真的(指希尔贝特的解释)还是不确定的(指安德烈的解释)，它始终都是无力的，因为时间无法消除这段距离。我们只能通过了解追忆往昔，而无法重新经历其中的情境。

三、行为的重温(Wiederholung von Handlungen)。在第一种重温中，初始情景是唯一的，重温只是在回忆中发生的。情景的变化是回忆者的一个成果，并且依赖于他自身的发展，通过这种发展，他后来的状态就变得可以理解了。而我们现在讨论的重温包括多种行为，它们具有类似的动机，发生于类似的场合，从而联系在一起了。如果说在第一、第二类重温中，显著的特征恰恰是区别，那么，相反地，第三类重温的特征则是不变性。作为例子，我们可以举出对晚安吻情景的重温：这次不是发生在母亲与儿子之间，而是发生在成年的马塞尔与他的情人阿尔贝蒂娜之间。以前他必须在与母亲告别前得到这一吻，以证明他与母亲是维系在一起的，同样地，现在的他仍然需要从他的情人那里得到这一吻。

但在这一重温中，其实也包含着他所经历的变化。在两人吵架后，他就不能要求她给他晚安吻，因为这就意味着请求和解。①这个看起来无关紧要的行为对普鲁斯特来说却是富有启发意义的。恰恰与对这样一个晚间道别的情节的描写相联系，他联想到了母亲、父亲和外祖母。②

在这种情况下，行为的重温不仅保证了他本身的存在的连续性，而且把自己的存在与祖辈的存在联系起来，表明一种家族性格被继承下来了，尽管个人的具体境况可能十分不同。(莱奥妮姨妈虔诚而笃信，马塞

① “但如果说我重又感受到我童年时的恐惧，那么，使我感到恐惧的人的变化，那人使我产生的感情差异，我的性格的改变，使我甚至不可能期待阿尔贝蒂娜的抚慰，就像我从前期待从母亲那里得到的抚慰。我再也不会说：我很悲伤。我心如死灰般的只讲一些毫不相干的事情，而这些事情一点都不会帮我寻找到幸福的结局。”(法文版，第3卷，第112页；德译本，第5卷，第163—164页。也可参看下文的重复，法文版，第3卷，第399—400页；德译本，第5卷，第601—602页)——原注

② “因为我渐渐地变得与我所有的亲戚相似起来……”(法文版，第3卷，第78页；德译本，第5卷，第113页)还有：“现在我跟阿尔贝蒂娜说起话来，就像当年在贡布雷我还是孩子时与母亲说话，有时又像外祖母在跟我说话时的样子。”(法文版，第3卷，第79页；德译本，第5卷，第114页)——原注

尔则不然，但这并不排除他与姨妈之间在观察天气的方式上的相似性)时间在这里的作用不可或缺，重温应能克服时间的毁灭性特征。

在这方面，普鲁斯特也举出一个例子，来说明一种习惯(重温)的产生。他说，与阿尔贝蒂娜的同居生活为他的未来生活勾出了轮廓。

> 一种共同生活的这样一些习惯，为我的生活勾出了轮廓的这样一些粗粗的线条，除了阿尔贝蒂娜之外没有任何人能涉足其中。另外(……)远远的还有另一些幅度更宽，与之平行的线条，在我心中(有如一个遥远冷僻的住处)描绘出未来爱情生活的有些呆板单调的模式，而实际上，这些都是在巴尔贝克的那个晚上画下的……(法文版，第3卷，第81页；德译本，第5卷，第117页)

在他得知阿尔贝蒂娜的童年遭遇之后，他决心保护她，使她不再受到诱惑。这可以说明他为什么现在这样生活以及他对将来行为的设想。

重复恰恰是一个人的特定生活的标志，即生活风格的标志。

> 一个人几乎总是以相同的方式感冒、生病，也就是说，他为此需要某种情况的巧合；如果他坠入情网，那女人自然也是某种类型的女人……(法文版，第3卷，第502页；德译本，第6卷，第136页)

因此，对马塞尔来说，希尔贝特成了女人的代表，而且他认识到，虽然阿尔贝蒂娜与希尔贝特全然不同，但在阿尔贝蒂娜身上却有希尔贝特的影子。对他与阿尔贝蒂娜的爱情结局的预见使他能够预言：这位继任者与希尔贝特有某种相似之处，他的选择并非完全心甘情愿，不过，她始终不只是一个独立的个体，而是某个种类，某个类型。

这种重温作为某个不变的行为的形成，可以使我们过渡到一种新的重温。

四、作为重新认识的重温(Wiederholung als Wiedererkennen)。我们前面已经表明，小说结尾的大型午后聚会是以重新认识为标志的。重新认识意味着进行一次重温，在我们一开始认不出的样子与以前我们熟悉的样子之间找到一些中间环节。因此，叙述者在重新认出阿让库尔时说：

……但是，我若要找回自己熟悉的那个阿让库尔的脸庞，就必须穿透一张脸上如此之多不同的“状态”，虽然他还只是拥有他自己的那具躯体，但是，他的脸庞已经与他本人迥然相异了！(法文版，第3卷，第922页；德译本，第7卷，第368页)

出发点是改变了的东西，全新的东西；人们必须寻找的是那种与曾经熟悉的东西之间的联系。在这里，重温就是把凝固了的东西(现在即眼前的东西)转化为这样一种中间状态，从而能够架起通往过去的桥梁。在此行为中，变化——从一种状态向另一种状态的过渡——应该变得明白可解了。正如我们前面引用过的一段文字所说的，这里要做出某种矛盾的事情：

……在同一个名称下设想两个矛盾的事物，或者承认，原先曾在这里的东西——人们回忆起来的那个人——不再存在了，相反地，在我们面前的，是一个我们至今还不认识的人……(法文版，第3卷，第939页；德译本，第7卷，第394页)

我们有何理由把这种重新认识算作重温呢？因为我们要重新找到曾经熟悉的东西。既然眼前的东西使我们感到陌生，我们就必须开动脑筋，发挥想象力，去体会时间所造就的变化。我们必须找到某种这里不存在的东西——即一些不熟悉的中间环节。曾经熟悉的东西和现在摆在眼前的东西，是我们这项工作的基础。也就是说，在重新认识时，我们不仅要找到曾经熟悉的东西，还要建立一种过渡。如果有人告诉我们，我们不认识的这个人是穆勒先生，这当然不是重新认识；重新认识的意思是，真正实现了与从前的事物的联系。而且，这对普鲁斯特来说意味着，在直观的形象领域里，种种变化变得明白可见，以至于已经有一种连续性建立起来了。与前一种重温不同，在这里，连续性的获得不是通过在不同情景下和不同时期中做的相同行为，而恰恰是通过对区别的寻找，这个区别必须既与先前之物又与后来之物有某种共性。应该找回来的，是某种没有我们插手就已经发生的东西。而在前一种重温中，其实我们的行为才是起决定性作用的。通过作为重新认识的重温，我们试图去迎合、理解时间的作用。在这里，这种与时间的关联是如此清楚，甚至我们可以说，这种关联是自发地产生出来的。一方面，我有了时间的作品；另一方面，我也有了理解性的自我的作品。这种重温的综合特征可以让我们过渡到一种新的形式。

五、作为总结的重温(Wiederholung als Zusammenfassung)。这种重温可以采取双重方式：把某个情景引起的一系列回忆分门别类，或者，把与某个过程相关的大多数回忆总结起来。我们分别举例说明。

阿尔贝蒂娜在马塞尔的父母不在家时来看他。弗朗索瓦丝的突然出现使他们很是尴尬。在她离开房间后，他们展开了下面的对话：

> “您知道我怕什么吗？”我对她说，“我怕如果我们这样继续下去，我会克制不住要吻您了”。
>
> “那可是一个美好的不幸”。
>
> （法文版，第2卷，第361页；德译本，第3卷，第527页）

这一回答让马塞尔很兴奋。这个以前可望而不可即、拒人千里之外的女孩变了，她要求马塞尔做的，正是他长期以来渴望的事情。我们等待着他马上顺应她的挑逗。但事实正相反。普鲁斯特拖延了继续行动，而个中原因不是外部的，并不是由于这位叙述者本人在其间插入了一些东西，而倒是由于他要表明为什么他推迟实现他的愿望。他想搞清这个出乎意料的新情况。他之所以犹豫，并不是因为他兴许会突然害怕自己所期望的行为，有了顾虑，而是因为他想回想一下阿尔贝蒂娜身上发生的变化。

……但现在，阿尔贝蒂娜就在我的身边，唾手可得，这一点带给我的何止是乐趣，我仿佛面对着一些美丽的图画。（法文版，第2卷，第361页；德译本，第3卷，第527页）

这种“面对”是以一种对阿尔贝蒂娜的对比回忆的形式来实现的，它让人看到三个平面。第一个平面是她的出现，她似乎是一幅以大海为背景的画上的人物，离得如此之远，如此不真切，以至于普鲁斯特只能把她比作舞台上出现的演员：我们无法区分，在台上出现的是我们所期待的女主角本人，还是她的替身或者仅仅是一个投影。

第二个平面是当前：他认识了她，她真的和他约会了，这不再是一种幻想。同时，这种现实的约会又令人失望，因为她根本不像“神奇的画中人”那样轻浮。

我知道，抚摸和拥吻她是不可能的，只能和她聊天。对我来说，她不是一个女人，正如从前放在餐桌上作装饰的不能食用的玉葡萄不是葡萄。（法文版，第2卷，第361页；德译本，第3卷，第528页）

眼下他正在经历的是第三个平面，这时候，她挑逗他去吻她：

而现在，她出现在第三个平面上，和我在第二个平面上与她结识时的她一样真实，又和第一个平面上的她一样唾手可得。长期以来，我一直觉得她不够顺从，因而她现在的顺从使我感到格外兴味盎然。（法文版，第2卷，第361页；德译本，第3卷，第528页）

在这个平面上，从第一个平面中获得的认识与来自第二个平面的真实耦合在一起了。紧接着是一种新的思考：我们在生活中能不能把某个东西当作真实的？

> 如果开始认为可能真实的事后来证明是假的，而在第三个平面上出现时又变成真的了，那么，我们如何还能把某个事物当作真实的呢?(唉，可惜我在阿尔贝蒂娜身上的发现还没有结束。)(法文版，第 2 卷，第 361 页；德译本，第 3 卷，第 528 页)

这里，从阿尔贝蒂娜的变化谈到了我们的绝非一成不变的认识的变化。括号里补充的内容指示着尚未到来的将来，它还将给人带来另一些惊奇，但未必都令人愉快。

思考在继续进行——阿尔贝蒂娜的要求令他认识到的东西使他感到了极大的快乐，比真的吻她这个行为本身更使他快乐。通过这种认识，她已经变成了另一个人。在他对她的认识发生倒转的那一刻，马塞尔想马上抓住她从前的形象。只有这样，对比才有可能，从而才能领略在发现她的另一副模样时的惊奇。言下之意显然是说，愿望得以满足的那个孤立的时刻并不是决定性的，决定性的事情是把直到此刻的整个发展过程回想起来。因此，这一段推迟行为的插话非常重要，因为它揭示了对于时间的态度。这里的关键在于，把某个发展过程同时呈现出来。阿尔贝蒂娜出现的三个平面应当同时以同样的方式呈现出来，三者互不排斥、互不取代。与不同的“阿尔贝蒂娜”联系在一起的还有对巴尔贝克海滩的不同印象。

> 我感到，吻阿尔贝蒂娜的双颊就如同在吻整个巴尔贝克海滩。(法文版，第 2 卷，第 363 页；德译本，第 3 卷，第 530 页)

这样，在吻她之前所做的回忆重温了在时间中发展的过程；为加深对这个过程的认识，普鲁斯特还思考了与女人的结识和对女人的征服，在这里，他又一次强调了变化的丰富性。

因为认识她们、接近她们和征服她们，就意味着改变她们的体形、身材和相貌……（法文版，第 2 卷，第 362 页；德译本，第 3 卷，第 530 页）

在出现一个新的阿尔贝蒂娜的关键时刻，回忆应当对这种变化的可能性作出总结。

两人的谈话在继续，而且也谈到了阿尔贝蒂娜在巴尔贝克海滩，这绝不是白费工夫；接下来，马塞尔又有了新的想法。第一个句子清楚地表明了重温的意义。

我很想在吻她之前，让她重新披上那神秘的面纱，像在认识她之前，巴尔贝克海滩上的她给我的感觉那样，在她的身上重新找到她以前生活过的地方……（法文版，第 2 卷，第 363 页；德译本，第 3 卷，第 531 页）

这又回到了阿尔贝蒂娜出现的第一个平面，那时她是一个动人的陌生女孩。现在，当我们就要跨入一个新的相识阶段的门槛时，应当抓住不相识时的她的魅力。过去与当前要集中在一起。

接着又扯开来，讲到吻是一种不完备的用嘴唇进行的认识形式，在接吻时，其他的感觉器官都关闭了。现在总算开始描写吻本身了。他把嘴唇凑近他要吻的脸颊——描写了脸颊在接近嘴唇时发生的种种变化。在他真的吻她之前，还插入了一种关于摄影的透视作用的思考，而且在这种思考中，我们可以看到这里列举的做法的关键：把时间中的种种变化放在一起。

……我仿佛要把一个人在同我们多次见面中呈现出来的迅速变幻的角度和色调，以神奇般的速度在几秒钟内全部展现出来，为的是在实验上重新证明一个人千变万化的现象，把这个人具有的各种可能性一个个拉出来，就像从一个包罗万象的小匣子中取出来一样……（法文版，第 2 卷，第 365 页；德译本，第 3 卷，第 533—534 页）

如果我们自己能够通过总结而回忆起我们认识的一个人的各种变化，那么，通过这种种变化，这个人的各种可能性就保存下来了。

与阿尔贝蒂娜的接吻令他失望。①在描写了这一吻后，他又陷入了沉思，这一次是关于阿尔贝蒂娜脸上表情的变化的思考，同时，他还继续重温过去的时光，但并不是涉及单个人，而是涉及一类人：

……她不仅回到了她自己的童年时代，而且回到了她那一类人的青年时代。（法文版，第 2 卷，第 367 页；德译本，第 3 卷，第 536 页）

在这一初吻情节里，通过对不同阶段的重温，描写了多姿多彩的往事以及两人之间的关系的发展过程，同时还追溯了女性的青年时代。这乃是总结性重温的一个富于启发的例子，这种重温在某一时刻把往事分门别类，以便使不同时期的往事同样原始地保存下来。

第二种作为总结的重温是把在同一地方，但在不同时间里发生的许多个事件综合在一起。在贡布雷的星期天做弥撒回来那一幕可以说明这种重温。

这里值得一提的是姚斯所做的贴切分析。姚斯向我们表明，普鲁斯特怎样“为自己描写出一个封闭的时间，这个时间在小说中能够不止一次地、在不止一个方向上，而是多次地、向各个方向穿透。陪伴着‘马塞

① “……突然间，我的眼睛看不见了，我被挤扁了的鼻子闻不到香味了。根据这些令人讨厌的迹象，我知道自己在吻她的脸蛋了，可我并没有品尝到我所渴望的玫瑰。”（法文版，第 2 卷，第 365 页；德译本，第 3 卷，第 534 页）——原注

尔’做完弥撒后回家的读者，可以说是先后四次被带到广场上，或者说，是从四个事件中看到了他回家的路，而对这四个事件的叙述各以不同的方式与弥撒的结束联系起来：

1. 我们回家时，我的外祖母常常让我们在广场上停留片刻，看看教堂的钟楼。(法文版，第1卷，第63页；德译本，第1卷，第98页)

2. 做完了弥撒，我们经过戴奥多尔的店堂时，让他给我们送一份比平时大的奶油圆面包……(法文版，第1卷，第65页；德译本，第1卷，第100页)

3. 我们从教堂走回家时，常常碰到勒格朗丹先生……(法文版，第1卷，第67页；德译本，第1卷，第104页)

4. 我们一回到家，莱奥妮姨妈就差人来问：古比尔夫人做弥撒是不是迟到了……(法文版，第1卷，第68页；德译本，第1卷，第105页)

在描写第一件事时，叙述者做了充分的铺陈和修饰，使得读者忘记了事件发生的框架。可以说，叙述者干脆把时钟指针又拨了回去，回到了弥撒结束的地方，以便同样从头开始描述第二件事情。就这样，四件事情断断续续地先后出现了，而且只是在视角上因为都与弥撒有关而相互联系起来了”。①

上述描写对于重温这个主题来说是富有启发意义的。首先，“常常”一词明确地指示出重温环节，关涉到一种有规律地重现的行为。在此行为中提取出某些环节——观察教堂的钟楼、(在法文版第1卷第59页或德译本第1卷第91页上对做弥撒的过程的叙述，就是从描写教堂和教堂钟楼开始的)订奶油圆面包、碰到勒格朗丹先生、莱奥妮姨妈差人来问。这些

① 参看姚斯：《马塞尔·普鲁斯特〈追忆似水年华〉中的时间和回忆》，第67页。——原注

不同的环节发生在不同的时间。但由于全部事件都归于重温，所以也就不需要指明具体的日期，相反，发生在不同时间的不同情节，例如与勒格朗丹先生的邂逅，都可以放在某一天中，这也是在“常常”这个标志下发生的事情；而且，正如姚斯所指出的那样，读者“可以说先后四次”被带着穿过广场，每一次描写都是从头开始的。此外，重温在这里明确地指示着回忆环节。得到重温的事件在回忆中融合为一个整体。这种总结是普鲁斯特刻意追求的，但这样做，真实的生活经历的魅力并没有消失，因此，他要求读者多次穿过广场，去追溯往事，再从头开始，从而使得“常常”这个词同时也能满足一次性事件的要求。

他的主导思想始终是：小说不能变成单纯的认识内容而失去光彩，而且恰恰在叙述经常重复的行为时最容易发生这种危险。回忆按其本性来说就是重温——在这里，重温是在重温中得到描绘的，同时，这种重温没有被把握为割裂，而是被把握为赋予统一体、把丰富多彩的体验总结起来的东西。因此，并非偶然地，上述这些事件都在描写教堂时出现，而且关于教堂钟楼有如下明确的说法：

> 正是圣伊莱尔的这座钟楼，使得城里的各行各业，每时每刻和各种观点，都具有了形式，获得了圆满，得到了圣化。（法文版，第1卷，第64页；德译本，第1卷，第100页）

钟楼是一个具有代表性的统一体，是贡布雷生活的中心。通过多次描写做完弥撒回家的过程，同时也把重温引入这一事件的统一体之中。所谓“常常”不只是说说而已，而是真的发生了。通过这些重温，变得清晰可见的时间不是线性的过程，而是带有许多个统一体的可能生活的活动空间。

六、作为透视的重温(Wiederholung als Perspektivierung)。在这部具有复合结构，但又以进行回忆活动的自我为中心的小说中，我们还见到另一种重温形式——我们最好把它概括为透视。同一个人，从不同的视角被观察和描写，因而就获得了一种决非人为做作的多样性。例如，奥黛特既是斯万的情妇，又是半上流社会中的人，又是维尔迪兰“小核心”的成员；在朋友马塞尔眼中和在夫人希尔贝特眼中的罗贝尔·德·圣卢；在马塞尔父母眼中的斯万和作为受人尊重的上层贵族成员的斯万；莫雷尔既是维尔迪兰沙龙的成员，又是著名的提琴手，冯·夏吕斯的情人，阿尔贝蒂娜的朋友(为她照料未成年的女孩)，罗贝尔·德·圣卢的“朋友”，又是胆小鬼和逃兵，是察看期满后勇敢的士兵。此外还有一个因素——它恰恰在莫雷尔身上体现出来了——即：对一个人的评价是多变的。(例如，盖尔芒特夫妇在希尔贝特与罗贝尔·德·圣卢婚前、婚后及圣卢死后对希尔贝特的评价；还有，对奥黛特本人的评价，她在斯万生前不为贵族沙龙所接纳，后来却成了盖尔芒特公爵的情妇)。

这种透视使人们有可能做一种广度的描绘，而这种描绘的广度同时也是一种可能的时间广度。在这里，重温涉及一个人在旁人眼中的形象，它避免了一种太大的稳定性，使一切都在流动中，这正与时间的本质吻合。因此，正是在小说结尾处，曾被马塞尔视为是真正的、永恒的贵族典范的盖尔芒特家族，声望一落千丈，而曾被叙述者以嘲讽口吻加以介绍的维尔迪兰太太的沙龙，[①]其威望却不可思议地如日中天。著名女演员拉歇尔与圣卢过去的情妇盖尔芒特太太是好朋友，而这个拉歇尔不是别人，正是马塞尔早年在妓院中遇到过的一个诡计多端的犹太女人。通过这些不同的角色——尽管它们不断地鱼贯而出——这些人物的生活获得了透视，因为我们起先对他们的了解，也总是无意识地对第二、第三个角色起着背景作用。这一点适用于小说中所有重要的人物；在小说中，拉歇尔就是德·克雷西·奥黛特做的一种重温，涉及前者社会地位的提高和可疑的出身。

七、否定性的重温(Negative Wiederholung)。如果说透视性重温的作

① “……尽管维尔迪兰夫人本人是一个有德行的人，出身于一个值得尊重的，极其富有而门第十分低微的资产阶级家庭……”(法文版，第1卷，第188页；德译本，第1卷，第281页)——原注

用是通过一个人的变化来了解这个人，并且使生活经历的多样性呈现出来——其实，每一种重温都以当前化为目的——那么，所谓否定性重温，我想把它理解为对某个经历的逐渐疏远。这乃是一种遗忘现象，但这种遗忘，像通常发生的那样，它本身并没有被遗忘，相反地，人们要对它作出解释——这是一个人们想阻挡但又阻挡不住的过程。这一点可以从马塞尔在阿尔贝蒂娜出走后以及得知她死后对她的态度上得到显明。经过一段时间的悲伤和痛苦，遗忘开始发挥作用了。这一过程是逐步进行的，更准确地讲，在经历一些阶段后，我们就对已出现的进展作出说明。普鲁斯特以旅行者为比喻：这位旅行者回来时走的路就是他去时的路。①

在这种已经由普鲁斯特清楚地表达出来的遗忘中，实现了一种对以往经历的重温，所有的阶段(从开始直到热恋)都必须再经历一遍，不过这次是倒回去。因此，他紧接着又打了一个旅行的比方。

> 沿原路从一个以后再也不会去的地方返回时，人们重新认出了去时经过的每一站的站名和样子，此时会发生下述情况：人们在某一站停下，顷刻间会产生幻觉，仿佛自己像来时那样，又朝着去时的方向出发了。这种幻觉稍纵即逝，但就在这一瞬间，人们感到自己被重新带回到那个地方——回忆是多么残酷呵!(法文版，第3卷，第558页；德译本，第6卷，第223—224页)

在这里，这就是遗忘中的保持，它能让人忽视了他是走在返回的路上，走在一条不容改变的回头路上。旅行比喻的出现，是因为在旅行中要走很远的路，而遗忘就是一种远去(一去不回)。

在开始遗忘这个阶段之前，作者描述了他因情人而产生的痛苦为什

① “我现在真的感觉到，在我彻底忘掉她之前，要我回到起初与她不相干时的状态，像一个旅行者，沿着原路回到出发点，我就不得不再次经历在我达到热恋前所经历的各种感情阶段，只是运动方向与当初相反。”(法文版，第3卷，第558页；德译本，第6卷，第223页)——原注

么没有随着情人的死而终止。

> ……恐怕得让这次事故不仅在土兰置她于死地，而且在我的心中也置她于死地。而她在我心中却从来没有如此活灵活现过。（法文版，第 3 卷，第 478 页；德译本，第 6 卷，第 100 页）

对此所做的解释显然与我们的经验的时间制约联系在一起：

> 一个人要想进入我们心中，就必须具有时间的形式，并且受时间框架的制约；由于他只是一分钟一分钟地在我们面前出现，所以他能提供给我们的，始终只是他本人的一个方面，只是一张单一的照片。（法文版，第 3 卷，第 478 页；德译本，第 6 卷，第 100 页）

因此，他所爱的这个女人就成了在他记忆中保存下来的相继出现的她的各个方面的累积。

> 这些零零碎碎的记忆不仅会使死者死而复生，甚至会把她复制成许多个形象。（法文版，第 3 卷，第 478 页；德译本，第 6 卷，第 100 页）

我们可以补充一句，在这个人活着的时候，她当时表现出来的一个方面是如此真切，以至于我们根本再也不能对她的其他方面作出说明，或者说，不能把她的其他方面纳入她当前表现出来的方面之中。在她死后，因为没有了直接的当前形象，记忆记录下来的各个“瞬间印象”始终是孤立的，它们没有融入当前之中。因此，普鲁斯特就可以作出这样一个似是而非的论断：随着这个人的消失，她在我们的回忆中变成了许多个当前的形象。遗忘必须使它们一个个死去。这就是否定性的重温，它使我们与生活经历分离开来。这种遗忘有时被称作“恶魔”，（法文版，第3卷，第

643 页；德译本，第 6 卷，第 355 页），但此外也有一种积极的作用：

> ……遗忘，我开始感觉到它的力量，它是我们适应现实的十分有力的工具，因为它慢慢地摧毁着还活在我们心中，不断与现实相冲突的过去。（法文版，第 3 卷，第 557 页；德译本，第 6 卷，第 222 页）

我们听任时间的摆布，这种状态把我们置于不断的变化中；我们所谓的现实决不是固定不变的，本身也处于变化之中。为了能够适应现实，我们必须不断地剔除往事。这就是遗忘的工作。必须有一门心理学专门来考虑这一点，它应当以几何学为榜样，不把自己局限于平面，而要考虑到时间维度。①恰恰在这种否定性的重温中，与时间的关联得到了最明晰的强调。

在我们就马塞尔与阿尔贝蒂娜的关系来刻画遗忘的各个阶段之前，我们还要考虑一下遗忘过程的双重特征。到现在为止，遗忘的否定力量一直表现为某种完全积极的东西，因为它能使我们适应现实以及我们自身的变化。但还有一种遗忘，它并不具有否定性重温的特征，而可以说就是一种抑制。我们可以称之为非本真的遗忘，这是由于普鲁斯特明确地把它与“习惯”联系在一起，而把“习惯”理解为“惰性”，理解为对本真状态(海德格尔)的逃避。②因为正如我们前面已经表明的，普鲁斯特把习惯与原本的生活经历对立起来了。在艺术中，生活经历得到保存、解释和揭示；相反地，在习以为常的生活中，起支配作用的则是整体的冷漠状态，

---

① “正如空间方面有几何学，时间方面也有心理学，把一种平面心理学的计算用于时间心理学，计算就可能不再正确，因为人们在这里并没有考虑时间以及时间的形式之一：遗忘。”(法文版，第 3 卷，第 557 页；德译本，第 6 卷，第 222 页)——原注

② “本真状态”(Eigentlichkeit) 是海德格尔在《存在与时间》中所作的此在 (Dasein) 生存论分析工作的基本概念，与此相对的是“非本真状态”(Uneigentlichkeit)。两者意指此在存在的两种基本的可能性。可以参看海德格尔:《存在与时间》，中译本，陈嘉映、王庆节译，三联书店 1987 年版。——译注

以至于这种“生活”就可以被称为丧失现实的生活。这是一种为平庸的习惯效力的遗忘，它的意义可以从下面这段文字中看出：

> 有时，一部有点令人伤感的小说会突然把我带回到过去。因为某些小说就像巨大而又稍纵即逝的悲哀，能把我们的习惯一扫而空，把我们重新与生活的现实联系起来。不过，时间不长，只有几个小时的光景，就像做了一场噩梦，因为习惯的力量是巨大的，它产生遗忘，带来欢乐，而我们的头脑无力与之抗争，也无力恢复真实。习惯的力量远胜过一本好书对心灵产生的近乎催眠术的暗示力量，后者与其他所有的暗示一样，只有短期的效果。(法文版，第 3 卷，第 561 页；德译本，第 6 卷，第 228 页)

有关阿尔贝蒂娜的否定性重温经历了三个阶段。[①]第一个阶段(法文版，第 3 卷，第 559—594 页；德译本，第 6 卷，第 224—280 页)是从他在布洛涅的散步开始谈起的。普鲁斯特对此所讲的话对“否定性重温”这一名称做了说明。阿尔贝蒂娜不在了，但又完全在场着；这一天与她在特罗卡特罗接他的日子一样，都是“万圣节”。

> ……没有弗朗索瓦丝的电话，阿尔贝蒂娜也没有回家，这不是什么不好的事，而只不过是把我们自己回忆中的一些东西从现实中抹去。这使得这一天变得有点伤感，又给它涂上了一层美丽的色彩，使这一天比那些平淡无奇、千篇一律的日子更美好，因为那不复存在，从中被抽掉的东西，依然像凹形花纹一般，印压在上面了。(法文版，第 3 卷，第 559 页；德译本，第 6 卷，第 225 页)

阿尔贝蒂娜的死带给他的压抑的痛苦变成了一种“甜蜜”；他重又对

① 原作指出有四个阶段，但由于普鲁斯特未能对小说的最后一卷进行修订，故这一区别是可以理解的。参看第 1107 页上的编者注 (有关第 3 卷第 559 页的说明)。——原注

爱情产生了兴趣；他以为自己找到了一个女孩，跟踪她，拍电报给罗贝尔·德·圣卢，询问有关女孩的具体情况，结果表明这个女孩不可能是"她"[①]——原来这个女孩就是希尔贝特，由于母亲再嫁，她被人收养而改名为德·福什维尔。这整段故事都以遗忘为标志：他没有认出希尔贝特，这是一种遗忘，希尔贝特对父亲斯万的态度，也是一种遗忘，是她想通过忘掉父亲来忘掉她的过去。因此，在这段遗忘情节中出现的离题完全不是一种对主线的偏离，而倒是服从遗忘主题的——现在，遗忘似乎从四面八方涌来。

遗忘的第二个阶段(六个月之后)是由一次他与安德烈的谈话引出的。安德烈在谈话中向马塞尔透露了阿尔贝蒂娜的生活的一些真相，这些真相要是在一段时间之前会使马塞尔感到极其不幸。但现在，他对这些几乎无所谓了，或者说，它们只能在他心中勾起一丝淡淡的忧伤。对他来说，现在更重要的是这段谈话证实了他以前想极力排除的怀疑。[②]这只有在爱情已经远去之后才有可能，因为只要还真的爱着，人们就会尽一切努力排除任何怀疑。

> 在我爱恋着阿尔贝蒂娜时，它们[③]会引起我过分的伤心。现在好了，它们只留下了一丝痕迹……(法文版，第 3 卷，第 610 页；德译本，第 6 卷，第 305 页)

可见，在遗忘过程中要追溯到先前的状态，并且把它与现在作一对比。这是一种重温，但它的目的是揭示出与先前行为的区别——从这个意义上说，这是一种否定性的重温。而在这种否定中，阿尔贝蒂娜先前的谎言与安德烈现在的坦白形成了对照(试比较"揭示性的重温")，并且因而

---

① 马塞尔误把这位姑娘当作圣卢跟他谈起过的一个妓女。——译注

② "……尽管如此，不论安德烈的话多么使我很悲伤，我仍然觉得，最终能证实事实真相与我最初的直觉相吻合，要比事实可以满足后来因我的怯懦而在我身上得逞的可怜的乐观更好些。"(法文版，第 3 卷，第 610 页；德译本，第 6 卷，第 304 页)——原注

③ 指"我最初的直觉"，参看注②。——译注

得到了考虑，但不是在生活经历的领域，而是在知识的阶段，因此，对他来说，一切都变得易于接受了，他甚至可以满足于自己的“直觉”的正确。

遗忘的第三个阶段是很久以后他在威尼斯意识到的。一封信中的一个套语引起了他对阿尔贝蒂娜的回忆。

以前从未在我脑海中再现的这些话，现在有如“芝麻开门”，把地牢的大门打开了。但不一会儿，牢门又在被囚禁者面前关上——我没有扑向她，这并不是我的过错，因为我再也看不见她了，再也不能把她唤回到我的记忆中；因为一个人其实只存在于人们对他的看法中……(法文版，第3卷，第641页；德译本，第6卷，第352页)

这是在重温一个从前的情景，他不想，也不能在这一情景中逗留，因为他再也不能正确地设想这个情景了。所谓被囚禁在一个地牢里，就说明了这种距离。为了揭示这种失落，他又把现在与先前作对比：

……在一闪念之间，我又渴望回到那早已逝去的时光，那时候，我日日夜夜因对她的回忆而备受折磨。(法文版，第3卷，第641页；德译本，第6卷，第352页)

通过这段对往事的短暂重温，就可以来描绘遗忘(即消失)的高级阶段了。

这个阶段的中心是叙述者误读了一封电报，读了这封电报，他以为阿尔贝蒂娜还活着并且想和他谈结婚的事。其实，是他认错了电报下面的署名；这就表明，在他的下意识中，阿尔贝蒂娜还活着，但这种存活就好比火光熄灭前的最后一闪。正是这种无意识的误读，一种重温行为，可以让我们看清与被重温的往事的距离。马塞尔本应对这一消息感到高兴，他本来一定会谈到所有留在他心中的对她的爱。然而他没有，原因在于：

> 阿尔贝蒂娜对于我只是一束思念，只要这些思念还在我心中，她便能肉体虽死而精神犹生；但现在正相反，所有这些思念都已经消失了，因而她就不能随着肉体的复活而在我心中复活。（法文版，第 3 卷，第 641 页；德译本，第 6 卷，第 353 页）

这里又提到前面已经谈到过的一点，即：现实就在我们心中，至于我们如何观察和评价现实，就取决于我们了。同时，与此相联系的是我们受时间摆布的状态。普鲁斯特不仅描写了发生的事情：得知阿尔贝蒂娜还活着的消息，没有出现期望中的快乐的反应，以及对他何以没有这种反应的反思；更进一步，他还描写出：他本来是要对他没有快乐的反应这回事情作出反应的，但由于某种原因而没有这样做。这是一个更高的反思阶段，它恰恰是当事人没有完成的。这种反思把我们带入时间维度。在这里，否定性的重温不仅给出了不**再**存在的东西，而且也给出了**不**存在的东西，应该存在但又不能存在的东西。

对于自己并未作出快乐的反应这件事，马塞尔本应感到非常震惊，就像一个长期外出旅行或者长期生病的人突然发现他的头发花白了，有了一副成年人或者老年人的陌生脸孔。这是令人吃惊的，因为人们由此一定会意识到：

> ……过去的我，那个金发青年已不复存在了，我变成了另外一个人。（法文版，第 3 卷，第 642 页；德译本，第 6 卷，第 354 页）

这种容貌的变化就像马塞尔所体验到的“我”的变化一样彻底——那是一个新“我”代替了那个爱恋阿尔贝蒂娜的旧“我”。为什么事实上他对此并不感到震惊呢？因为不再在此存在的“我”是不可能对具有不同的忧虑和情欲的新“我”恼怒的。在这里，普鲁斯特还在一种暂时的、性格方面的消隐与一种永久的、情欲方面的消隐之间做了区分。①

马塞尔不可能令阿尔贝蒂娜死而复生，因为这是要以他使自己的已逝去的自我的复活为前提的。自我的变化无非就是我们受时间及其持续变化的摆布。正是这种否定性的重温使时间的束缚作用表现得最为明显，同时也使我们对这种束缚作用的盲目无知最为明显表现出来了。这部小说就是要与这种盲目性作斗争。

八、下意识的重温(Unwillkürliche Wiederholung)。这种重温乃是小说的动因，其目标就是重新找回的时间。

我们已经分析过下意识的重温，并且已经表明，幸福感是如何通过两个不同时刻的重合而产生的，快乐如何表达了对时间的异化力量的战胜。但我们决不能把这部小说归结为这样一些环节。毋宁说，这些环节仅仅具有一种触发作用，它们能使叙述者意识到，暂时被忘记的东西未必就彻底失去了，它们还能使他想起自己的“使命”，使他认识到，他的生活的使命就在于创造艺术作品，而且正如我们前面已经指明的，这件艺术作品不能与生活经历相矛盾，而是对生活经历的揭示、阐明和理解。因此，他必须努力重温往事，因为只有在这重温中，往事才能从直接性领域转渡到间接性领域之中。艺术(诗)的问题在于考虑这两个方面：直接性与间接性。因为如果没有直接性，间接性就会变得抽象；而如果没有间接性，直接性就始终是没有意义的。

但在直接性与间接性的协调中，不仅生活能够在其统一性方面得到理解，并且在回忆性的重温中得到弥补，而且，生活的隐蔽维度也能够同时得到揭示——这个隐蔽维度就是生活所承受的时间。因此，作者一再指

① “但人们既不因自己随着岁月的自然流逝变成另一个人而苦恼，也不因自己在同一时期里天天都具有不同的相互矛盾的性格——坏的、敏感的、体贴的、粗鲁的、无私的、野心勃勃的——而发愁。不苦恼、不发愁的原因是相同的，那就是旧我已经逝去——在后一种情况下是暂时的性格方面的消隐，在前一种情况下是永久的情欲的消隐——不可能抱怨另外一个我，而这另一个我在那时或者从那时开始，就是整个的我了。粗鲁者只要是粗鲁者，他就为其粗暴的行为而得意；而健忘者并不因他记性差而生气，恰恰是因为他已经遗忘了。”(法文版，第3卷，第642页；德译本，第6卷，第354页)——原注

出，这部作品具有我们通常看不见的时间形式。

我们开头讨论的问题是，普鲁斯特找到了哪些手段来描绘时间本身？第一个手段就是我们列举的不同的重温形式。另一个手段是交织(die Verflechtung)。交织是什么意思呢？作为例子，我们引用那个介绍希尔贝特女儿的情节：

> 况且，她不也像大多数人那样，仿佛是森林中交叉路口的“星星”吗？好几条不同方向的路汇合到这些交叉路口上——就如同我们生活中的交叉路口。(法文版，第3卷，第1029页；德译本，第7卷，第534页)

交织被描写为交叉点。就像在森林中，一条条道路呈放射状，汇合于某个点，构成一颗星星，同样地，不同的生活道路也相交在交叉点上。在这个比喻中，森林还代表着黑暗、难以通行、无边无际，这与生活本身是共同的。我们从生活中看到的，是一条条狭窄的生活道路。当普鲁斯特补充说，大多数人都是交叉点，他是想以此来暗示，这一基本特征也必须同时得到描写。叙述者照例只选取了几条道路。这种简单化和模式化虽然为读者带来了一种简单的理解法，因此为读者所赞成，但同时，认为几乎每个人都会变成这样一个交叉点，这种观点就歪曲了普鲁斯特所谓的生活——他所谓的生活包含着如此丰富的时间经验。如果是这样，那我们不必花大力气去讨论交叉点，而只需讨论生活经历的一种相互交织的状态。

两个互不相干的回忆领域——盖尔芒特家那边(作为罗贝尔·德·圣卢的女儿)的回忆与梅塞格里斯那边(即斯万家那边)的回忆——在希尔贝特的女儿身上交织在一起。一条回忆之路经过母亲(希尔贝特)到香榭丽舍直至斯万那里，使叙述者回忆起贡布雷；另一条经过她的父亲通往巴尔贝克，叙述者在那里结识了他并经常与他在一起。在这两条回忆道路之间，还有一些横向岔路。叙述者来到巴尔贝克，因为斯万曾对他讲过那里的著名的古老教堂。同时，圣卢小姐还使叙述者与她的外祖母(奥黛特·德·克雷西)横向联系起来了，年少时他曾在叔祖父阿道夫那里遇到过她的外祖母，她是一个身着玫瑰色服装的神秘女人，由于她的原因，父母和叔祖父绝交了，小男孩并不愿意此事发生，因而十分内疚。从这位叔祖父身上又引出一条新的岔道——他的男仆，在那倒霉的一天把马塞尔领了进去，这位男仆是提琴手莫雷尔的父亲。德·夏吕斯狂热地爱上了莫雷尔，就连罗贝尔·德·圣卢也喜欢过他。姑娘的外祖父(斯万)是第一个对叙述者谈到凡德伊的音乐的人，希尔贝特则是第一个对他提起阿尔贝蒂娜的人。他在与阿尔贝蒂娜谈话中发现，她曾与凡德伊的女儿交往甚密。通过她又回忆起索多姆和戈摩尔的世界。年轻时在蒙舒凡的经历(看到凡德伊的女儿与女友的同性恋行为)使他心生疑云，怀疑阿尔贝蒂娜也是同性恋者；这是万般痛楚的嫉妒的开始，直到阿尔贝蒂娜出走才告终。为了澄清事实真相，马塞尔开始与阿尔贝蒂娜的女友安德烈交往。让我们就此打住。普鲁斯特说：

> 如果事情只涉及我们的心灵，那么，诗人说那些被生活撕碎的“神秘的线”，就不无道理了。然而更为真实的是，生活在人与人之间、事件与事件之间不停地编织新的线，穿梭交叉，重重叠叠，编得越来越厚，致使在我们的过去的最细小的交点与所有其他交点之间，形成一张密密麻麻的回忆之网，而我们只需要选择连接的道路。(法文版，第3卷，第1030页；德译本，第7卷，第536—537页)

我们的体验的这种交织状态也必定对小说的结构和叙述方式产生影响。普鲁斯特清晰地意识到这一点。①

> 不把我们生活中那些差别极大的风景一个接一个地描述出来，

① 需要指出本文结尾引用的一个句子：“尤其使我动心的是奏鸣曲的发展部、起声和反复，一个乐句的‘变化’……”(法文版，第3卷，第560页；德译本，第6卷，第226页)——原注

我们就不可能解释自己与一个甚至都不太了解的人之间的关系。(法文版，第3卷，第1031页；德译本，第7卷，第537页)

描写一个人，就需要追踪他的发展过程，在这里同时也要描写他与回忆者(叙述者)的不同关系。在一本把时间当作力量来描写的书中：

……与通常使用的平面心理学相反，人们必须使用一种空间心理学……(法文版，第3卷，第1031页；德译本，第7卷，第538页)

这是什么意思呢？并不是说时间化成空间了，而是指一种从平面心理学到深度的精神分析学的过渡。而且，为了避免空泛，我们必须补充说，一种心理学的描述不是静态的，它简单地把过去存在的东西记录下来，然后把这个东西引入当前，使我们在同一个平面上同时拥有过去和当前，但又不知道两者是如何共属一体的。因为如果我们这样做，我们就会失去生命发展的维度——生成(Werden)的维度。深度，或者我们也可以说，三维性(空间)，是相对于两维性(平面)而言的，它使过渡过程变得清晰可见。由于我们在同一时间里不可能处于不同的地点，所以，通过在不同地点上的逐步描写，同时也就是对不同的情景和我们在那里接受或者解除了的各种关系的描写，就能在某种程度上揭示出生成变化的时间特征。因此，交织乃是一个不可或缺的写作手法，如同倒叙和伏笔。通过这些写作手段，作品承上启下的过渡得以显露出来。这就可以说明，为什么小说中有如此之多的，有时甚至令人厌烦的暗示、影射以及对一些次要人物的生活的描写——由此形成一张时间之网，类似于把生活与我们编织在一起的大网。小说对希尔贝特女儿的介绍使我们意识到时间的各种作用。“她与我的青年时代相像”。(法文版，第3卷，第1032页；德译本，第6卷，第539页)在她身上，叙述者看到了自己的青春，这样一个杰作出自时间之手，时间同时也是对他在自己身上经验到了的让人衰老的力量的反击。在普鲁斯特看来，作家越是完美地把生活描写成交织，他就越是接近于真实性理想——但不是在现实主义意义上，而是在与时间作用相吻合意义上的真实性。

如果说通过重温这个手法，时间能够摆脱它的线性特点，那么，通过时间的交织这个写作手法，时间又能重新获得它的广度，表现为普遍联系的前提条件。

对时间的阶段性描写(Die epochale Darstellung der Zeit)。普鲁斯特一方面借助于交织，另一方面通过在生成变化范围内建立一些大规模的统一单元，来避免生成变化造成的分裂和毁灭的危险。通过特定情节发生的地点的确定，或者通过对处于中心位置的人物的刻画，这些统一单元得到了纯粹表面的描写。进而，在这样一个统一单元内，就可以按时间顺序来概括各种不同事件，跳跃、伏笔和倒叙都是完全容许的，因为框架保证了这个统一体。我们前面试图在做完弥撒回家这个例子上表明的东西，也是与这里所谓的阶段性的统一单元相合的。贡布雷的一个事件发生得早还是晚，这是没有什么意义的——其实是有意使之没有意义的，因为钟表时间被回忆时间取代了，而这就是特定阶段的体验所具有的意义。

如果我们要来考察一下这部作品中的统一单元，那么，第一个单元就是贡布雷(包括在斯万家那边和盖尔芒特家那边两条路线)——贡布雷是叙述者童年生活的地方。下一个统一单元是巴黎(在这里，“斯万之恋”构成一种与马塞尔的体验对应的平行单元)——斯万夫人、希尔贝特，(与希尔贝特分手是他的少年时代的结束)接着是巴尔贝克——青年时期，与罗贝尔·德·圣卢以及阿尔贝蒂娜结识。进入上流社会的成人阶段——在盖尔芒特家那边。阿尔贝蒂娜时期(索多姆和戈摩尔必定也属于这个时期)。然后是老年时期。

使生成变化得以描写出来的重温和交织的原则，恰恰促使作者在上述各个完整的(或者差不多完整的)阶段之间建立起种种联系。由此，通过诸阶段的统一性，生活统一体就作为整体被端出来了。

时间浓缩和“空白”(Zeitverdichtung und“blanc”)。如果说描写的准

绳并不是那种按时间顺序的生活过程，而是被经历过的时间，看它是如何通过回忆而回复到当前的，那么，顺理成章地，在描写时就有可能把时间浓缩，也有可能跳过几个时间段(“空白”)。

姚斯指出了普鲁斯特在《专栏》中关于福楼拜的一段评论，在那里，普鲁斯特很赞赏福楼拜描写时间的艺术技巧。

> 在我看来，《情感教育》[①]中最美的地方不是句子，而是跳跃。(《专栏》，第205页)

福楼拜能够“直接使所描写的事件富有节奏，从而为我们制造出时间流动的印象”。[②]普鲁斯特举的例子是《情感教育》中的一个段落，在那里，摩罗看到一个警察拔出军刀砍杀一个起义者。他认出这个警察是他的朋友塞耐喀尔——接下来出现一个长达几年、几十年的跳跃——用一个短句指出他的旅行和归程。

姚斯正确地指出，普鲁斯特本人赋予“空白”手法以重要的意义，并且十分高明地运用了这种手法。姚斯引用了下述情节：斯万花了很长时间在普雷福咖啡馆找到奥黛特之后，借口把她上衣口上的卡特来兰花扶正而开始爱抚她。普鲁斯特极其细致地描写了准备过程，明显是在争取一种拖延——叙述者插入了一段思考[③]——接下来出现一个跳跃，进入对两人的第一次亲热的描写，奥黛特成了斯万的情妇，斯万开始了一段新的生活，这段生活将以两人结婚而告终，并给他带来了无穷无尽的苦恼。

这一写作手法在小说对时间过程的中断和加快中找到了理由。一般

---

① 《情感教育》是福楼拜于1869年发表的一部小说。——译注

② 姚斯，上引书，第88页；参看整个段落：“空白”在风格上所具有的直接表达时间的作用，第87—96页。——原注

③ “他想让自己有时间想一想，重新认识这个他久已追求的梦想，亲眼目睹它的实现，就好像人们叫来孩子的一个亲人，让她亲眼来看一看她所钟爱的孩子的成就。也许斯万还想最后一次用这种方式凝视一下这张还不为他所有的，他甚至还从未吻过的奥黛特的脸，就好像一个人在即将离别一个地方时要好好看一看他就要永远离开的那一片景色一样。”(法文版，第1卷，第233页；德译本，第1卷，第346—347页)——原注

地，我们可以说，在一个跳跃之前往往有一段特别详细的描写——也就是对时间的一次中断，或者对时间的一次浓缩。用这种方式，普鲁斯特得以使读者沉浸于描写进程中，他无法脱身，即使他想快点进行下去，他其实也无法估计一个更快的过程。倘若他竟做到了这一点，那他就根本没有对作为真正的媒介的时间作出解释——我们受这个媒介的摆布，而艺术家要通过他的描述方式来揭示这个媒介。浓缩(事件进程的中断)与空白(跳跃)是时间描写的两种基本可能性。普鲁斯特借此开了后来的小说技巧的先声。乔伊斯在《尤利西斯》中充分运用了浓缩手法的全部可能性，而重温手法的重要性则在新小说中得到了体现。

普鲁斯特想通过他的作品来揭示时间的神秘的作用。他想透过形形色色的事件，去追究这些事件发生的前提条件。这种条件不是由我们设定的，相反，我们的存在倒是以这种条件为前提的——我们的存在始终已被交托给这种条件了。所以，时间并不表现为一个我们能关注或者不能关注的理论问题，而是表现为一种力量，我们在所有理论和实践活动中总是已经受这种力量的摆布了。艺术能够使我们看清这种条件以及这种受摆布的状况，从根本上讲，这就是艺术的哲学功能。艺术通过它的作用能够与吞噬一切的时间抗争，尽管只是短暂的——这是普鲁斯特的明确愿望，也是他对艺术的最后辩护。

普鲁斯特明言，他的这部作品应当促使读者去读自己。

不过，回过头来说我自己，我对自己的书不抱奢望。而且，要说我在书中考虑到了将阅读这部书的人，即我的读者，那更是言过其实了。因为，我觉得，他们不是我的读者，而是他们自己的读者，我的书只不过像一个放大镜，类似贡布雷的眼镜商在柜台上递给顾客的东西。通过我的书，我将使读者能够阅读他们自己。所以，我并不期待读者给我赞誉或者指责，我只要他们告诉我事实是不是这样的，他们在自己身上读到的那些话，是不是与我写下的一样？另外，在这方面可能出现的分歧，并不一定全是由我的差错引起的，有时也许是由于读者的眼睛不适宜于通过我的书去读自己。（法文版，第3卷，第1033页；德译本，第7卷，第540—541页）

这里出现一个问题：读者及其生活与作者以及他所叙述的命运的真正共性是什么呢？的确，批评家们指责普鲁斯特，说在他那里甚至看不出主人公是从事什么职业的，也就是说，“劳动”意味太少了——这对一个受马克思主义影响的批评家来说是一个特别重要的论据。于是，普鲁斯特差一点就被视为资本主义社会的代言人，而这个社会实际上已经完蛋了，从而这部属于过去时代的小说也就可以抛在一边了。因此，我们在这里就必须努力表明一点：读者与叙述者之间的共性可能在哪里。

我们的论点是：两者的共性就在于他们与时间的关系中。这种关系可以从两个方面来确定：从时间方面和从人方面。小说结束时的大型午后聚会是时间的假面舞会，是一个说明时间对人的作用的例子。人忍受着时间，必须承受它的作用。人们决不愿经历时间赋予他们的变化。因此，他们把这些变化对自己掩盖起来。（叙述者的态度有力地表明了这一点）叙述者没有听凭自己的冲动，去祝贺在场的人的成功装扮；他发现，这样做是不礼貌的，因为没有人希望发生这些变化，人人都想抹去这些变化——叙述者本人也不例外。

但在这个午后聚会上，另一个方面其实也呈现出来了，虽然只是附带的——这另一个方面就是人对时间的反应。在等着让自己进去的时候，叙述者下决心要改变自己的生活。正如已经看到的，他是通过一些下意识回忆的事件来说明，时间并没有带走他的一切，相反地，所经历的事情依然保留在他心中。不过，要重新想起这些保留下来的东西，就需要做一种特别的努力，要求他沉浸到自我之中。（前面已道出了这种努力的全部内容）这就说明了作者据以叙述的那种特殊态度，即回忆的态度。

回忆有多种可能性。第一种回忆是把回忆内容压抑起来，使之不再起作用，成为永远消逝了的东西。回忆者这样做，就仿佛在提到他过去的某件事时根本不是在谈他自己。他想尽可能拉大当前与过去之间的距离。

第二种回忆与第一种相反，它力图消除与过去的距离。过去的一个成果如此这般地被保存下来，就好像它是一个当前的成果似的。这样做的人在当前再也没有什么成果，他逃到自己的过去中去了，从而就不必为他现在的一无所获作出辩解了。

无论在第一种还是第二种回忆中，过去都被歪曲掉了。在第一种回忆中，过去似乎被永远抹杀了，根本就不再属于回忆者了；而在第二种回忆中，过去似乎并没有消逝，而是完完全全在当前的。我们可以把这两种回忆称为非本真的回忆。

第三种回忆是本真的回忆。在其中，过去之物(曾在之物)被理解为属我的，无法加以否认，也不能把它重新解释为当前之物。我就是我的过去——但恰恰以不再存在(Nicht-mehr-sein)的方式。我们必须更准确地对这种关系作辩证的表达：我是我的过去，又不是我的过去。我必须接受我的过去，同时把它理解为曾在的东西。我通过重温过去来接受过去，也就是说，我现在按照我曾经是的东西存在。在这种情况下，我就完成了一次对我的过去的认同；但不是一种假的认同，不是假装成我还在过去存在似的，而是在一个与以前行为相合的新的行为中，证明我是同一个我。如果能做到这一点，那么，我就是我的过去——在海德格尔所说的曾在状态(Gewesenheit)意义上的过去。这样，我就不会如此这般作为：仿佛时间已经静止了，而我始终还是那个年轻有为的人；相反地，我会在承认时间持续变化的同时，证明我自己的连续性。我在变化中获得我的同一性，这种变化不是变成不同的东西，而是获得自身。①

那么，普鲁斯特的回忆属于哪一种呢？初眼看，人们或许会认为，他的回忆属于第二类回忆。这种回忆总是返回到过去，并且竭尽全力把往事记录下来，为的是不让往事发生变化(通过遗忘)。这位叙述者完全是往后看的。所以，在小说中，他似乎为了不断回复往事而忽视了期待之物(将

---

① 这是里尔克《致奥尔弗斯的十四行诗》的基本主题。对于这种变化，我们看到有“变形”(Metamorphose)一词，哪里有这样一种变化，哪里就有奥尔弗斯在场着。这在第一首十四行诗中即已十分清楚，但若没有这个上下文的背景，就还是难以理解的。——原注

来)和当前之物(当前)，而实际上，时间之到时(Zeitigung)现象是包含着曾在、当前和将来的。人们或许还会说，这乃是独特的衰老者的时间之到时，因为衰老者的将来越来越渺茫，以致他别无办法，只好把一切希望寄托于往事了。

上述假象是让人迷惑的。毫无疑问，小说的叙述呈现为回忆。问题的症结在于回忆的方式：下意识的回忆，与此相联系的有意识的回忆，为澄清过去所做的努力。但事情的真相决不止于此。全部回忆都服务于有待完成的艺术作品。回忆是生活经历**描写**的前提条件。也就是说，回忆完全是为将来之物服务的，亦即是为有待创作的作品服务的。而这部作品为自己提出的任务是：把生活经历转换入艺术，由此来理解生活经历。

因此，我们看到，普鲁斯特的回忆形式决不是这样一种时间之到时，即一种仅仅关注过去而忽视当前和将来的时间之到时。毋宁说，这种回忆的任务是如此这般地来重温曾在的往事，使得在其中隐含的时间之到时——即：在期待中的先行存在，曾在往事的保存，当前化——三者同时在场着。所以，批评家们就很有理由指出“存在于过去的将来”的意义。它决不是一种在这里被复述的僵固的时间，而是一种不断生成的时间，也就是说，人处于时间之到时的过程中。我们在一开始就碰到过的时间描写的多层次性，就证实了这种对曾在、当前和将来的共同把握。从将来出发，回忆的意义是完全合理的。

仔细地阅读这部小说，我们不仅会发现时间之到时的复杂过程，而且我们还会在小说中发现叙述者的时间之到时的变化。他生活在当时的热情中，在那个吸引他、关涉他、使他感兴趣的东西中——也即一种时间之到时，在其中，当前具有某种优先地位。但是，即使这样一种时间之到时，也只有当全部三个环节同时发挥作用时才是可能的。这样就会出现一个变化，当前不再被视为本真的东西，本真的东西是与我们有着距离的往事，对于这种往事，我们能够加以全面掌握因而能够理解它。于是，在时间之到时方面的重心就放在对曾在往事的提取上了。但是，这种提取并不是最终的目的，最终的目的是要洞察到生活经历之塑造的必要性。这就是那种以将来为重点的时间之到时。尽管作者已经搞清楚了这部作品的性质，但是在这种变化一开始，他就担忧是否能完成这部作品。他后来的生活将完全奉献给这部作品，他预见到，他必须为之耗费无数个日日夜夜，必须放弃所有其他的事务。

因此，正如我们已经阐明的，这部小说的结尾变成了开头。我们既在结尾处又在开头处；我们能够在开头处，这表明我们已达到了结尾。作者并没有说明小说是怎样写成的，但却说明了：回忆是怎样进行的，为了把生活经历提供给自己，回忆具有何种意义，从而使得那个艺术的要求——要成为真实的生活——不再任意地表现出来。

发现他自己的使命——这乃是小说的目的所在——无非就是发现本真的时间之到时。这个问题不只是为叙述者提出来的，而是为每一个人提出来的——每一个不是无忧无虑过日子，而是愿意在明察中生活的人。(因此可用放大镜这个比喻，人们能够通过放大镜洞察自己的内心)基于这个原因，普鲁斯特就可以认为，这部小说应当把读者引回到自身。这不是

要把小说主人公的世界强加给读者，而是要向读者说明：时间之到时意味着什么，一切时间之到时如何总是已经处于我们首先要跳跃的那个维度之中，即时间的维度之中。

在这个背景上，普鲁斯特的努力或许就可以被刻画为对一种原始的时间之到时过程的描写：在回忆中重温曾在的往事——根据曾在来理解当前，同时对将来要做的事情进行筹划——对过去存在之物的揭示、理解、概观的塑造。要是成功地做到这一点，那么，时间对人来说就不会成为灾难，而将成为人实现自己的空间——不过，这个空间的界限却不是人自己能设定的。

表面上看来，我们上面这些关于普鲁斯特的论述似乎偏离了“切近”(Nähe)这个基本主题，而我们是把“切近”当作我们对艺术和哲学的分析的指导线索的。从普鲁斯特出发，我们可以对这种“切近”说些什么呢？在他的这部作品中，我们竟能获得某种关于“切近”的经验么？

普鲁斯特把我们置于他刻意找回来的那个时间维度中。这个时间维度向我们表明：人在他自己的时间之到时中获得“切近”，这种“切近”不是什么给定的东西，而是某种生成的东西，它通过人的生成变化的独特方式而展示出来。这就使我们能够更好地理解普鲁斯特为赞赏凡德伊的奏鸣曲所讲的话了：

> 尤其使我动心的是奏鸣曲的发展部、起声和反复，一个个乐句的“变化”，这个乐句在整个奏鸣曲中出现，就如同我对阿尔贝蒂娜的爱情在我的一生中出现。（法文版，第 3 卷，第 560 页；德译本，第 6 卷，第 226 页）

第三部分

论毕加索

对多维性的解说尝试

上面我们在文学领域里，做了一种对艺术作品的哲学解说的尝试，下面我们拟作一个绘画领域里的尝试。在我们这个世纪里，发生了最激烈的变化的艺术类型，恰恰就是造型艺术。它已经远离19世纪的艺术，以至于那些把传统艺术当作观察方针的鉴赏者，往往对当代艺术大感错愕。现在，附庸风雅者已经明显地增加了，人们把非同寻常之物、闻所未闻之物，此外常常就是最近出现的货色，冒充为最终发现的“真正的艺术”。但是，这种附庸风雅的现象也不能掩盖人们对当代艺术的诧异之感。倘若不是在艺术家与鉴赏者之间事实上已经出现了一道鸿沟，则这种毫无标准的附庸风雅，就决不可能如此迅速地蔓延开来。

为什么会出现这样一种情况，甚或必定出现这种情况呢？是否在每一种变化中，首先都会引发这样一种错愕呢？对于这些问题，我们这里不拟探讨，因为这需要做一种追溯甚远的分析工作。而我们要做的是，从限定的现象出发，考问这些现象，并且尽可能地针对这些现象的意义作出解说。艺术领域里的一个哲学的开端恰恰必须首先深入地分析个别的现象，而不是从宏大的纲领出发，因为这个开端是要让艺术讲话，而不是一些关于艺术的理论。它是要为艺术效力而不是使用艺术；当然，它是否能够成功地做到这一点，那还是不明朗的。

可是，任何一种探索和研究，任何一种理解的尝试，都不是盲目地进行的，而是受一种先行领悟指导的，是由一种先行筹划(Vorentwurf)引导的，亦即是由一种对那个终究能找到的，人们在追问有待探究之物时必须设定的方向的先行筹划来引导的。因此之故，在作这最后一个尝试时，我们还是要再次回忆一下在导论中已经得到原则性阐释的思想。

我们在艺术中看到的，不是人的一种任意的表现，也不是人的一种必然的表现，亦即不是人为了保存生命而必须实行的各种活动，而是某种非同寻常的东西。这一点已然可见于以下事实：我们需要艺术，而并没有使用和消耗艺术。我们说“非同寻常”，意思是说：脱离了通常事务的领域。一种没有艺术的生活是完全可以设想的，但它同时或许就是人类存在的一种堕落了。

在艺术中，我们看到人类揭示、“表达”其世界关联的基本可能性；而当我们说“世界关联”(Weltbezug)时，我们指的是：人对其同类的理解，人对非人的存在者和超越人的神性之物(只要这种神性之物对人来说是举足轻重的)的理解，以及人对他自身的理解——这种种理解，乃是上述关联保持于其中的轨道。人们或许会认为，这种表达是多余的，但值得注意的是，我们在最古老的人性形式中，就已经发现了这种表达。我们在此不拟探究艺术何时脱离了巫术领域，进而又脱离了宗教领域——但是，即使艺术依然埋在一个宗教世界里面，当时的人类也还是以这些形态来表达自己的。

形象化创造的努力——或许我们必须说，具有形象性质的创造的努力，因为就连诸如制陶业的装饰旨趣，也必定包括在这种创造中——以及言语性的表达，以及音乐的表现，都属于一般人类存在。按照我们的观点，艺术是与人类的语言本性同样原始的。①艺术是一种言说(Sprechen)

① 参看布鲁诺·李卜鲁克斯:《语言与意识》，第一卷，学院出版社，美因河畔法兰克福，1964年。——原注

方式。困难在于我们既要理解言说内容又要理解言说方式。恰如我们在上面的卡夫卡分析中所表明的，这样一种理解必须深入到言说内容背后加以追问。这乃是一种哲学的解说工作的任务。

这里，人们可能立即会提出异议：这样一种解说是危险的，因为其中所作的，无非是把哲学的观念强加给艺术而已；而这样一来，艺术就被滥用了，就被贬低为哲学的奴仆了。另外一些异议来自相反的方面，认为倘若哲学出现在艺术这个不可靠的地带上，哲学就会名誉扫地。

对于上述诸种反对意见，黑格尔早就发表过他的看法，并且给予驳斥。有一种反对意见认为，艺术与生活的真正目的毫无干系，并且使生活脱离了实质性的旨趣；另一种反对意见则认为，艺术活动于假象之媒介中，无非能够通过骗人的幻觉对我们产生影响。这两种意见都受到了黑格尔的断然驳斥。对于上面这两种论点，黑格尔反驳说，艺术“只不过是神性之物、人类最深刻的旨趣、精神的最广博的真理获得意识和表达的一个种类和方式”。[①]众所周知，黑格尔把艺术与哲学、宗教排列在一起，但同时，由于艺术必须在感性领域里表达自己，所以黑格尔又把艺术置于哲学之下。谢林把艺术解说为哲学的工具，这种解说在我们看来倒是更富于成果的。[②]

我们在此并不想进行一种历史的辨析工作，而是要探讨这样一个问题：通过一种哲学的解说，艺术是否疏离于自身，被置入一个它不再能存活的环境中了，就像神奇地闪光的深海鱼，一旦被拖到海面上就变得毫无光彩了。

我们最好不要过于轻松地对待这种反对意见，因为对于任何一种关于艺术的哲学解说而言，其中毫无疑问包含着一种危险，即仅仅把艺术看作为了证明哲学观念的理由。

---

① 《黑格尔全集》，H. 克罗克纳、Fr. 弗莱曼斯编，斯图加特 1927—1930 年，第十卷，第一册，第 11 页。——原注

② 参看第特尔·雅尼西：《谢林——哲学中的艺术》，纳斯克出版社，弗林根 1966 年。——原注

让我们把实情作如下概括：我们的观点是，在艺术中，人类的世界关联得到了某种表达，更有甚者，艺术不仅揭示了这种世界关联，而且甚至完成了这种世界关联。(是否仅仅由艺术完成，在这里可能还是悬而未决的)我们又可引用黑格尔的话："艺术从中得以源起的那个普遍的和绝对的需要，其根源就在于，人乃是思维着的意识，亦即说，人之为人以及终究是人，是从自身自为地作成的"。(上引书，第41页)

艺术的特性在于，艺术乃是一种具有种种可能的理解层面的语言。在每一种揭示性的交道中，都有某种东西变成可通达的，至于这种理解的程度，那是十分不同的。艺术乃是一种需要解说的语言，这也适合于"古典"艺术，而决非仅仅适合于现代艺术。只不过，在现代艺术中，这种解说的必要性变得更加明显些，因为某种明显的误解，亦即对对象的援引，在现代艺术中常常被取消掉了。艺术乃是一种难以辨认的象形文字。它需要翻译，仿佛必须被传送。至于这种传送(Transposition)是否成功，它是否仅仅片断地发生或者完全被耽搁了，这乃是任何一种哲学解说都免不了的风险。有了这样一种哲学解说，艺术作品是否更好地得到理解，人们是否赢得了理解艺术作品的通道，这可以视为解说工作成功与否的标准。对于本文的工作的方法方面和前提预设，我们且讲这么多罢。

我们这里要分析的现象，乃是毕加索的十分丰富多样的创作中一个非常有限的片断。我们在探讨过程中将表明：它是不是一个次生现象，或者是与盖伦所说的我们这个世纪最后一个重大艺术思潮立体派(Kubismus)紧密联系在一起的。这个现象就是多维性现象，而且，它的显现形式是我们在20世纪30年代末和40年代初(有时还要更晚一些)在毕加索的女人肖像画那里发现的。

在毕加索的这些肖像画中，我们惊讶地看到，他所描绘的人像非同寻常，不是从某个确定的视角被观察和描绘的，而是同时给出了多个透视维度。观赏者既置身于这个人像面前，又置身于这个人像之旁，又置身于这个人像上方，这就令鉴赏者眼花缭乱，失去了他的固定的立场。这样一幅画所唤起的印象，说白了就是不知所措的印象。如果说这种不知所措是十分巨大的，我们就想以开怀一笑来放松自己，由此来避免这种不知所措的窘境。我们干脆就把这幅画视为艺术家的一种插科打诨的闹剧，一个糟糕的玩笑，一个恶作剧，这位艺术家以此来取笑他的模特和他的观众们。对此的自然反应就是从这种画那里掉转目光。但是，我们却还想盯住这种画。

毕加索的这种画不是什么“抽象”画，但它也不是通常词面意义上讲的表现画。它介于两种描绘方式之间。但只要我们还不知道这种“之间”的特殊本质，也即说，只要我们仅仅否定地来规定这个“之间”(指出它不是什么)，那么，我们这个说法就是毫无意义的。

不过，毕加索本人似乎不允许这样一种大胆的做法。在1923年的一个自白中，他断然地说：

> 尽人皆知艺术不是真理。艺术是谎言，它教我们理解真理，至少是那种我们作为人能够理解的真理。①

不过，毕加索的这句名言绝不是说艺术与真理毫不相干，相反地，它倒是指示出艺术与真理之间的一种紧密联系。艺术让我们理解真理。于是，艺术其实是为真理效力的。但如何能把某种为真理效力的东西称为一种谎言呢？

在这里，真理说的是什么呢？毕加索理解的真理，无疑就是存在者，一如我们通常总是已经与之照面的那种存在者。艺术并不是像我们周围世界的其他事物那样的存在者。从我们周围世界的其他事物的角度来评判，艺术并不存在，因为它不可能有任何用途，它是毫无用场的，它不是“对象性的东西”，它就像某种假象——甚至是假象的诱因，这一点早就已经

① 这个自白发表在1923年5月26日美国《艺术》杂志上。那是毕加索在接受马修斯·德·蔡亚斯的采访时用西班牙语讲的话。我们的引用据《毕加索——讲话和自白》，阿赫出版社，苏黎世1954年，第9页。这个自白的摘要可见W.鲍克:《毕加索》，科尔哈默出版社，斯图加特1955年，第503页。——原注

为柏拉图所指明了。艺术是一种“谎言”，但它恰恰教我们理解我们的世界。如果我们把我们熟悉的事物当作现实事物的尺度，那么，艺术就是一种谎言。而如果我们注意到艺术中发生的事情真相，亦即某个时代的世界关联的表现，那么，艺术恰恰不是什么谎言。因此，毕加索继续说：“艺术家必须知道，他能以何种方式使他人确信他的谎言的真实性。”(同上)

毕加索的这些以多维性为规定性的女人肖像画遭到令人奇怪的丑化，这种情形让我们回想起奥尔特加·伊·加塞特[①]的一个论点，这个论点已经在他的一篇文章的标题中道出：《艺术的非人性化》(la deshnmanisación del arte)。[②]

不过，加塞特所谓的“非人性化”(Entmenschlichung)乃是模棱两可的。对他来说，人性的乃是对现实的描绘，一如人们以往所做的那样(他在此特别是指19世纪的艺术)，也就是人们以通常方式去观看对象(就像我们日常所遭遇的那些对象)，并且人们通过这种观看去进行复述。

加塞特说：“……我们所讲的艺术之所以(是)非人性化的，不仅是因为它并不包含任何人性的事物，而且是因为它有摆脱人性之物的作用倾向。由于艺术逃避人性，艺术感兴趣的就不是终点，即它要达到的特殊的动物世界(Fauna)，而是起点，即它要扬弃的人性方面。”(同上书，第240页)但另一方面，加塞特又说：“……如果我们决意要把概念搞成事物，那么，我们就已经排空了概念的人性内容和现实内容。因为就概念之本质来看，它们是非物性的。……我们以此方式并没有超出对世界的意识，相反地，我们给予图式、内在之物和主观之物本身以清晰的形态和客观性；我们把它‘世界化’。”(同上书，第252页)

可是，从上面这段引文中，我们恰可明见一个非人性化过程的反面，亦即一种彻底的主观化，因为在其中，事物的主观给定方式被事物本

---

① 奥尔特加·伊·加塞特(Ortega y Gasset，1883—1955)，西班牙哲学家，文艺批评家。——译注

② 在德文译本中，这个标题被译成《人之被逐出艺术》。奥尔特加·伊·加塞特：《文集》，第二卷，第229—264页，德意志出版社1950年。——原注

身所取代了。如果这个过程可以称为一种对人性内容的排空，那只是在以下意义上讲的：居支配地位的透视角度恰恰不是通常的角度。概念是某种“人性的东西”，这是大可不争的。在这里，我们不拟进一步深究加塞特对与现实相对的概念的理解。从根本上讲，他的理解关涉到一种观察事物或者撇开事物的新方式，而并非简单地涉及一种对“概念性的东西”的描绘，这种“概念性的东西”本身或许不能与现实之物相适合。[①]他对现实的解说是与传统的解说相对立的。因此，加塞特进一步断言：“我所谓的‘非人性化’以及对生动形式的厌恶，其中相当一部分是由于我对那种关于现实的传统解释的反感”。(同上书，第257页)但是，为了以某种方式把新的描绘方式——它恰恰已经被刻画为极其人性的(主观的)——与先前的(现实主义的)描绘方式区分开来，并且抓住那种对人性的摆脱的环节，加塞特把新的描绘方式理解为滑稽剧(Posse)。它并不是那种糟糕意义上的滑稽剧，并不是“对观众的愚弄”(现代艺术的反对者喜欢把它说成这种东西)，而是自我讽刺意义上的滑稽剧。

加塞特说：“……现代艺术家只是邀请我们去观看一种艺术，这种艺术是一出滑稽剧，按其本质来看是自我嘲弄。因为这种自我嘲弄乃是现代灵感的滑稽生长的土壤：不是去取笑某人或某物——没有牺牲就没有滑稽剧——新艺术嘲笑自身……艺术从未比在它的自我嘲弄中更美地显示出它的魔力。”(同上书，第259页)

在加塞特的解说中，尽管有了某些成功的开端(例如他指出了那种对纯粹形式的追求)，尽管做了种种努力，在那个时代里(即1925年，当时这一点还不像今天那样明白可解)力图正确评价现代艺术，但从根本上讲，他依然停留在一种对上面刚刚指明的印象的巧妙解说上，这个印象就是：初眼看来，现代艺术表现为滑稽剧。而他原想赋予这种艺术的新东

---

① 当盖伦使用“概念画”(peinture conceptuelle)这个术语时(它最初是由法国诗人阿波里奈尔所使用的)，他指的是某种不同的东西：“……概念画应当意味着一种经过深入思索的绘画观，它首先在观念上论证了绘画的意义，绘画的存在根据，其次从这种确定的概念出发界定了绘画所特有的要素。”A.盖伦：《时代绘画》，阿特瑙姆出版社，波恩1960年，第75页。这是我们完全赞成的一种解说。——原注

西，亦即自我讽刺，我们在浪漫主义和反讽中就已经看到过了。

我们不能满足于加塞特的解说尝试，所以，我们就要试着来分析一幅画，以便搞清楚所谓描绘的扭曲是什么意思。让我们来寻找这种扭曲的原则。不妨假定，在一位“概念画”(peinture conceptuelle)的画家那里，这样一种扭曲不是任意之举，即使他并没有明确地意识到这种扭曲的意义。只要我们还没有把握在扭曲中发生的事情，我们就停留于绘画之外。但解说应当把我们置入绘画之中，而不能让我们从外部大谈这幅画。

如果我们来看看毕加索早期创作的一幅画，[①]我们就可以轻易地确定，所谓扭曲具有几何的性质。他所描绘的女人被分解为各种几何图形。其中出现最频繁的图形是三角形。脸部由一堆三角形组成；颈部由一个三角形构成，这个三角形又分解为两个三角形。胳臂被拼凑成三角形状。胸部成了直角三角形。作为那些尖锐的三角形状的平衡，画上还有一些曲线，诸如胳臂、背部、肩部的轮廓，弧形的帽子形状。画上还有一些垂直的和水平的线条，以强调各种不同成分的冲突。值得注意的是，这一几何化原则没有对椅子产生同样的作用。我们还要看看，我们是否能够指明个

① Quadrige 复制件，载《月刊》(*Revue mensuelle*)，第 7 期，第 5 页，1946 年 5 月，巴黎。——原注

中原因。

但是，如果扭曲原则被理解为这种扭曲得以产生的原因，那么，把这种扭曲归结于几何形状，就还不是对这个原则的揭示。加塞特的解说在这里完全失灵了，绝不会对我们有什么帮助。他简单地确定了这种几何化，指出："立体派的所有迷乱和欺骗行为却不能消除这样一个事实，即：我们有一阵子已经落入一种带有纯粹欧几里得词汇的语言之中了。"(同上书，第254页)在这里，也许有一位艺术哲学家能够帮助我们，他就是丹尼尔-亨利·卡恩韦勒。[①]卡恩韦勒与立体派紧紧地联系在一起，同时全身心地效力于这一流派，支持这一流派，成为它的代表人物。在1914—1915年撰写的论文《通向立体派之路》(1958年译成德文)中，卡恩韦勒力图阐明，立体派是如何出现的，这一艺术流派的目的是什么。他在论文中主要讨论了毕加索和布拉克[②]；在1946年的一篇后期著作中，他把胡安·格里斯[③]当作完成了立体派的画家，他的第一本书中的一系列论点又被采纳下来，并且得到了更明确同时在哲学上更彻底的讨论。对于这样一个在与艺术家的不断的紧密接触中产生的文献，是我们怎么感谢也不为过的。不过，这并不能妨碍我们去追问这种解说藉以进行的哲学态度，去讨论他那些在我们看来大成问题的论点。

卡恩韦勒提及多维性的那个段落(在立体派的第一阶段)，我们不妨详细地引用如下：

一方面，毕加索提供出一种新方法，去"描绘"事物的立体性及其在空间中的位置，而不是用引起错觉的手段去蒙蔽它们。这种新方法涉及一种描绘方式，如若事关对于一个立体的描绘，它就与

---

① 卡恩韦勒(Kahnweiler，D.-H.)，1884年生于德国曼海姆，后移居法国巴黎，是一位著名的艺术收藏家、理论家。他与立体派画家们有密切的交往，毕加索曾作《卡恩韦勒的肖像》(1910年)。——译注

② 乔治·布拉克(Georges Braque，1882—1963)，法国立体派画家，立体派运动第二号人物。——译注

③ 胡安·格里斯(Juan Gris，1887—1927)，西班牙画家，后期立体派的代表人物。——译注

几何描画有某种相似性。这是显而易见的；实际上这两者都以描绘为目标，在二维平面上，或在三维立体上。再说，画家并不限于简单地把对象显示出来，显示出对象的某个给定角度上的样子，不如说，画家——如果有必要作直观说明的话——要从多个方面，从上面，从下面，把对象描绘出来。对事物在空间中的位置的描绘是这样做的：画家不是以某个假定的前景为出发点，并且由此出发用透视手段伪装出某种虚假的深度，而是要以某个得到确定和描绘的背景为出发点。于是，以此为出发点，画家便从头开始工作，以某种形式模式(在此形式模式中，每一个立体的位置都得到了清晰的描绘)，通过这个立体与所确定的背景以及其他立体的关系。这样，这种布置就将得出一幅清晰的立体形象。(同上书，第 50—51 页)

为了理解其中的内在联系，我们就必须简短地探讨一下这位艺术家当时的疑难处境，正如卡恩韦勒为我们描写的那种疑难处境。关键之点乃是“在平面上描绘出三维以及色彩”这个古老的困难。(同上书，第 26—27 页)在这里，为了找到“对形式的直观说明”，色彩首先受到了冷落。光线仅仅被当作赋形手段来使用(1908 年)，至于光源在哪里，那是画不出来的。画差不多成了单色的。卡恩韦勒指出：“由于现在色彩作为已经变得显明的光线，作为明暗的对照，是要被用来构成形式的，因此，色彩就不能够同时合乎逻辑地被当作局部色彩(Lokalfarbe)显示出来，甚至根本不能被用作‘色彩’，而只能被当作客观化的光线来使用”。(同上书，第 49 页)或者，正如他在关于胡安·格里斯的书中所言：

尽可能描绘出对象的本色，这是人们一贯追求的目的，人们还希冀这样做时能尊重对象的“局部色彩”，因为这才是对象的持久的唯一真实的色彩，但通过明暗对照来塑造形象势必损害了局部色彩。再者，为了使画的基调和谐统一，人们就需要把对象之间的色彩扯平，但这种做法同样会使局部色彩“褪色”。①

前面第一个引文中谈到的新方法，就在于通过用几何形式对立体性的描绘。卡恩韦勒对这种新的画法做了如下描写：画是从背景出发被构造起来的，而为了能够放弃古典的透视手段，这个背景不应蓄意使人产生有任何巨大的深度的感觉。

一方面，画家们想克服他们的前辈们的那种引起错觉的描绘方式，其目的是为了公正地对待对象，而且是那种具有持久特性的对象(作为印象派艺术家的平衡力量)；另一方面，他们又不得不为了画的构造而使这个对象变形。结果，从1910年起，就产生了分析的立体派，一种把对象分成大量的多角形平面的画法。②画家既要放弃自然相似性，而同时又要把对象描述出来，这乃是一个激动人心的现象。在《黑人艺术与立体派》这篇论文中，(载《水星杂志》，第十三年度，第8期，1959年)卡恩韦勒极有说服力地说明了黑人面具的发现的影响。画家应当把某个东西描绘出来，不是通过相似性的途径，而是在象征、标志意义上的描绘。③再者，立体派艺术家“追逐的是形象化的现实的创造”(同上书，第724页)——在这里，他们找到了某种类似的东西。

对于这整个过程，盖伦已经做了十分贴切的描述，我们不必予以重复了。(参看《时代绘画》，第三卷：“立体派之谜”)在盖伦那里，我们不仅看到了一种提纲挈领的、心领神会的描述——他把可以从卡恩韦勒的文献中读解出来的意思充分描述出来了；而且，他还超越卡恩韦勒，提出了下面这个问题：从何种哲学观点出发，这样一种对现实的态度和相应的描绘才是可能的？他向我们揭示，那是一种唯心主义的态度，更确切地讲，

---

① D.-H. 卡恩韦勒：《胡安 · 格里斯》，伽利玛出版社，巴黎1946年，第162页。——原注

② 对这种采用各种不同手段的描绘方式的恰当分析，可以参看温索罗普 · 贾金斯的文章“论一种对立体派的重新解释”，载《艺术简报》，第×××期，1948年，第270—278页。——原注

③ “……创造出一个由象征组成的结构，这些象征起源于作品本身的本质，但又标志着外部世界。”(同上书，第726页)——原注

是卡恩韦勒在德国十分熟悉的新康德主义的态度。

立体派的特征乃是对它自己的使命的高度反思，因此，正如我们已经指出的，盖伦就要为“抽象画”这个术语辩护。对于那个构成立体派之基础的论点，盖伦表达如下：

> 世界乃是人类想象力的一个产物，而且因为这一点也适合于艺术作品，所以，画家所画的，就甚至可以在存在论意义上代表“现实的”、被看到和被意识到的事物；影响我们的观看方式的艺术家借此改变我们感知“现实”的方式；而且，进行描绘活动的艺术家的合法野心从而就延伸到“现实的”事物本身以及本质特性那里，可以说是他再度创造了事物，他反对那种对某个暂时的现实印象的简单描摹，也即反对印象派艺术家的感觉主义，不仅在美学上，而且也在哲学上。①

另外还有一段重要的描写：

> 卡恩韦勒设想出关于一种“内向的”(introvertiert)艺术的概念，这样一种艺术不再持朴素的、直接的现实主义立场。(这种立场自文艺复兴时期以来一直是占上风的)正如我们已经指出的，他本身也持有新康德主义的观点，据此观点，全部外部世界的经验都来自人类意识的构造，因而在此角度看是主观的，当然不是在个人任意性意义上，而是在某种合规律的普遍性(一切具体事物都符合于这种普遍性)意义上。转向主观性，这在绘画中早已经开始了，我们在其中可以看到“参照系”的最终变换；可见，说到底，这种转向在此包含着一个哲学基础，由之出发，就能对艺术的使命作原则性的、全面的重新规定。

① 盖伦:《时代绘画》，第85页。——原注

简言之，这一使命现在就在于：把那种无意识地进行的构造性的和产生世界的意识工作提升到反思层面上，纯粹地、系统地重演这种意识工作，可以说，是把它纳入自由的实行之中。（同上书，第86页）

卡恩韦勒说，艺术家必须转向对视觉类型(Sehkategorien)的描绘，实即说，整个几何化无非是一种对使我们的观看成为可能的先天之物(das a priori)的复述，而并没有看到这个先天之物本身。他的这种说法，实际上只有从新康德主义出发才能得到理解。盖伦的观点是：“以这样一种对艺术家来说可以领会并且容易理解的形式，新康德主义的观念财富已经深入到了立体派的基础之中，而且最迟是在1909年。”(同上书，第87页)从那时起，人们只是在维护工作方面迈出了小小的一步：“于是，按照同时作为构造性艺术和描绘性艺术的立体派的特殊作用，立体派在其描绘中使物体世界的形象尽可能地接近于作为它们的基础的‘原始形式’。这些‘原始形式’乃是人类对物体的观看和感受的基础。通过对这些原始形式的依赖，立体派就作出了对于所有形式的最清晰的解释和论证。”① 最后这个句子已经道出，立体派——由于它能够把握到先天的形式(视觉类型)——同时一般地也能比其他艺术向来可能做到的更好地描绘事物的形式。不过，我们现在在分析的立体派那里看见的东西，乃是一些疏异化了的、非自然化的对象。在这种对对象的非自然化过程中，立体派艺术家——或许可以干脆地说——是要透视那些条件，也即我们据以通达自然的那些条件。

如果我们回头来看看我们开始时引用的卡恩韦勒关于多维性的说法，我们就会看到，其中真正的意思无非是：要是看起来适合于直观说明，那么对象就将从不同的透视角度同时被给出。于是就出现了这样一个问题：如果像前面所讲的，决定性的并不是对象，而是画的构造，那么，

① 卡恩韦勒：《立体派》，第68—69页。——原注

到底是不是可以从不同角度给出对象呢？

在盖伦那里，我们看到另一种说法：“因此就解释了立体派的那些著名的悖谬的革新中的几个革新，例如，立体派的一个革新手法，即在同一幅画上同时给出同一个事物的几个面：人们预先假定的恰恰不是单纯的视觉观察，而是事物本身，事物本质上是在不同的方面展现自身的。”(同上书，第88页)

问题是：在这样一种做法中，是否实际上恰恰是视觉要素具有优先地位，因为对象其实仅仅展示为在不同视角上被观看到的对象。据我看来，唯当我们把事物设定为视觉事物(Seh-Ding)，或者说，把事物设定为可为某个主体把握的事物时，这个胡塞尔式的侧显问题(Abschattungsproblem)才会出现。

在盖伦那里，我们还可看到另一个关于多维性的陈述：“对于同一个对象，人们从上面、侧面、前面各个角度加以描绘，(这是毕加索决不会重新放弃的动机之一)这种采用同一个对象的几个面的令人惊异的革新，当然与时空相对性(Raum-Zeit-Relativität)或者某个第四维毫无干系的，正如我们有时确信的那样。这种革新是那种决心的一个后果，就是要放弃与视点相关的表现画(Erscheinungsmalerei)……以及要强逼对象‘本身’、它的完整‘概念’进入描绘之中的决心；这样一来，就可以毫无阻碍地用同一对象的几个面作出一种对这个对象的……‘分析的描写’”。(同上书，第91页)我们完全可以赞成那种主张尝试一种“无视点的表现画”的论点，而且尤其赞成那种批评，即认为在此现象中采用了诸如第四维这样一个东西。我们也可以赞同盖伦的以下解说，即认为在此观点中，那种关于把事件融合为一个统一体(这个统一体应是在观察者的脑袋里构成的)的过程的心理学论点一道发挥了作用，也就是某种联想和同化理论。的确，卡恩韦勒本人宣称，把现实主义地得到描绘的客体采用到绘画之中，随之而来的就是“拼贴画”(collages)，(这起初是与通常的立体派观点相矛盾的)这种做法乃是用于重新认识被描绘事物的辅助工具(这里也包括那些名目)。但有一个问题突现出来：卡恩韦勒关于通过对所描绘对象的打碎和变形更好地认识对象的论点，是否真正站得住脚，以及认为立体派艺术家比人们通常所能做的更真实地描绘了对象的论点，是否真正站得住脚。在我看来，这种异议是正当地从艺术史的角度提出来的，而且是由洛伦兹·迪特曼提出来的。迪特曼向我们表明，恰恰在分析的立体派那里，那种间离手法(Verfremdung)是那么巨大，以至于简直把对象摧毁了，而且不再谈得上“概念”上的重构。但这样一来，卡恩韦勒的解释就受到了动摇。此外，由于我们从卡恩韦勒那里得不到任何对分析的立体派中的多维性的令人满意的辩护，而且由于大多数对毕加索的描绘令人奇怪地没有探究这个问题，或者只是附带地触及这个问题，所以，我们这里要提出自己的解说。

我们想就毕加索的那些女人肖像画来探讨多维性。这样做的目的是什么呢?我们可以说，传统的从某个特定的视点出发的描绘方式，应当通过一种总体观点来加以克服。首先，毕加索把各个不同的面——正面、侧面、斜面和顶面——相互交织地放在一起。(我们下面将会看到，这里也存在着另一种可能性)这样，举例讲来，我们首先看到一顶帽子的正面，然后看到它的顶面，仿佛我们是站在一个人的上方，在那里，它就像一只大耳朵躺在脑袋旁边。有一只眼睛盯着我们，而另一只眼睛露出来的模样，宛如我们斜着向一个人的脑袋俯下身去时看到它的那个样子。其中出现根据不同视角的画面，这一点可以在毕加索的一幅画上清楚地看出，在这幅画中，有两个手指指示我们去注意相反的方向的画面。

但是，多维性与我们前面首先指出的几何化有什么关系呢？到眼下为止，我们只是对之做了特性刻画，而并没有表明，两者处于何种关系中，更没有表明两者意味着什么。

首先需要搞清楚几何化的意思。如果我们想用几何形象来描绘一个人，如果我们试图不用富于表现力的线条，而是用并不显眼的三角形来表达面部形态，那又会发生什么呢？

那样一来，我们就会使那种几乎不可表现的东西简单化，把它简化为一个容易把捉的东西。几何形清楚明了，甚至可以用数字来表达，因而是可以揣度的。只是需要回想一下，在对自然的科学的和数学的把握中，几何(学)具有何种意义。唯通过几何化，现代自然科学才成为可能。胡塞尔在其最后一本著作《欧洲科学的危机与先验现象学》中，[1]已经提出了从生活世界到科学世界的转变问题，并且在这方面，尤其强调了伽利略的成就。(注意其中反复改写和扩充过的第九节的重要性)

通过把所见事物输送到几何形象之中，这个事物就变得容易把捉了，其实就是变得透明了。几何线条不隐含任何奥秘，没有任何出乎意料的东西，它并不具有一种生动的线条的特性——这种活生生的线条仿佛随时都能选取另一个方向，它可以明确地使我们反推到绘线者那里，它通过其不可揣度性，其特殊的特性使我们处于紧张状态。为了比较起见，我们只需指出画家克利[2]画中的线条。几何线条是由形象预先规定了的，它分有这个形象，而且后者作为形象是明晰地构造好的。结构的本质其实恰恰就在于明晰性和容易把捉的特性。

为了理解这里发生的事情，我们必须追本溯源，回到笛卡尔所谓知觉的清楚明白(clara et distincta perceptio)：也即这样一种把握方式，通过它，被表象的事物变成完全透明了，以至于没有留下任何未经廓清的残余，而且是突然变得透明了。其实，这里面包含着所谓直觉(intuitio)的意

---

① 《胡塞尔文集》，第六卷，马丁努斯·尼基霍夫出版社，海牙 1954 年。——原注

② 保罗·克利(Paul Klee，1879—1940)，瑞士画家，是立体派绘画向纯形式构成演化的关键人物之一。——译注

义。①

笛卡尔的《方法谈》(*Discours*)中的第二个规则，或许可以借用一下，可以视为毕加索的描绘方法的主导思想：

> 把我所考察的每一个难题，都尽可能地分成细小的部分，直到可以而且适于加以圆满解决的程度为止。(De diviser chacune des difficultés que j'examinerais en autant de parcelles qu'il se pourrait et qu'il sera requis pour les mieux résoudre.)

回溯到更容易认识的形式那里——这是笛卡尔《方法谈》的指导思想，我们也满可以把这一指导思想从认识方法的领域转用到对所见事物的描绘方法的领域中。施密特说得恰到好处："直觉乃是对主体而言的对象的最完美的被给予状态，是与主体的最完美的认识能力和认识准备联系着的"。②毕加索证明，最完美的被给予状态绝对不一定在于一种对现成事物的最完美的适应中，而倒是可能在于现成事物向一个由主体提供出来的模式的变换之中。

海德格尔已经透彻地表明，现代知识(相对于更早时代的知识)的转变，绝对不是简单地通过一种一贯的实验运用而能得到解释的，而毋宁说，那种把一切都归结为实验的做法，已经要求有某种先行筹划，(恰恰就是那种自然科学的筹划，按照这种筹划，自然被把捉为质量粒子的运动联系)这种先行筹划乃是现代的自然研究者和思想家的巨大成就。③

我们甚至于可以说，笛卡尔对表象(repraesentatio)的规定，正如海德

---

① 这里可以参阅盖尔哈特·施密特的佳作《启蒙运动与形而上学》，尼迈耶出版社，图宾根 1965 年。德语学界对于笛卡尔的新解说是从海德格尔得到了推动力，也可参阅 K.H. 福尔克曼—施鲁克：《知识向其现代本质的转变》(科隆大学高级研究演讲，1953 年)。——原注

② G. 施密特，同上书，第 28 页。——原注

③ 这里我们仅指出海德格尔的两处论述：《物的追问》，尼迈耶出版社，图宾根 1962 年，特别是第 59 页以下，以及《林中路》中的"世界图像的时代"一文，克劳斯特曼出版社，美因法兰克福 1950 年，第 69 页以下。——原注

格尔所解释的那样，在毕加索的艺术领域里得到了实行。海德格尔说：“表象在这里意思是：把现存之物当作某种对立之物带到自身面前来，使之关涉于自身，即关涉于表象者，并且把它强行纳入到这种与作为决定性领域的自身的关联之中”。①这似乎是不可信的，但艺术家除了对向他显示出来的事物（在此情形中就是女人）加以改变，把它改变成能够最好地抓住的样子，此外还能够做些什么呢？因此，整个表现领域都消除掉了。而且正如卡恩韦勒所认为的那样，这决不是因为如此这般被描绘出来的事物更好地符合女人这个“概念”，或者更好地符合某一个“视觉类型”。

在一幅古典的女人画像那里，我们不只是拥有一个形象（我们把它认作女人），不如说，我们在其面貌上可以认出某个人，某个带有敏感特性的人物，更有甚者，人物的经历方面的某种东西也在面貌上表现出来。这个领域被毕加索蓄意地排除掉了。这不是偶然的，因为在此领域里，人物获得了自立，而这同时也即说，它摆脱了观众的可能影响。他只是想把人物的那个恰恰并不隐失的东西描述出来。这就会导致几何化。一般地，我们可以说：表现的线条（Ausdruckslinie）就是支配的线条（Verfügungslinie）。而且这就意味着：事关宏旨的并不是处于自立状态中的有待描绘者，而是处于与描绘者的依赖关系中的有待描绘者。海德格尔在其对表象（re-praesentatio）的解释中想获取的，就是这种突出的对表象者的反向联系的特征，那种把事物纳入关联状态之中的强制力的特征。所以，就此而言，我们完全可以说，在毕加索的描绘方式上，显示出现代表象（re-praesentatio）的某种本质，而且比首先在笛卡尔本人那里出现时更清晰地显示出来了。

我们上面曾以几何化为出发点。几何化与多维性处于何种联系之中呢？从根本上讲，那是同一回事。通过几何化，有待描绘的事物就会被改变，变得容易把捉，同时也变得透明了。为了满足这样一个要求，必需的事情是：自行显示的事物——如果是一个三维立体，而我们始终仅仅

① 海德格尔：《林中路》，第84页。——原注

看到它的一个面——它的每一个面都没有在观众那里隐失，而这种隐失其实是必然的情形。胡塞尔在探究事物知觉时所获得的就是这一事实，他并且为此创造了“侧显”(Abschattung)这样一个术语。我始终只能达到事物的某个确定的侧显，因为我是从某个确定的视角来看事物的。(这个思想后来为萨特和梅洛—庞蒂所接受和发展)在完满的直觉(intuitio)中，所有的面都必须同时呈现出来——但在笛卡尔那里，这只能是上帝的直觉。毕加索意图用多维性、不同的相互补充的景象的同时呈现，来消除我们的视角的局限性。因此，我们也就能理解那种把空间性归结为平面性的趋势。立体的各个不同面似乎必须被折叠起来，必须仅仅保持在一个一目了然的平面上。

但是，为了抓住那种胜利，即那种对观看者的局限性以及与被观看者的依赖性的克服，在对被描绘事物的平面化过程中，就必定还保存着总体表象(representation totale)中的观点的多样性。为更清晰起见，我们就可以说：一个立体的各个不同面可以这样来描绘，即它的表面仿佛被剥落下来，而且被绷紧了。这还是不充分的；在把立体性还原为平面的过程中，实际上立体性的要素必定得到了勾画，这种勾画是这样做的：把从各个不同观点上被观看的事物在不同的位置上描述出来，可以说，使之围绕一个中轴旋转，或者向着一个中轴变化。

立体派艺术家自己也承认，他们是想通过在各个不同角度对对象的分解，来把捉在其持存状态中的对象。我们在这里可以引用胡安·格里斯的一段话，从中可以清楚地看出原委：

> 对于印象派画家作品中那些稍纵即逝的要素，人们总是希望找到某些较为稳定的要素来取而代之。人们绞尽脑汁搜索此类要素，它们是不应随着时间的流逝而变化的。对对象在瞬间被照亮的部分，人们用他们以为能够反映其本质的形象来代替。①

如果这种说法还可以应用到胡安·格里斯本人的综合的立体派上，那么，它却决不适合于分析的立体派。在分析的立体派那里，对象由于被肢解而径直活动起来，并且变得让人无法识别。由此而获得的令人难忘的美学效果是不能否定的，其实，这种变化和可变性的因素简直可以接近于普鲁斯特，但是，什么是上面所述的追求的真正原因，无论从胡安·格里斯的说法还是从卡恩韦勒的阐释来看，都还是不清晰的。用十分显明的话来讲，那就是：通过几何化，被描绘的事物不仅得以持存，而且也受到了强暴。如果我想弄清楚一个脑袋，抓住它，使之依赖于我，那么，我就必须把它还原为清楚明了的形式，把多样的视点集中到那种总体注视(Gesamtanblick)，这种总体注视一下子就抓住了通常只有在一系列的单独注视中才能达到的东西。

我们在本文的开头就已指出，最频繁地反复出现的几何图形是三角形——不过在那里，我们还未能对之作进一步论证。现在我们已可理解个中原因：那是因为三角形是最简单的平面图形。如果要把给定事物彻底简单化，那么，完美的简单化就必须寻求最简单的图形，那就是三角形。于是，有一个问题突现出来：为什么这个自行显示的事物应该是可以简单地理解的？谁规定了这一点？是观看主体的支配意志。我们也可以说：是那个把自己当作意志来把握和实现的主体。为了理解这里所说的意思，我们必须领会从笛卡尔到尼采的现代形而上学的发展。海德格尔

---

① 胡安·格里斯：《艺术生活简报》(*Bulletin de la Vie Artistique*)，巴黎1925年，第六年度，第1期，第15页以下。又见于D.-H.卡恩韦勒：《胡安·格里斯》，第29页。——原注

首次揭示了现代形而上学中的这一联系，为理解现代形而上学清理出了一条新道路。此后，我们的理解就在这条道路上活动，尽管我们没有专门承认这一点。

据此，对于我们的有关多维性之意义的问题来说，下面这一点也突然变得可以理解了：在被描绘的事物中，首先并不是被观看的东西(即对象性的东西)呈现出来(一如卡恩韦勒依然坚持的那样)，而毋宁说，是观看者本身呈现出来。我们被抛回到观看者那里，从被观看者抛回到观看者那里，而且这个观看者是通过暴力、通过改变而显示出来的；观看者能够使被观看者经受这种暴力、这种改变，从而显示自身为支配性的意志。于是，我们就可理解毕加索的以下说法了："我在画中利用我喜欢的一切事物。至于其中这些事物情况如何，对我来说是无所谓的——它们不得不接受的正是这一点"。①

如果人们把主体理解为意志(在艺术家那里，这种自我理解并没有在某种理论认识上表达出来，而是通过对事物的塑造，在他对事物的交道过程中表达出来的)，那么，存在者就全部成了对象性的东西。意志通过改造对象来试验它的力量。从最初的景象到现在被塑造过的景象的距离愈大，则意志作用的可能性也就愈加清晰。

现在，我们就可以清楚地看到，为什么在毕加索的后期创作中，女人成了这样一种改造的一个特权客体。女人乃是我们的爱慕和爱情的目标，是我们追求的人。情感性的联系是不能计算的，我们多少是受这种联系摆布的。这一点现在受到了反叛。女人不是某种令人费解的爱慕所针对的"神秘的"东西。我们不再能成为女人魅力的牺牲品，女人的魅力最终被祛除了，因为这里表明的是，女人如何完全受到造型艺术家的摆布，造型艺术家能够把女人还原为一些最简单的几何图形。这背后隐含着那种对作为意志的主体的形而上学的自我解释。意志不必以现成事物为指向，相反，它必须支配现成事物。在通过多维性的手段而进行的总体表现中，发

① P. 毕加索:《讲话与自白》，第29页。——原注

生着这样一种支配。不再有任何能够逃脱这种暴力的非当前之物。我们在这里没有看到一种把人逐出艺术的现象(就像奥尔特加·伊·加塞特所认为的那样),相反地,我们看到的是一种对完全为意志所统治的人的彻底重建(Instaurierung)。但这里同时亦可明见,人作为对象如何被非人化了。这一点我们后面还要论及。

毕加索的艺术与尼采的哲学思考有着近邻关系(且让我们说得更谨慎些:是毕加索的那种由多维性规定的艺术,因为他的创作的整个发展是多层面的)。因此,如果我们能够从尼采那里得到一个答案,得知这种艺术的要旨为何以及在这种艺术中什么东西在起作用,那是并不奇怪的。可以说,尼采早已先行理解了那个简化的变形原则。

> 逻辑的和几何的简化乃是力之提高的一个结果:反过来,对这样一种简单化的知觉又提高了力感……发展的顶峰是:伟大的风格。①

在这个句子中,尼采十分清楚地道出:毕加索的要旨何在,毕加索关心的是力之提高,这种力之提高包含于每一种简化中,因为在被简化的事物中,艺术家作为这种简化的实现者而露面,从而他对这个被简化的显示者本身的控制也得到了显露。这种力之提高也使那种从毕加索的画中散发出来的令人难以置信的魅力变得明白可解了。毕加索的画起初使我们反感,因为我们在其中找不到我们所期望的东西。但一旦我们理解了画中表现的是支配意志的力,则我们就会在某种限度内认同于这种意志(而不是它的牺牲品),并且通过这种认同去分享它的丰富强力。尼采明确地说:“艺术家不应按事物的原貌去看待事物,而是要注意事物更充实、更简单、更强壮的一面”。(同上)

在尼采的下面这段话中,我们恰恰也已经清楚地看到了那种强制因

① 弗里德里希·尼采:《强力意志》,第800条。——原注

素："现代艺术乃是制造残暴的艺术。——粗糙的和鲜明的线条逻辑(Logik des Lineaments)；动机被简化为公式，公式乃是折磨人的东西。……色彩、质料、渴望，都显出凶残之相。……总的说来就是逻辑、巨量和凶残。"(尼采：《强力意志》，第827条)

在毕加索那里，我们看到一种关于转变过程的更为小心的说法："通过艺术，我们表达出我们关于非自然的东西的观念。"①在这个否定性的刻画中，没有说出尼采清楚地揭露出来的东西。而在稍后的一段话中，我们更能找到一个提示，尽管它起先纯粹被看作是对绘画技巧的说明。毕加索说："以前，画是一步一步地趋于完成的。天天都添上一些新东西。一幅画就是添加的结果。而在我这里，画乃是摧毁的结果。"②

在继续进行对多维性的详细论述之前，我们想来探究一下这一意志方面。毕加索的画《梳发裸女》作于1940年。③首先给人一个假象，仿佛这幅画根本就无关乎我们所说的那个基本特征，即我们可以用公式来表示的那个基本特征：意志对人之存在的主宰。的确，我们在画上经验到的，并不是对自行显示之物的制服，而恰恰是动物性、本能在其排斥所有其他事物的暴力中的爆发。这种爆发是如此彻底，以至于人转变成一只动物了。画中女人的面部的侧面显示出一个带有鼻孔的动物脸孔。臃肿的肚子和屁股，以及被画得很短的大腿，全然是一只动物的样子。脚趾甲成了爪子。人们会以为是看到了一只来自幻想世界的长翅膀的怪兽，而不是一个女人。

在《浴女》(1927年)这幅画中，整个身体都变成了性征。(同上书，第392页)给人一个印象是，好像画家在处理一种"胸部长足的动物"。就连女人的发辫，或者说头发，也变成了胸部上的赘物，如同几只手。此外唯一尚可识别的人的身体部位是屁股。

---

① 毕加索，同上书，第10页(1923年的自白)。——原注

② 鲍克：《毕加索》，科尔哈默出版社，斯图加特1955年。毕加索与克里斯蒂安·蔡尔福斯的谈话，载于《艺术手册》(*Cahiers d'Art*)，1935年，第173页以下。引自鲍克书第504页。——原注

③ 见鲍克书中的复制件，第251页。——原注

在《纪念碑：少女》(1927年)(同上书，第327页)这幅画中，毕加索也做了同样的抽象。脑袋这个理性的中心部位变成了一个勉强还忍受下来的附属物，而生殖器则具有纪念碑的形式。在这里，意志的要求受到了怀疑，因为阴暗的、无意识的本能摆脱了任何意志的控制要求——对于这一点，还有更为清晰的证据吗？

可是，更仔细地考察一下，我们就能清楚地看到下面这一点：要是忽然间那些性征排斥了画上的其他所有东西，要是那些性征变得过度茂盛，要是人们通常恰恰想隐藏起来的东西被暴露出来了，那么，画家这样做，就并不是由于害怕这种危险的东西，不是为了警告人们提防、逃避这种危险的东西，而恰恰是为了主宰这种危险的东西。在《纪念碑：少女》这幅画中所描绘的，应是这种危险的东西的本质。而剩下的东西——除了那个比较小的脑袋之外——就是一个巨大的胸脯了，它一方面笔直上升，被描绘成脑袋的基座；另一方面又在水平方向上，构成一个红色三角形与一个蛋形形象的联系，后者暗示着屁股的形状。这个蛋形形象坐落在一个三角形上，而这个三角形则起了性别象征的作用。在画的左半幅，使用了同样是圆形的象征符号，表示那个巨大的红色三角形的基座。少女的本质被还原为性征了。一切不属于本能的东西都被取消掉了。

从这幅画中，我们决不会生出一个印象，好像其中表达了一种抑制不住的、冲破一切桎梏的本能。在这画中，根本就没有无拘无束的、不受控制的、盲目增生的东西。一个值得注意的转变发生了。由于人被艺术家明确地还原为本能性的东西，他就没有被遗弃给处于冲动状态中的本能，本能倒是受到了抑制。意志能够如此夸大本能(及其器官)，这是一个标志，表明本能是屈服于意志的。本能失去了狂放不羁、不断张扬的特性。如果说这幅画中的所有形状都具有某种强烈、笨重的轮廓，那么，画家是借此来形象地说明，对本能的驯服过程已经完成了。这幅画的整个结构是静态的。这是要表达出：在这里一切都已经被确定了，不再有爆发的危险。在热烈的红色与阴冷的蓝色的对照中，显明了主动性与被动性的对照。但恰恰是色彩的纯粹，即色彩的泾渭分明，昭示着那种已经完成了的控制，也表明，每一种色彩都是在特定界限内被画下来的，没有一种色彩蔓延到另一种色彩上。红色固然强烈地闪烁，但没有真正像火一样燃烧起来，它并不具有那种吞噬一切、活力惊人的火焰的不安。

综上所述，我们可以认识到，本能已经被纳入意志的势力范围之中了，变成了意志的一个工具。尼采也已经预见到了这一过程，他谈到，对兽性的强调恰恰是为了增强生命感，成为一种兴奋剂。

> 艺术让我们想起了兽性的生命力的状态；艺术一下子成了形象和意愿世界中旺盛的肉体的涌流和漫溢；另一方面，通过拔高了的生命形象和意愿，也刺激了兽性的功能；——那是一种对生命感的提高，生命感的兴奋剂。
>
> 丑陋的东西何以也能具有这种力量呢?因为它还能假借艺术家的伟大能量传达出某种东西，而这位艺术家已经成为丑陋和恐怖的主宰了……。(尼采:《强力意志》，第 802 条)

本能从一种惊人的强力转变为一种听命于意志的力量。这种转变具有某种解放作用。人们看到这种解放作用受到抑制——他们感到自己受这种解放作用的摆布，至少是受到它的威胁。人们看到，本能并不仅仅是盲目的受驱使状态，而是服从于意志的。在下面这段话中，尼采谈到这种主宰，认为这种主宰是属于伟大风格的：

> 艺术家的伟大，不能根据他所激起的“美丽情感”来加以衡量，因为女人才相信这种情感；而是要根据他接近于他能够创造这种伟大风格的程度来加以衡量。这种风格与伟大激情有一个共同特点，就是不满足；它忘记了说服；它发号施令；它有所欲求……
>
> 主宰那种人所具有的骚乱；强制人的骚乱，使之成为形式：即

逻辑的、简单的、明白无误的……——这在这里就是伟大的野心。（尼采：《强力意志》，第 842 条）

在我们看来，这种对骚乱的强制对毕加索来说具有关键性意义。让我们回头来谈他的多维性的女人肖像画。在 1941 年到 1943 年间，毕加索做了整个系列的女人肖像画，但之后也还作过这种画，诸如 1955 年画的《土耳其女人》(汉堡艺术展厅)。在描绘角度，我们可以区分两种倾向：一是我们开始时谈过的展开式描绘(Auffalt-Darstellung)，在这种描绘中，各种不同面貌被分成扇形形状而得到平行的描述；另一种是褶皱式描绘(Einfaltungs-Darstellung)或者压缩式描绘，在这种描绘中，各种不同面貌被压缩了，可以说被简化为一个区域了。(作为例子，我们可以指出毕加索 1942 年 8 月作的画《戴帽子的女人》。这种描绘不再像通常的单维面的塑造那样占有空间)画家有时放弃用三角形来描绘，采用了其他图形，当然是一些简单、明了的图形。这是在追求一种日益增强的对熟悉景象的消解。(也可参照藏于福克旺博物馆(埃森)的女人头像，1942 年作)对现有形状的摧毁可以推进得很远，以至于对这位艺术家来说很重要的克服因素，也即强力因素，突变为暴行了。在这里，被征服的阻力是这样被摧毁的，即：抵抗的可能性失效了。这样一来，征服者本身就失去了基础，丧失了强力。因为对某种昏聩无力的东西的征服，是不容许任何强力的发挥的，而且只还被认为是完全的暴行。

即便对于这种暴行因素，尼采也已经有了洞察。尼采在谈到艺术作品时说："……因为它在我们身上轻轻激起暴行欲(有时甚至是使我们难堪的欲望，成了自我强奸：而这样一来就有了凌驾于我们之上的强力感)。"(尼采：《强力意志》，第 802 条)毫无疑问，在毕加索身上也隐藏着这种自我强奸的倾向，摧毁所爱之物的倾向。但由此就同时表达出对所爱之物的特有的优越感，那种特有的强壮。如果说在前面给出的引文中谈到了这件事，说事物"不得不接受的正是这一点"——也即事物在塑造过程中发生的情况——那么，我们或许就必须补充说：那是因为艺术家命令事物成为这样。而且艺术家之所以这样做，是因为他把自己理解为意志动物，这个意志动物只有表达出他的强力才能显示出他的意愿的力量。只有从某种一贯的意志立场出发，这样一种世界关联才是可理解的。

在观赏毕加索的根据多维性描绘方法创作的女人肖像画时，困难就在于理解必然的双重结构——在这里关涉到意志与阻力。首先我们观看的，或者说寻找的，只是阻力，也即一种对女人的描绘。我们尚不理解，女人并不是作为女人出现的，而是作为阻力而出现的，即意志为了试验其造型力量而挑选出来的阻力。正如我们先前已经提到的，女人其实被视为受爱慕、受热爱的东西(在基督教西方范围内)——在此我们只需提一下玛丽亚崇拜，即可说明问题了。如果意志成功地直接面对这个受到偏爱的“客体”而证明了自己，那么，它就完成了最极端的东西。通常我们并不理解，艺术家的转换可能性恰恰就是那个要被描绘出来的东西，而不是相关的人物，对于后者，我们其实不再能说，她们是否妩媚动人，是否聪慧可人，是否多愁善感，诸如此类。

画成了战场，成了争辩场所——两位争辩伙伴必须露面，那就是艺术家与要塑造的人物。艺术家越能远离于呈现在他面前的人物面貌，他就越强烈地感受到自己。在“对象”领域里，我们必须想到两方，即：实际上不再可见的一方(艺术家以此为出发点)，以及眼下唯一地摆在我们面前的另一方。这样，我们才能够理解在艺术家与他的模特儿的争辩中呈现出来的张力。这种张力必定在画面上获得形态。它也发生在我们开头时谈到的那幅画上；画家在那里通过尖形与圆形的对立，通过色彩上鲜艳的黄色与暗绿色、蓝色、紫色、黑色的对照，使画面呈现出这种张力。由意志所控制的东西被固定于鲜明的形式和亮丽的色彩之中，变得透明了。

我们一开始就说过，人物坐的那把椅子并没有经受与这个人物同样的转变。这一点是不难说明的。椅子是人制造出来的对象，它自始就受到人的支配，在这里，仅仅通过转变能力是未必能说明这种支配力量的。与之相反，人并不是由人塑造出来的，在这里，一个令人激动的、完全非同寻常的过程乃是按照另一个人的意志来实行一种对人的转变。①按我的解说来看，这一事件在毕加索的多维度地构想出来的画中突然显明了。

我们在本文开头时曾引用过毕加索的一个说法："艺术是谎言，它教我们理解真理……"。我们或许必须对之作一补充：艺术这种谎言教我们理解那种真理，就是当我们一贯地把自己理解为受意志决定的动物，并且相应地进行活动时向我们开启出来的那种真理。

如果我们来追问在这种画中有何种"切近"显露出来(在这整整一组画中)，那么，我们就会碰到一种类似的表现，类似于在卡夫卡那里的情形。被描绘的事物由于受到控制而隐失了。这个被强行带近的东西，由于暴行而丧失了它的本质，只还重新反映出这种暴行本身。但是，它的本质丧失得越多，意志的本质就更多地从具有控制作用的强力转变为纯粹的残暴，这种残暴使被控制者变成玩物，剥夺了它的一切抵抗可能性。

我们已经看到，毕加索是怎样触及这种残暴的，其实是当他把变形推向极端，对变形欲望感到愉悦时，才偶尔落入这种残暴中的。值得注意的是，这位画家如此强烈地关注我们时代的残暴，以此为主题加以描绘，目的是为了抨击这种残暴，自身却又能耽于这种残暴。②也许这是一个暗示，表明这种残暴根本上就是我们时代的一个危险——我们这个时代正是由意志本质所决定和烙印的时代，在我们这个时代里，意志的反常化作为可能性总是跃跃欲试。③

① 人们或许会提出异议：在毕加索的另一些画上，我们无疑也能看到一种对人所制造出来的物件的转变，只要回想一下分析的立体派的那些吉他画。但在这里，恰恰是通过未经改变的椅子描绘（它给人现实主义的印象）与完全改变了的人之描绘的对照，就已经表达出症结所在——那就是对人的改变。——原注

② 《格尔尼卡》的描绘无疑比更后期的画《在朝鲜的屠杀》(1951年)中对于反常化暴力的描绘更为强烈，更有说服力。在后面这幅画中，毕加索没有成功地把这场战争的残暴转换为画面。它的效果更像一个恐怖童话。——原注

③ 如果说我们所讨论的毕加索的女人肖像画，恰恰是在欧洲和世界所经历的最残暴的时代里创作的，那么，这个事件中的某种东西就可能已经深入到了这些画中，并且通过这些画而变得显明了。不过，我们并不能满足于这种提示，倒是必定有这样一个问题：何以可能出现这样一种人之存在的反常化？而且在这里，我们把意志维面的极端化视为根本性的东西。——原注

在这种艺术中，“切近”是如何显示出来的呢？以一种分裂的方式。强力意志在克服一切阻力之际，要求一切都认同自己，或者我们说得更小心些，诱发着一种认同。在其中我们经验到某种诸如意志自由之类的东西，这种意志只听从或者说服从它自己的命令。我们置身于这种意志力的令人喜悦的魅力之中。但同时，我们也进行对那个为意志所征服的东西的认同。我们忍受着暴力，我们已经遭受了这种暴力。我们已经看到，意志必然需要某种阻力，以便作为意志不断地考验自己。对于作为被征服者的我们来说，意志是残暴的。它剥夺了我们的本质，乃是一种地地道道的威胁。在有力（暴力）与无力（本质之被剥夺）的相互作用中，“切近”表现为危险的分裂状态。因此，这些艺术作品的作用也是分裂的。如果我们不想从表面的审美魅力出发来评判这些艺术作品，而且不想把它们限制在这种审美魅力上，那么事情就是这样——也就是说，只要意志是在强力状态中被经验的，这些艺术作品就吸引我们，产生令人喜悦的作用；而同时，这些艺术作品也是令人抑郁的，因为意志为了显示它的暴力，变成了残暴，无情地摧毁了它的反抗者。我们在此从毕加索的作品中经验到的，乃是这样一个过程，我们置身于这个过程中间，而又不愿承认它。当人把他人视为客体，即人自以为能够绝对支配的客体，这时就开始了新的世界历史时代。我们还不知道我们因此面临着什么，我们也根本没有对之有所准备；但如果说这一过程在艺术中得到了表达，那绝不是偶然的。

人名对照表

Anders, Günther 贡特尔·安德斯

Apollinaire 阿波里奈尔

Aristoteles 亚里士多德

Auerbach 奥尔巴赫

Balzac 巴尔扎克

Beauvoir, Simone de 西蒙娜·德·波伏娃

Bergson, H. 柏格森

Biemel, Walter 瓦尔特·比梅尔

Boek, W. 鲍克

Boehm, Rudolf 鲁道夫·伯姆

Braque, Georges 乔治·布拉克

Brod, Max 马克斯·布罗德

Butor, Miehel 米歇尔·布托尔

Camus 加缪

Clarac, Pierre 皮埃尔·克拉尔克

Descartes 笛卡尔

Dilthey, W. 狄尔泰

Dittmann, Lorenz 洛伦兹·迪特曼

Dymant, Dora 多拉·迪阿曼特

Eichmann 艾希曼

Emrich, Wilhelm 威廉·埃姆里希

Euklid 欧几里得

Ferre, Andre 安德烈·费雷

Fichte 费希特

Flaubert 福楼拜

Freud 弗洛伊德

Frommann, Fr. 弗莱曼

Galilei 伽利略

Gasset, Ortega y 奥尔特加·伊·加塞特

Gehlen, A. 盖伦

Glockner, H. 克罗克纳

Gozzoli, Benozzo 伯诺索·戈索里

Grillet, Robbe 罗布·格里雷

Gris, Juan 胡安·格里斯

Hegel 黑格尔

Heidegger 海德格尔

Heraklit 赫拉克利特

Hodin, J.P. 霍丁

Husserl 胡塞尔

Jaenig, Dieter 第特尔·雅尼西

Jauss, H.R. 姚斯

Joyce 乔伊斯

Judkins, Winthrop 温索罗普·贾金斯

Kafka 卡夫卡

Kahnweiler, D.-H. 卡恩韦勒

Kant 康德

Klee, Paul 保罗·克利

Kluge 克卢格

Köhler, Erich 埃里希·克勒

Leibniz 莱布尼茨

Liebrucks, Bruno 布鲁诺·李卜鲁克斯

Merleau-Ponty 梅洛-庞蒂

Nietzsche 尼采

Parmenides　巴门尼德

Picasso　毕加索

Platon　柏拉图

Proust, Marcel　普鲁斯特

Rechel-Mertens, E.　艾娃·雷歇尔-梅登斯

Richter, Helmut　海尔姆特·里希特

Rilke　里尔克

Sand, G.　乔治·桑

Sarraute, Nathalie　娜塔利·萨洛特

Sartre　萨特

Schelling　谢林

Schmidt, G.　盖尔哈特·施密特

Simon, Claude　克罗德·西蒙

Sokel, Walter H.　索克尔

Stalin　斯大林

Tasley, Malcolm　马尔康姆·塔施莱

Vettard, C.　凯米·维塔

Vinteuil　凡德伊

Volkmann-Schluck, K.H.　福尔克曼-施鲁克

Wagenbach, Klaus　克劳斯·瓦根巴赫

Wolff, Kurt　库特·沃尔夫

Zayas, Matius de　马修斯·德·蔡亚斯

Zervos, Christian　克里斯蒂安·蔡尔福斯

译　后　记

瓦尔特·比梅尔(Walter Biemel)，1918年出生于罗马尼亚的特兰西瓦尼亚，早年曾在布加勒斯特学习哲学、社会学、心理学和艺术史；1942年赴德国弗莱堡大学，师从当代思想大师马丁·海德格尔；1945年起在卢汶胡塞尔档案馆工作，编辑胡塞尔遗著多卷；1947年在卢汶获哲学博士学位，博士论文题目为《海德格尔的世界概念》；1962年起，任莱茵—威斯特法伦技术大学(亚琛)哲学教授。比梅尔曾把海德格尔的《论真理的本质》和《康德和形而上学问题》等著作译成法文。除眼下这本《当代艺术的哲学分析》外，比梅尔的主要著作还有:《康德对美学的奠基及其对于艺术哲学的意义》、《海德格尔》、《让-保罗·萨特》、《比梅尔文集》(两卷)等多种。

本书初版于1968年，被收入胡塞尔档案馆编辑的"现象学文库"中，列为第28卷，由马丁努斯·尼基霍夫出版社(Martinus Nijhoff)(海牙)出版。

本书被认为是比梅尔的代表作。作者在本书中选取卡夫卡、普鲁斯特和毕加索三位20世纪最有代表性的艺术大师，以之为范例，对西方当代艺术做了深入细致的哲学分析和探讨。作为胡塞尔档案馆的合作者、海德格尔的弟子，比梅尔在本书中对当代艺术的描述和分析带有浓厚的现象学色彩，并深受海德格尔思想的影响。海德格尔对近代以来主体主义美学的批判构成本书的出发点。作者在本书"前言"中即已指明：美学的时代已经"终结"了。这个海德格尔式的论断应当在本书的艺术考察工作中得到检验。如果比梅尔的工作是成功的，那么，他实际上也就解答了这样一个问题：一种非美学的艺术观察和艺术探讨是如何可能的？这是本书令人吃惊的地方，值得我们留心。

本书的翻译工作是由孙周兴和李媛合作完成的，孙周兴承担“前言”、第一部分“论卡夫卡”和第三部分“论毕加索”的翻译；李媛翻译第二部分“论马塞尔·普鲁斯特”。初稿译出之后，两位译者又进行了互校；最后由孙周兴整理、统一全稿。译者并制作了“人名对照表”附于书后，凡书中出现的人名(小说作品中的人名除外)均列入此表中。

“论毕加索”一篇的译稿，译者曾请友人沈语冰先生看过一遍。书中出现的几段法文引文，是请魏德福先生帮助译出的。在翻译“论卡夫卡”部分时，译者参考了有关的三篇卡夫卡小说的中译本，即：李文俊先生翻译的《在流放地》、叶廷芳先生翻译的《饥饿艺术家》和《地洞》，三篇译文均见《卡夫卡小说选》(人民文学出版社，1994年)。在此谨向以上各位表示感谢。

译者虽然尽了努力，但由于对本书所论三位艺术家及其作品没有专深的研究和认识，加上时间、能力上的限制，译文定有不当之处，敬请读者批评指正。

译　者

一九九七年九月二十八日

图书在版编目(CIP)数据

当代艺术的哲学分析/(德)瓦尔特·比梅尔著;孙周兴,李媛译.—北京:商务印书馆,2016(2022.7重印)
(未来艺术丛书)
ISBN 978-7-100-12415-7

Ⅰ.①当… Ⅱ.①瓦…②孙…③李… Ⅲ.①艺术哲学—研究 Ⅳ.①J0-02

中国版本图书馆CIP数据核字(2016)第173112号

当代艺术的哲学分析
〔德〕瓦尔特·比梅尔 著
孙周兴 李 媛 译

商 务 印 书 馆 出 版
(北京王府井大街36号 邮政编码100710)
商 务 印 书 馆 发 行
北京通州皇家印刷厂印刷
ISBN 978-7-100-12415-7

2016年10月第1版 开本710×1000 1/16
2022年7月北京第2次印刷 印张19
定价:95.00元